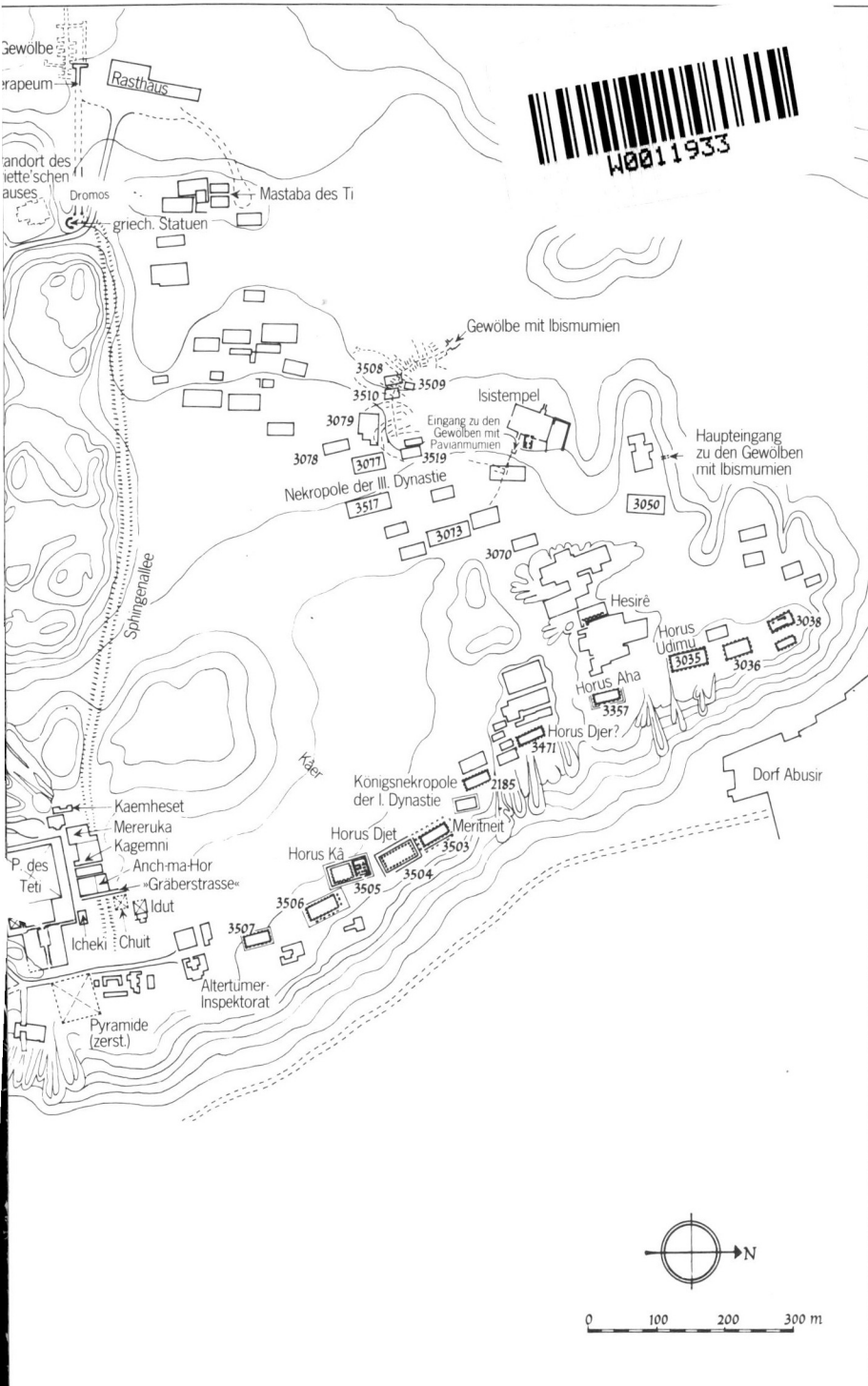

Gewölbe
erapeum
Rasthaus
andort des
iette'schen
auses
Dromos
griech. Statuen
Mastaba des Ti
Gewölbe mit Ibismumien
3508
3509
3510
Isistempel
3079
Eingang zu den
Gewölben mit
Pavianmumien
Haupteingang
zu den Gewölben
mit Ibismumien
3078
3077
3519
Nekropole der III. Dynastie
3050
3517
3073
3070
Hesirê
Horus
Udimu
3038
3035
3036
Horus Aha
3357
Horus Djer?
3471
Dorf Abusir
Königsnekropole
der I. Dynastie
2185
Kaemheset
Mereruka
Kagemni
Anch-ma-Hor
»Gräberstrasse«
Horus Djet
Meritneit
Horus Kâ
3503
P. des
Teti
Idut
3505
3504
Icheki   Chuit
3506
3507
Altertümer-
Inspektorat
Pyramide
(zerst.)
Sphingenallee
Kâer

N

0   100   200   300 m

Jean-Philippe Lauer
Die Königsgräber von Memphis

Jean-Philippe Lauer

DIE KÖNIGSGRÄBER VON MEMPHIS

Grabungen in Saqqara

Deutsch von Joachim Rehork

Lizenzausgabe 1991 für
Manfred Pawlak Verlagsgesellschaft mbH
Herrsching

© 1988 für die deutsche Ausgabe by
Gustav Lübbe Verlag GmbH, Bergisch Gladbach
© 1976 by Thames & Hudson, London
Veröffentlicht mit Genehmigung
des Verlages Thames & Hudson, London
Titel der englischen Originalausgabe:
Saqqara – The Royal Cementery of Memphis.
Excavations and Discoveries since 1850

Umschlaggestaltung: Bine Cordes, Weyarn

Printed in Germany
ISBN 3-88199-879-9

Umschlagmotiv:
Relief aus der Mastaba des Ptahhotep

INHALT

VORWORT

Die Opferbereitschaft und der Ernst, die den wahrhaft großen Wissenschaftler auszeichnen, rufen immer Bewunderung hervor. Stets werde ich mich an jenen Augenblick im Jahr 1958 erinnern, als Jean-Philippe Lauer mich erstmals während meiner Amtszeit als Assistent für Kulturelle Angelegenheiten des Präsidenten der Vereinigten Arabischen Republik aufsuchte. Zum erstenmal nach dem Suezkrieg des Jahres 1956 war er wieder in Ägypten, in der Hoffnung, seine unterbrochenen Arbeiten am Grabkomplex König Djosers in Saqqara wiederaufnehmen zu können. Sein tiefer Ernst und seine feste Entschlossenheit beeindruckten mich damals so stark, daß ich gar nicht anders konnte als seinen Antrag zu befürworten und ihm die Grabungsgenehmigung zu erteilen. All die Jahre, seit ich ihn kannte, verbrachte er jeweils mindestens sechs Monate – von November bis April – in Ägypten, und in seiner Grabungsarbeit in Saqqara ging er so auf, daß man guten Gewissens behaupten kann: Er kannte dort jeden einzelnen Stein und seine Geschichte.

Professor Lauers Arbeiten verliehen dem berühmten Grabkomplex König Djosers, dem schon so viele hervorragende Ägyptologen ihre Arbeitskraft widmeten, eine neue Dimension. Mehr als 40 Jahre seines Lebens verbrachte Lauer mit der Ausgrabung der Baudenkmäler, mit dem Freilegen ihres unmittelbaren Umfeldes und ihrer Restauration, wobei er hauptsächlich Steinblöcke benutzte, die an Ort und Stelle zum Vorschein gekommen waren. Tatsächlich ist es seiner Hartnäckigkeit zu danken, daß die Stufenpyramide von Saqqara und die mit ihr zusammenhängenden Bauwerke das heute vertraute Bild bieten. Seinem Arbeitseifer und seinem persönlichen Engagement gebührt der tiefempfundene Dank aller, die Saqqara besuchen – seien es nun Archäologen, Historiker, Künstler oder auch einfach Touristen.

Vorliegender Band, in dem Jean-Philippe Lauer von seinen Bemühungen berichtet, die Architektur der Zeit König Djosers unter
dem ihr zukommenden Blickwinkel sichtbar zu machen, ist das Ergebnis lebenslangen Arbeitens. Doch nicht nur als Archäologieband
hat das vorliegende Buch seinen Wert, sondern auch als persönliche, autobiographische Schilderung jener Lebensspanne, die der
Autor unter Saqqaras Denkmälern zubrachte. Ganz unmittelbar er-
lebt der Leser Jean-Philippe Lauers großen Triumph mit, daß Saqqaras Architektur Stein für Stein wiedersteht.

Gleichzeitig geht Lauer auf die wichtigsten Arbeiten all jener Gelehrten ein, die in Saqqara entweder seine Vorläufer waren oder die
er dort persönlich kennenlernte, ja mit denen er teilweise sogar persönlich zusammenarbeitete. So schildert er Mariettes Ausgrabung
des Serapeums, die erste Entdeckung der ›Pyramidentexte‹ durch
Maspero, die ausgedehnten und methodischen Grabungen unter
Leitung von Quibell, Jéquier und insbesondere Firth, die Grabungen
Emerys, die die Nekropole der I. Dynastie ans Licht brachten, und
nicht zuletzt die bedeutenden Forschungsarbeiten ägyptischer Architekten und Archäologen wie Abdel-Salam M. Hussein oder M. Zakaria Goneim – Arbeiten, die leider durch den zu frühen Tod beider
Forscher ein vorzeitiges Ende fanden.

Allerdings verdankt Lauer seine Berühmtheit keineswegs nur
seinen Forschungen im Bereich des Stufenpyramiden-Komplexes.
Vielmehr führte er – zusammen mit Professor J. Leclant von der
Sorbonne – detaillierte Untersuchungen und Grabungen an der
Pyramide Tetis sowie an den Pyramiden Pepis I. und Merenrês
durch, bei denen äußerst zahlreiche, interessante Fragmente wun-
derbarer Hieroglypheninschriften von den Grabkammerwänden
geborgen wurden. Diese neuen Elemente bedeuten eine wertvolle
Ergänzung der ›Pyramidentexte‹ Masperos – der ältesten bekannten
religiösen Texte.

Lauers und Leclants Ausgrabungen in Saqqara-Süd bilden so ein
bedeutungsvolles Gegenstück zu den Arbeiten des verstorbenen Pro-
fessors Emery, der seine Schaffenskraft gleichfalls in den Dienst der
Erforschung altägyptischer Denkmäler aus der Zeit des Alten Reiches stellte – ganz besonders lag ihm die Suche nach dem Grab
Imhoteps am Herzen, des berühmten, unter die Götter erhobenen,
Architekten Pharao Djosers.

So ist vorliegender Band – vielseitig und hervorragend bebildert –
gleichzeitig ein faszinierender Abriß der Archäologie des Alten
Reiches wie auch eine persönliche Bilanz der Erfahrungen eines
Forscherlebens. Es bedeutet für mich eine große Ehre, daß mir
zugedacht wurde, den Leser in dieses hervorragende Werk ein-
zuführen.

Saroite Okacha

EINFÜHRUNG

In der Wüste am Rande des libyschen Plateaus liegt, dem bebauten Land und den malerischen Palmenhainen über den spärlichen, weitverstreuten Überresten des alten Memphis zugewandt, Saqqara, das Zentrum einer riesigen Nekropole.

Von ein paar Lücken abgesehen, erstreckt sich diese Nekropole am Rand des Niltals über eine Distanz von etwa 50 Kilometern: von den Felsen bei Abu Roasch (Abu Rowâsch), die im Norden der Pyramiden von Gise die Südspitze des Nildeltas überragen, bis nach Lischt im Süden am Wege nach Oberägypten.

Vielleicht geht der Name Saqqara – ihn trägt auch das bedeutendste Dorf in der Nähe der Nekropole – auf Sokar zurück, den Totengott von Memphis. Die Nekropole vor Memphis selbst bedeckt ein Gelände von etwa 8 Kilometer Länge und 500–1500 Meter Breite. Sie dehnt sich von den Pyramiden bei Abusir im Norden bis zu denen von Dahschur im Süden – ja diese sind tatsächlich nur mehr ihre Erweiterung.

Obwohl dieses ausgedehnte Gelände – nicht anders als das alte Theben (das heutige Luxor) in Oberägypten – einen der kultur- und kunstgeschichtlichen Glanzpunkte Altägyptens darstellt, blieb es doch noch in der ersten Hälfte des 19. Jahrhunderts praktisch unbehelligt. Kaum jemand kam auf den Gedanken, hier Altertümor, Schätze und Kunstwerke zu suchen. In der Tat: Gegenstand von Unternehmungen, die mehr oder weniger die Bezeichnung ›archäologische Forschung‹ verdienen, war lediglich die majestätische Stufenpyramide das Königs Djoser, die das gesamte Gebiet beherrscht. Den Anfang machte hier der preußische General von Minutoli, assistiert von dem italienischen Ingenieur Segato. Sechzehn Jahre später führte der Ingenieur J.S. Perring im Auftrag des Obersten Howard Vyse ein paar Grabungen durch. Ihm verdanken wir einige beachtenswerte Zeichnungen der Pyramide und ihrer tiefen Gänge.

Schließlich entfernte der deutsche Ägyptologe Richard Lepsius, der 1842–1843 seinerseits das Baudenkmal erforschte, einen Türsturz und einen Türrahmen mit dem Namen des Königs, dazu das mit kleinen, blauen Ziegeln geschmückte Wandfeld daneben, und brachte beides zusammen nach Berlin (die betreffenden Stücke befinden sich heute in den Staatlichen Museen zu Berlin [DDR]). Doch erst 1851 – nach Auguste Mariettes sensationeller Entdeckung des Serapeums (wovon im Kapitel 1 die Rede sein wird), eines unterirdischen Gewölbes, wo man die heiligen Apisstiere zu bestatten pflegte – zog diese alte Stätte, die sich als so reich und ergiebig erweisen sollte, wirklich die Aufmerksamkeit der Gelehrten sowie weiterer Kreise Interessierter auf sich. Ich hoffe, ihren Reichtum sichtbar zu machen, indem ich die – nicht selten geradezu sensationellen – wichtigsten Entdeckungen aus den Annalen der Forschungsgeschichte zu neuem Leben erwecke und schildere, was in mehr als 100 Jahren wissenschaftlicher Grabungs- und Forschungsarbeit in Saqqara geleistet wurde.

Doch bevor ich im Detail auf die einzelnen Ausgrabungsphasen eingehe und ausführlich schildere, was jede einzelne zur Erweiterung unseres Wissens beitrug, scheint es mir nützlich – nicht zuletzt, um dem Leser das Urteil über die Bedeutung der einzelnen Forschungsbeiträge zu erleichtern –, gewisse Teilaspekte der ägyptischen Kultur zu beleuchten. Ganz besonders gilt dies für die Ansichten der alten Ägypter über den Tod und das Leben im Jenseits, denn gerade sie waren der Nährboden so vieles unvergleichlich Schönen, und sie spornten die Menschen zu so mancher künstlerischen Großtat an.

Der größte Teil dessen, was wir an Informationen über die alten Ägypter und ihr Leben besitzen, stammt im wesentlichen aus den Gräbern. Man legte sie auf dem Wüstenplateau an, wo die Fluten der alljährlichen Nilüberschwemmungen sie nicht erreichten. Hier waren sie für die Ewigkeit gebaut. Sie mußten daher so fest und dauerhaft sein wie nur möglich. Schon früh verwendete man Steine – zuerst bei Königsgräbern, bald aber auch bei Gräbern hoher Beamter, die es sich leisten konnten. Der erste große, monumentale Grabkomplex aus behauenem Stein war das Werk Imhoteps, des berühmten Wesirs und Baumeisters des Königs Djoser in der III. Dynastie um 2700 v. Chr.

Die Entdeckung dieses Komplexes durch Cecil M. Firth (zwischen 1924 und 1927) sowie die sich unmittelbar anschließende Restaurierung widerlegte die zuvor allgemein akzeptierte Theorie über den Ursprung der Steinarchitektur in Ägypten, bei den ägyptischen Steinbauten handle es sich um eine Weiterentwicklung megalithischer Monumente. Statt dessen ging die Architektur der III. Dynastie unmittelbar aus der simplen Luftziegelbauweise hervor. Sie behielt die häufige Anordnung der Mauersteine in abwechselnden Lagen von Bindern und Läufern bei, und man bediente sich auch relativ kleiner Blöcke. Desgleichen ahmte das Mauerwerk, wenn auch rein symbolisch, Formen und Strukturelemente älterer, leichterer Bauten aus Mattengeflecht, Schilf oder Holz nach. Der gesamte Komplex der Stufenpyramide enthielt zahllose Steinimitationen hölzerner Türen – teils Nachahmungen offener, teils auch geschlossener Türen.

König Djosers Palast dagegen und die Paläste seiner Nachfolger standen im Tal und waren zweifellos aus Luftziegeln. So konnte jeder neue Pharao bauen – viel schneller, als es in Stein möglich war; wo immer er es wünschte, konnte eine Residenz entstehen, die zwar allen Bedürfnissen entsprach, aber doch nur so lange Bestand hatte wie er lebte.

Wenn wir unser Augenmerk auf die Vorstellungen der Ägypter vom menschlichen Leben richten, so sollten wir uns vergegenwärtigen: Für den Alt-Ägypter bestand der Mensch nicht nur aus Leib und Seele (die man oft als menschenköpfigen *ba*-Vogel dargestellt findet), sondern außerdem aus seinem *ka*, von dem man annahm, es sehe genauso aus wie das Individuum, stelle also eine Art Doppelgänger dar, und das man gleichzeitig als jene Lebenskraft betrachtete, die jedem einzelnen bei seiner Geburt zuteil wurde. Verließ einen sein *ka*, bedeutete das sofortigen Tod. Dies erklärt all die Anstrengungen, die man unternahm, um das *ka* in der Nähe des Toten zu halten, insbesondere die mehr oder weniger magischen Riten der Einbalsamierung von Toten, um deren Mumifizierung sicherzustellen. War durch das Einbalsamieren die Erhaltung des Leichnams gewährleistet, so konnte dieser – vorausgesetzt, er befand sich an einem sicheren Platz – weiterhin als Träger des *ka* dienen und seine Lebenskraft zurückgewinnen. So erklärt sich auch der Mythos vom göttlichen König Osiris, der, von seinem bösen Bruder Seth ermordet, wieder Leben erhielt und über die Unterwelt herrschte, während sein Sohn Horus – der göttliche Falke und Schützer des Königs, mit dem in der Folge jeder Pharao eins wurde – die Lebenden regierte. Osiris' wunderbare Wiederbelebung geschah dank der Bemühungen seiner Witwe Isis, die, vom schakalköpfigen Gott Anubis unterstützt, die Stücke des zerfleischten Leichnams Osiris' aufsammelte und wieder zusammenfügte.

Im Grabe, seinem ›Haus für die Ewigkeit‹, erhielt der mumifizierte Tote, ›zu seinem *ka* zurückgekehrt‹, neues Leben, sofern man ihn mit allem versah, was er brauchte und was ihm von seiner Familie oder von den mit dem Totenkult beauftragten Priestern gebracht wurde. Allerdings vernachlässigte man diesen Dienst an den Toten nur allzu oft und nahm daher schon bald zu ›imitativer Magie‹ Zuflucht, indem man die Gräber mit entsprechenden Szenen in Relief, Flachbild oder mit rundplastischen Bildwerken ausstattete. So brachte man vor dem tiefen Schacht der Grabkammer eine Scheintür-Stele an. In ihren Rahmen waren die Opferformel, der Name, der oder die Titel und das Bildnis des Verstorbenen eingemeißelt. Durch diese Scheintür, so meinte man, könne das *ka* ›auf die Stimme hin‹ herauskommen und zu sich nehmen, was auf dem Opfertisch vor der Scheintür für es bereitgestellt war. War der Tisch leer, so besaß das *ka* die magische Kraft, sich alles nutzbar zu machen, was die Stele auf der falschen Tür zeigte: Hier war der Tote vor einem Tisch sitzend abgebildet. Eine seiner Hände ruhte auf einem in Stücke zerteilten Kuchen. Später schrieb man dann dem *ka* Gewalt über alles zu, was an den Wänden der Opfer- oder Grabkammer inschriftlich erwähnt oder bildlich dargestellt war.

Dies war der Hauptzweck jener großartigen Grabbilder in Flachrelief, die seit Beginn der IV. Dynastie die Mastaben ägyptischer Adliger, bald auch schon ägyptischer Beamter und anderer Verstorbener zierten (Mastaben sind Grabbauten, deren Aussehen an die Lehmbänke vor den Häusern ägyptischer Dörfer erinnert). Anfangs beschränkten sich die dargestellten Szenen fast ausschließlich auf die Darbringung von Opfergaben, später – besonders zur Zeit der V. und VI. Dynastie – variierte man sie immer mehr. Nun gab man die hauptsächlichsten Alltagsbeschäftigungen des Grabeigentümers wieder, damit dessen *ka* kraft der magischen Potenz dieser eigens zu seiner Verfügung geschaffenen Bildwerke auch diese Tätigkeiten

neu zu beleben vermochte. Im allgemeinen zeigen die Reliefs den
Toten mit seiner Gattin zur Seite, seinen Kindern zu Füßen und vor-
wiegend in besonders glückhaften Situationen, die man sorgsam für
das *ka* auswählte. Man kann sich nur auf Alexandre Morets Werk
Au temps des pharaons (Seiten 183f.) berufen, das mit der Autorität
souveräner Kenntnis den Werdegang dieser Szenen erklärt: »Überall ringsum bringen Diener Nahrungsmittel, Kleidung und das
nötige Mobiliar. Themen der Dekoration sind Herstellung oder Entstehung der einzelnen Gaben. Um beispielsweise die Darbringung
eines Rinderbeins zu erklären, werden Tiere auf der Weide gezeigt.
Man sieht, wie der Stier die Kuh begattet, wie das Kalb geboren
wird, weitere Szenen aus dem Landleben schließen sich an, bis man
endlich erblickt, wie das Tier geopfert wird. Die Darbringung von
Brot macht Darstellungen des Ackerns, Erntens und Backens nötig,
bei einem Weinopfer zeigt man Weinberge und Traubenlese, Opfer
von Pelztieren, Federvieh oder Fischen setzen Jagdszenen in der
Wüste bzw. die Darstellung des Fischfangs mit der Angel oder dem
Netz voraus. Jedes einzelne Stück der Grabausrüstung – Schrein,
Sarg, Bett, Gefäße, Kleidung, Waffen oder Schmuck – all dies zog
Darstellungen der jeweiligen Herstellungsmethode nach sich; so
erblicken wir Tischler, Gießer, Waffenschmiede, Weber und Juwe-
liere. Selbst der Einkauf des Alltagsbedarfs auf dem Markt und die
Aufstellung von Haushaltslisten ist Thema der Wanddekoration.
Seele und Leib der Verstorbenen belebten die Reliefszenen unauf-
hörlich: Die dargestellte Handlung wurde Wirklichkeit, jedes Abbild
eines Wesens oder eines Gegenstandes gewann für einen Augenblick sein *ka* wieder und wurde damit nach dem Willen des Gottes,
der in dem Grab wohnte, lebendig …«
  Auch andere Szenen schmückten diese Mastaben. Jene mit verschiedenen Arten von Zerstreuung müssen von besonderer Bedeutung gewesen sein, garantierten sie doch, daß der Verstorbene
auch seine Unterhaltung hatte. So erblickt man ihn, wie er sich mit
Brettspielen die Zeit vertrieb, wie er Harfen- und Flötenklängen
lauschte, Tänzern oder jungen Athleten bei sportlichen Übungen
zuschaute, ja sogar Schiffsleuten, die Turniere austrugen, und was
es dergleichen mehr gab. Schließlich sieht man – dies insbesondere
bei hochgestellten Persönlichkeiten – nicht selten auch, wie man
den Grabherrn in einer überdachten Sänfte trug. Oft wurde dabei

den Trägern in den Mund gelegt: »Wir trügen die Sänfte lieber voll als leer.«

Angesichts der außergewöhnlichen Sorgfalt, die man selbst der geringsten Kleinigkeit bei all diesen Szenen angedeihen ließ, bleibt nur die Folgerung: Jeder Besitzer eines dieser so reizvoll ausgestatteten Gräber muß außerordentliche Genugtuung dabei empfunden haben, wenn er aufmerksam den Bau und die Ausschmückung seiner letzten Ruhestätte überwachte und sich auf jeder Wand bei den unterschiedlichsten amtlichen und privaten Verrichtungen dargestellt sah.

Nach seinem Tod empfanden wohl auch seine Angehörigen und Freunde großen Trost, wann immer sie sich bei bestimmten Gelegenheiten vor diesen Darstellungen versammelten – vielleicht um ein Gedächtnismahl für den Verstorbenen abzuhalten, wie es auch heute im islamischen Ägypten noch Sitte ist.

Auch die Königspyramiden der zweiten Hälfte des Alten Reiches errichtete man meist in Saqqara. Leider sind die zugehörigen Totentempel weitgehend zerstört. Sie wurden seit eh und je als Steinbrüche benutzt. Dennoch haben die Ausgrabungen dieser Bauten noch bedeutende Überreste ans Licht gebracht, die in großen Zügen eine Rekonstruktion der Anlage gestatteten. Außerdem fanden sich zahlreiche Skulpturen und Reliefs. Sie geben nicht allein Szenen aus dem Leben der Bauern und Handwerker wieder wie schon die Darstellungen in den Mastaben, sondern man erblickt auch viele andere Szenen, die dem Totenkult des Königs gewidmet sind. Der König galt nun als Sohn des Rê, des Sonnengottes, und wie Rê ist er anderen Göttern gleich. Zu diesen Göttern äußerte Gustave Jéquier in seinem dreibändigen Werk über den Totentempel Pepis II. Neferkarê: »Ihre Rolle besteht nur noch darin, den Pharao in seinem Totenreich zu bewillkommnen, ihn als ihresgleichen aufzunehmen, ihn zu schützen und ihn, wenn er ausgeht, zu begleiten ...« Kein einziges dieser Bildwerke in den Tempeln zeigt den König beim Gebet, bei der Verehrung eines Gottes oder bei einem Opfer. Im Gegenteil – sie alle unterstreichen nur seinen Anspruch, selbst Gott zu sein.

Unter den Darstellungen des königlichen Totenkults spielen vor allem solche eine wichtige Rolle, die mit dem *Heb-sed* zu tun haben. Bei dem bis auf den Beginn der 1. Dynastie zurückgehenden Jubiläum des Pharao feierte man mit großem Pomp die Erneuerung der

Königsmacht und alles dessen, was diese Macht begründete und ihr Ausdruck verlieh.

Weitere Abbildungen beziehen sich auf andere Riten, Bräuche und Vorstellungen, so auf die Aufrichtung der Kletterstange, die Umarmung des Königs durch die Göttin Hathor, den Empfang des Königs durch die Göttinnen Nechbet und Edjo, den Patroninnen Ober- und Unterägyptens, sie zeigen das Stillen des Königs durch eine Göttin, Prozessionen von Gottheiten, Würdenträgern und Höflingen sowie Triumphszenen. Man erblickt den Pharao, wie er zum Erweis seiner Macht Kriegsgefangene hinschlachtet, und was dergleichen mehr war.

Schließlich finden wir unter den Darstellungen, die die Mauern am Aufweg zum Totentempel neben der Pyramide schmücken, Szenen von der Rückkehr seetüchtiger Schiffe, die Expeditionen unternommen hatten und deren Besatzungen nun – zusammen mit den ausländischen Gefangenen bzw. den Sklaven, die sie mitbrachten – dem Pharao zujubeln. Andere Bildwerke zeigen, wie auf der Insel Elephantine, wo seit eh und je Ägyptens Südgrenze verlief, Säulen und andere monumentale Granitblöcke für den Totentempel auf Flußboote verladen werden.

Die ältesten Inschriften in Pyramiden-Grabkammern kamen in der Pyramide des Unas zum Vorschein, des letzten Königs der v. Dynastie. Es handelt sich um die 1881 von Gaston Maspero entdeckten, berühmten ›Pyramidentexte‹. Diese Texte – wir suchen zur Zeit in den während des Mittelalters als Steinbruch benutzten Pyramiden der vi. Dynastie nach abgewandelten und mit Zusätzen versehenen Fassungen – eröffneten neue Horizonte. Hier lagen Informationen aus erster Hand über Mythologie und Glaubensvorstellungen der alten Ägypter vor, soweit sie das Leben des Pharao im Jenseits betrafen. Neues Licht fiel auf Schrift, Sprache und Grammatik, denn die Priester im Sonnenkult-Zentrum Heliopolis hatten die einzelnen Textteile aus verschiedenen Quellen zusammengetragen – Quellen, die oft beträchtlich älter waren als das Alte Reich. Nach unserer Ansicht verbanden diese Priester recht erfolgreich den Osiris-Kult, der sich auf jeden Sterblichen anwenden ließ, mit der Lehre ihres Sonnengottes Atum-Rê, der seinerseits mit dem Kosmos verbunden war. Durch das Rezitieren der betreffenden Textformeln, denen in den Augen der Priester starke magische Kräfte innegewohnt haben

müssen, sollte der verstorbene König imstande sein, alles zu überwinden, was ihn daran hinderte, gen Himmel zu steigen, Rês Son-
nenbarke zu betreten und zusammen mit Rê über Götter und Menschen zu herrschen.

Wenn wir die Pyramiden und Mastaben des Alten Reiches verlassen und uns Saqqaras Nordabschnitt mit dem Serapeum, dem Be-
gräbnisplatz der Apisstiere, zuwenden, so tun wir damit gleichzeitig
einen gewaltigen Schritt durch die Zeiten – einen Schritt von nicht
weniger als rund 16 Jahrhunderten. Der Bau der riesigen Anlage
dort, eines weiten Komplexes unterirdischer Gänge, begann um die
Mitte des 7. Jahrhunderts v. Chr. unter Psammetich I. (664–610),
dem Begründer der XXVI. Dynastie (664–525). Als 1851 Auguste
Mariette auf das Serapeum stieß, war dies ein würdiger Auftakt zu
dem Reigen all jener großen ägyptologischen Entdeckungen, den die
Folgezeit brachte – einmal von der simplen Tatsache abgesehen,
daß man nun die riesigen Gräber jener rätselhaften Apis- (oder
Hapi-) Stiere gefunden hatte, deren Existenz zuvor lediglich durch
literarische Äußerungen – durch Angaben antiker Autoren – bezeugt
worden war.

So schrieb beispielsweise der griechische Reisende Herodot (um
485 bis 430 v. Chr.) in seinen *Historien* (III, 28):»Der Apis oder
Epaphos muß von einer Kuh stammen, die nie wieder trächtig werden kann, nachdem sie ihn zur Welt gebracht hat. Die Ägypter behaupten, sie werde, ehe sie den Apis zur Welt bringe, durch einen
[Feuer-]Strahl vom Himmel befruchtet. Folgende Zeichen trägt er:
Er ist schwarz, hat auf der Stirn ein weißes Dreieck, auf dem Rücken
das Bild eines Adlers, im Schweif doppelte Haare und unter der
Zunge das Bild eines Skarabäus [des den Ägyptern heiligen ›Pillen-
drehers‹] …«

Der solchermaßen wunderbar gezeugte Apis galt als Inkarnation
des vor allem in Memphis verehrten Gottes Ptah. Als fleischgewor-
dener Gott schon zu Lebzeiten in einer besonderen Kapelle des
Ptah-Tempels angebetet, wurde er nach seinem Tod einbalsamiert,
und zwar im selben Tempel in Memphis. Noch immer erheben sich
dort zwei riesige Alabastermonolithe, die als Tische zum Einbalsamieren dienten. Nach der Einbalsamierung als Osiris-Apis (bzw.
Osorapis) mit Osiris eins geworden, wurde der tote Stier mit großem
Gepränge zu seiner letzten Ruhe ins Serapeum überführt.

Griechen müssen durch das Bestattungszeremoniell beim Begräbnis des Osiris-Apis stark an gewisse Riten erinnert worden sein,
die ihrem Gott Dionysos galten, dem Gott des Weines und der Mysterien. Herodot äußerte lediglich lapidar (*Historien* II, 144):
»Osiris ist der ägyptische Name für Dionysos.« Später muß diese
Gleichsetzung die des Osorapis mit dem hellenistischen Gott Serapis
außerordentlich erleichtert haben, dem das Serapeum schließlich
seinen Namen verdankt und der seinerseits eng mit Dionysos ver-
knüpft war.

Für Ptolemaios I. Soter (König: 305–282 v. Chr.) war dieser religiöse Synkretismus außerordentlich erwünscht, und um ihn zu för-
dern, begründete er in Memphis einen Kultbezirk, der es Ägyptern
wie Griechen gleichermaßen ermöglichte, einander auf der Basis
beiderseitig vertrauter Glaubensvorstellungen zu begegnen. Gleichzeitig war er religiöses Zentrum der in Ägypten ansässig geworde-
nen Griechen, die als Stätte hinreichend hellenisierter Kulte der
griechischen Religiosität weitgehend entgegenkam. Dank Serapis-
Dionysos, der für die Ägypter nichts anderes war als Osorapis,
scheint die kultische Koexistenz vorzüglich funktioniert zu haben.
Nach Diodor (*Diodorus Siculus* II, 96) bestand tatsächlich »nur ein
Namensunterschied zwischen den Festen des Bakchos und denen
des Osiris, zwischen den Mysterien der Isis sowie denen der Deme-
ter«, und Plutarch von Chaironeia (*Isis und Osiris* 35) fügt hinzu:
»... Osiris ist kein anderer als Dionysos, ... wer wüßte das besser als
Du, Klea? Warst Du nicht die erste der Thyiaden [andere Bezeichnung
für ›Mänaden‹ oder ›Bakchen‹: Vollzieherinnen der Fruchtbarkeits-
riten – sog. ›Orgien‹ – des Dionysos-Bakchos] zu Delphi, von Deinem
Vater und Deiner Mutter [auch] in die Isis-Riten eingeführt?«

So erklärt sich das erstaunliche Eindringen griechischer Statuen
und griechischer Architektur in den *dromos* (griech.: ›Lauf‹, ›Gang‹;
diesen Namen gab – in Anlehnung an Strabon – Mariette dem gepflasterten Zugangsweg), der eine lange Sphinxallee rein ägyptischen
Stils fortsetzt und die Zugangspassage zu den unterirdischen Sera-
peumsgängen bildet. Plutarch fügt (a.a.O.) noch hinzu: »... was die
Priester bei den öffentlichen Begehungen anläßlich eines Apis-
Begräbnisses tun, wenn der Leichnam des Apis auf einem Floß beför-
dert wird[1], dies steht keineswegs hinter bakchantischen Feiern
zurück, denn sie tragen Rehkalbfell (*nebris*)[2], Thyrsosstäbe[3] und

stoßen die gleichen Laute aus bzw. vollführen die gleichen Gebärden
wie die in Ekstase geratenen Zelebranten dionysischer Orgien …«

Die Reihe heiliger Tiere, auf denen man den kindlichen oder
noch jünglingshaften Dionysos reitend dargestellt findet – im ersten
Kapitel wird davon noch ausführlicher die Rede sein (vgl. Abb. 3) –,
zeigt: Auch echte Dionysos-Riten wurden hier begangen, ein Beweis
dafür, daß Ptolemaios I. Anfang des 3. Jahrhunderts v. Chr. in Ägypten zusammen mit dem Serapis-Kult mit Erfolg auch griechische
Ideen einführte. Dies gilt nicht zuletzt für den seltsamen Halbkreis
griechischer Dichter und Philosophen, deren Statuen genau dort
errichtet wurden, wo die Sphinxallee aufhört und der *dromos* – die
eigentliche Serapeums-Zugangspassage – beginnt. Dieses Dichter-
und Philosophen-Halbrund kann nicht bloßer Überrest eines hellenistischen Grabes sein, das man mit Porträtstatuen berühmter
Leute schmückte. Es kann sich auch nicht nur, wie man gleichfalls
annahm, um bloßen Prozessionsstraßenschmuck gehandelt haben,
sondern man hat es zweifellos mit einem Dionysosmonument zu
tun. Verschiedene erhalten gebliebene Bauten aus der Klassischen
Antike bezeugen: Nicht selten bildeten sich Philosophenschulen und
Dichterzirkel unweit von Gräberfeldern, ja unmittelbar auf geweih-
tem Friedhofsgelände. So lag Platons Akademie in Athen seit der
ersten Hälfte des 4. Jahrhunderts v. Chr. beim Kolonos-Hippios-
Hügel, wo Sophokles zufolge Ödipus begraben lag. Und war das
Nachsinnen über den Tod nicht eines der Hauptthemen, mit denen
die Weisen sich immer wieder beschäftigten? Der Platz für eine von
Homer angeführte Gruppe von Dichter- und Philosophenstatuen, die
hier in Saqqara am *dromos*-Eingang des Serapis (Osorapis), wo die
Prozession der von Dionysos gerittenen heiligen Tiere begann, wie
in einem dionysischen *stibadeion*[4] versammelt war, war also keineswegs schlecht gewählt.

Allerdings enthielt der von den Ägyptern als ›Haus der Osorapis‹
bezeichnete, heute Serapeum genannte Komplex außer der Sphinxallee, dem *dromos* und den unterirdischen Gängen, wo die Apisstiere begraben waren, auch noch zahlreiche andere Elemente.
Mariettes Grabungen führten vielmehr zuerst zur Entdeckung des
kleinen Tempels unmittelbar östlich vom Halbrund der Griechen –
eines Tempels, der im 4. Jahrhundert v. Chr. von Nektaneba II. (360
bis 342 v. Chr.) erbaut und dem Osorapis geweiht worden war.

Weiter kamen mehr zum Tal hin zahlreiche Luftziegelbauten zum
Vorschein, die inzwischen weitgehend verschwunden sind. Mariette
bezeichnete sie als ›griechisches Serapeum‹ – allerdings irrtüm-
licherweise, denn die von einer noch sichtbaren, sehr dicken, ja
riesigen Umfassungsmauer umschlossenen Baureste stammen von
einer Domäne rein ägyptischer Gottheiten: Anubis, Bastet, vielleicht
auch Imhotep, den die Griechen mit ihrem Heilgott Asklepios gleich-
setzten.

Zum Anubieion (dem Anubis-Heiligtum) gehörten außer dem
eigentlichen Tempel selbst ein Gang mit Grabnischen für Hunde,
Wohnbauten für den Stellvertreter des Statthalters von Memphis,
eine Polizeistation, ein Gefängnis, Büros, Herbergen für die zahlreichen Pilger und vier als ›Kammern des Bes‹ bezeichnete Bauwerke,
in denen J. E. Quibell seltsame Bes-Statuen fand.

Keinerlei Spuren des vermuteten Bubasteions (Bastet-Tempel)
kamen innerhalb jener Umfassungsmauer zum Vorschein, die die
Gänge umgab, wo zahlreiche der katzenköpfigen Göttin Bastet ge-
weihte Katzenmumien beigesetzt waren.

Ob sich das Asklepieion – der Imhotep-Tempel – einst in diesem
Geländeabschnitt unmittelbar am Rande des Tales erhob, bleibt der
Vermutung überlassen. Ebensogut könnte es näher bei dem – von
Imhotep erbauten – Stufenpyramiden-Komplex gestanden haben
oder (in Anbetracht der Tatsache, daß zwischen dem Heil- und Ge-
lehrtengott Imhotep und Thoth, dem großen Gott der Wissenschaft
und der Schreibkunst, eine gewisse Affinität bestand) näher beim
Tempel des Thoth, dessen Stätte (800 Meter nördlich vom Serapeum) jüngst bei der Suche nach Imhoteps Grab identifiziert wurde,
die unser verstorbener Kollege und Freund Walter B. Emery hier im
Auftrag der *Egypt Exploration Society* durchführte.

Nahe bei diesem Thoth-Tempel entdeckte Emery ein riesiges
Netz unterirdischer Gänge. Sie enthielten mehrere Tausende sorgfältig einbalsamierter und säuberlich aufgestapelter Ibismumien
(die schon ein französischer Reisender des 18. Jahrhunderts, Paul
Lucas, erstmals flüchtig zu Gesicht bekommen hatte). Desgleichen
kamen hier weitere Gänge mit Pavianen, Falken und anderen
Raubvögeln zum Vorschein – auch diese Tiere waren sorgfältig mumifiziert. Zu guter Letzt stieß Emery ein wenig weiter im Norden
auf die Überreste des Isieions, des Tempels der Isis, die als Apis'

Mutter galt. Zu diesem Heiligtum gehörten unterirdische Gänge mit den Sarkophagen heiliger Kühe, die Apisstiere getragen und geboren hatten.

All diese Tierkulte, die sich innerhalb des riesigen Serapeums-Komplexes häuften, müssen eine beträchtliche Anzahl von Pilgern angelockt haben, die herbeiströmten, um entweder Osorapis oder andere Gottheiten wie Thoth, Imhotep, Isis, Horus, Anubis, Bastet und dergleichen anzurufen – oder, wenn es Griechen waren (dies gilt für die Zeit ab Ptolemaios I.), um Serapis-Dionysos zu verehren. Dies ist die Ursache für das Vorhandensein der verschiedenen Profanbauten beim Anubieion, von denen oben die Rede war.

Wir wissen nicht, weshalb man hier all jene Labyrinthe und Gänge anlegte, die Tausende mumifizierter Vögel und anderer heiliger Tiere enthielten. Allerdings darf man wohl davon ausgehen, daß der Heilung oder Gebetserhörung Suchende neben anderen vorgeschriebenen Ritualen auch einen einbalsamierten Vogel oder die Mumie eines anderen Tieres darzubringen hatte, das dem Gott, den er anrief, heilig war. Vielleicht handelte es sich auch um eine fromme Geste, von der man sich zusätzliche Gunst des Himmels versprach, oder um ein Opfer, das jemand, dessen Gebet erhört worden war, dem Gott als Votivgabe darbrachte.

Erst die zur Zeit durchgeführte Untersuchung der zahlreichen schriftlichen Zeugnisse, die während dieser jüngsten Ausgrabungen der *Egypt Exploration Society* zum Vorschein kamen, wird endgültig all die Fragen beantworten, die diese seltsamen, in so großer Zahl in Ägyptens Spätzeit aufgekommenen Tierkulte aufwerfen.

1 DAS SERAPEUM UND MARIETTES ERSTE ENTDECKUNGEN

Ende April 1850 erhielt Auguste Mariette, damals in der Abteilung des Louvre für ägyptische Altertümer tätig, nach langen Bemühungen den Auftrag, eine Forschungsreise nach Ägypten zu unternehmen. Man bewilligte ihm einen Kredit von 6000 Franken, um im Auftrag der Regierung Frankreichs über den Ankauf alter Manuskripte aus koptischen Klöstern zu verhandeln.

Nach vielen Irrfahrten auf See traf Mariette am 2. Oktober in Alexandria ein. Unverzüglich begann er sowohl hier als auch in Kairo, Beziehungen zu koptischen kirchlichen Stellen anzuknüpfen. Doch trotz der Unterstützung durch den französischen Generalkonsul Le Moyne sowie andere einflußreiche französische Persönlichkeiten, so z.B. Linant Bey (Linant de Bellefonds) und Dr. Clot Bey[5], erhielt er die erforderlichen Genehmigungen nicht. Das koptische Patriarchat zog die Angelegenheit außerordentlich in die Länge – dies, weil zuvor skrupellose ausländische Gelehrte in recht zweifelhafte Geschäfte verwickelt waren. Während die Verhandlungen noch im Gange waren, nutzte Mariette die Gelegenheit, die ihm der Aufschub seiner Mission bot, und zog durch die Antiquitätenläden. Ihm fiel auf: Mehrere Läden besaßen Sphingen (= Sphinxe), die einander sehr ähnlich waren. Und er erfuhr: Sie alle stammten aus der Nekropole von Saqqara. Lange hatte ihn der Plan beschäftigt, auf die Suche nach Altertümern aus der Pharaonenzeit zu gehen. Nun packte ihn dieser Gedanke erneut, und der enttäuschende Besuch, den er am 17. Oktober dem Patriarchat abstattete, bestärkte ihn nur noch in seinem Vorhaben. Nach einer durchgrübelten Nacht stieg er zur Zitadelle hinauf, und hier blieb er, tief in Gedanken versunken, bis der Abend hereinbrach. »Die Stille«, schrieb er später, »war außergewöhnlich. Mir zu Füßen lag die Stadt. Über ihr dichter, schwerer Dunst; er lastete auf den Häusern und schien sie bis zum Dach zu umhüllen. Wie die Masten einer gesunkenen Flotte ragten 300 Mi-

narette aus diesem tiefen Nebelmeer. Im Süden, weit in der Ferne,
erblickte man die Palmenhaine, die sich über den hingesunkenen
Ruinen von Memphis erheben. Gen Westen ragten – gebadet in den
goldenen Flammenstaub des Sonnenuntergangs – die Pyramiden
empor. Der Anblick war überwältigend. Er ergriff mich und schlug
mich mit fast schmerzender Gewalt in seinen Bann. Dies war der
entscheidende Augenblick. Vor meinen Augen lagen Gise, Abusir,
Saqqara, Dahschur, Mit-Rahineh. Der Traum meines Lebens erfüllte
sich. Dort drüben, praktisch in meiner Reichweite, lag eine ganze
Welt von Gräbern, Stelen, Inschriften, Statuen. Was gab es da noch?
Am nächsten Tag mietete ich zwei, drei Maultiere für mein Gepäck,
ein bis zwei Esel für mich selbst. Ich hatte ein Zelt gekauft, ein paar
Kisten mit dem Nötigsten, das man für eine Wüstenreise brauchte,
und am 20. Oktober 1850 schlug ich am Fuß der großen Pyramide
mein Zelt auf ...«[6]

Nach einem Besuch der Pyramiden von Gise, wo ein paar Bedui-
nen im Sand wühlten, zog Mariette am 27. Oktober zur Nekropole
von Saqqara weiter, wo er mit seinen Forschungsarbeiten begann.
Eines Tages – er stapfte mit dem Bandmaß umher, um den Plan der
Grabanlagen zu enträtseln – fiel ihm ein aus dem Sand ragender
Kalksteinmenschenkopf auf, dessen Gesichtszüge lebhaft an jene
Sphingen erinnerten, die er in Kairo bewundert hatte. Mariette kam
– nach seinen eigenen Worten – sofort ein Strabon-Zitat in den
Sinn[7]: »»Man findet [in Memphis]‹, so der Geograph, ›einen Serapis-
tempel an einer dermaßen sandigen Stelle, daß der Wind Sanddünen zusammenweht, unter denen wir Sphingen bemerkten, einige
zur Hälfte, andere bis zum Kopf verschüttet, woraus man schließen
kann: Der Gang zu diesem Tempel ist durchaus nicht gefahrlos,
wenn man in einen plötzlichen Sturm gerät.‹«[8] Schien es nicht, als
ob Strabon diesen Satz nur geschrieben hätte, um uns mehr als 18
Jahrhunderte später den berühmten Tempel wiederentdecken zu
lassen, der Serapis geweiht war? Man konnte einfach nicht daran
zweifeln. Diese verschüttete Sphinx, die Gefährtin von 15 anderen,
denen ich in Alexandria und in Kairo begegnet war, gehörte – darauf
deuteten alle Beweise hin – zusammen mit den anderen zu jener
Allee, die zum Serapeum von Memphis führte.«

Da der Brief des Patriarchats noch immer nicht eingetroffen war,
gedachte Mariette, die paar Tage zu benutzen, die ihm verblieben,

um der Sphinxallee zu folgen, bis er das Monument erreicht hatte. »Es kam mir ganz unmöglich vor«, schrieb er, »anderen den Ruhm und den Profit der Erforschung dieses Tempels zu überlassen, dessen Überreste ich durch einen glücklichen Zufall entdeckt hatte und dessen Lage nun bekannt sein würde. Zweifellos lagen viele kostbare Fragmente, viele Statuen, viele unbekannte Texte unter dem Sand verborgen, auf dem ich stand. Diese Überlegungen ließen all meine Skrupel verschwinden. In diesem Augenblick vergaß ich meinen Auftrag, vergaß ich den Patriarchen, die Klöster, die koptischen und syrischen Handschriften, ja sogar Linant Bey, und so geschah es, daß am 1. November 1850 bei einem der herrlichsten Sonnenaufgänge, die ich je in Ägypten erlebte, eine Gruppe von etwa 30 Arbeitern, die unter meiner Leitung unweit der Sphinx ans Werk ging, die Voraussetzungen dafür schuf, daß sich die Bedingungen meines Ägyptenaufenthaltes von Grund auf änderten.«⁹

Als Mariette dann einige der Sphingen freigelegt hatte – sie lagen je sechs Meter voneinander entfernt –, glaubte er, aufgrund der Richtung, die die Allee nahm, bereits annähernd die Lage des Serapeums bestimmen zu können. Doch die Arbeit kostete Zeit. Oft lag die leicht gekrümmte Allee (Plan 1) zehn Meter unter Sand und Trümmern begraben, und dies zwang Mariette, die Grabung beträchtlich zu erweitern. Bei einer dieser Erweiterungen stieß man auf das Grab des Sechem-ka, das nicht nur sieben Statuen des Grabherrn enthielt, sondern außerdem den berühmten *Scribe accroupi*, den ›hockenden Schreiber‹ (Abb. auf der Rückseite dieses Buches), eines der bedeutendsten Meisterwerke altägyptischer Skulptur (heute im Louvre).

Nach und nach kamen 134 Sphingen zum Vorschein, und schließlich glaubte er, er habe das Ende der Allee verfehlt. Tatsächlich machte sie plötzlich eine scharfe Wendung nach Süden – dies verriet schließlich die Lage einer Sphinx, die rechtwinklig zu den anderen postiert war. Doch dann, ein paar Meter weiter, stieß Mariette zu seinem Erstaunen nicht etwa auf eine weitere Sphinx, sondern auf die schöne hellenistische Statue eines Leierspielers auf einem weichen, bequemen Stuhl (Abb. 3), von dem beiderseits – gleichfalls in Stein gehauen – Löwenfelle herabhingen. Damals war noch der Name des griechischen Dichters Pindar (518–438 v. Chr.) an der Statuenbasis lesbar. Heute ist er nicht mehr zu entziffern. Unmittelbar hinter diesem Bildwerk wurden zehn weitere Statuen freigelegt. Stärker verstümmelt als die erste und rein hellenistisch im Stil, waren sie in einem Halbkreis angeordnet. Dargestellt sind: Platon, Protagoras und Homer, dieser im Zentrum der Gruppe und gleichsam ihr ›Vorsitzender‹[10].

Obwohl durch diese Entdeckung zutiefst enttäuscht (dies erklärt seine scharfe und ungerechtfertigte Kritik an diesen in mancher Hinsicht so wertvollen Kunstwerken!), ließ Mariette sich dennoch nicht abschrecken. Unverdrossen nahm er die Grabungsarbeit wieder auf. Als nächstes fand er nach Osten hin am Eingang eines 30 Meter breiten Hofes zwei Sphingen. Größer als die der Allee, trugen sie den Namen Nektanebos II. (360–342 v. Chr.) aus der xxx. Dynastie, des letzten einheimischen Pharaos. In der Hofmitte lag eine umgestürzte Statue des wohltätigen Gottes Bes (Abb. 2, heute im Louvre). Mariette richtete sie sofort auf und beschrieb sie wie folgt: »Der Gott steht, seine feisten Hände auf den Hüften, sein Bart ist gelockt, der Mund steht weit offen. Als Gürtel trägt er eine Schlange. Er ist untersetzt und grotesk ... Es ist Mittagszeit, die Sonne wirft ihre Strahlen senkrecht auf die Statue und läßt die Einzelheiten in wundervollem Relief hervortreten. Frauen aus Abusir und Saqqara sind gekommen, um sich unseren Arbeitern anzuschließen. Eine Art von Prozession bildet sich. Es ist offenkundig: Sie halten Bes für den Teufel. Der Zug setzt sich in Bewegung, und jeder benimmt sich, wie es seinem Charakter entspricht. Die Frauen stehen vor der Statue und schmähen sie durch närrische Gebärden, die Arbeiter spucken meist auf sie, unter ihnen ein paar Neger. Sie starren auf den unbewegt verharrenden Gott und rennen dann mit brüllendem Gelächter davon ...«[11]

Hinter dem Hof lagen die Ruinen eines kleinen Tempels mit ein paar Reliefs, denen zufolge Nektanebo II. ihn dem Gott Apis (Osorapis) geweiht hatte. Nun war Mariette überzeugt, auf der rechten Spur zu sein. Er unternahm einige Sondierungen vom Statuen-Halbkreis aus nach Westen und erreichte nach etwa 80 Metern die Basis eines Pylons am Ende eines mit Platten gepflasterten Weges, der offenkundig Pylon und Tempel miteinander verband. Mariette bezeichnete ihn als *dromos*. Zwei schöne Kalksteinlöwen mit dem inschriftlichen Namen Pharao Nektanebos I. (aus der xxx. Dynastie) bewachten den Eingangspylon, und einige seiner zu Boden gestürzten Karniesblöcke

machten klar: Auch dieses Bauwerk hatte derselbe König errichtet.
Beiderseits des Pylons gab es Überreste einer durchbrochenen Stein-
einfassung, die eine Art Umfriedung gebildet haben muß.

Nach einer mehrtägigen Unterbrechung – sie war nötig, um weitere Funde zu bergen – ging Mariette an die Freilegung des *dromos,*
den zwei niedrige Mauern aus behauenen Steinen einfaßten. Mariette bezeichnete sie (mit dem arabischen Wort für ›Bank‹) als
›Nord-‹ und ›Südmastaba‹.

Und nun jagte eine Entdeckung die andere, eine immer atem-
beraubender als die andere[12]. Zuerst kamen an der ›Südmastaba‹
Tura-Kalksteinstatuen eines Panthers und zweier radschlagender
Pfauen ans Licht (Abb. 3), auf allen drei Tieren ritt Dionysos als
Kind oder als Jüngling. Hinzu kamen ein Falke mit einem bärtigen
Männerkopf, eine Sphinx und Überbleibsel einer langmähnigen
Meerjungfrau sowie auf dem Pflaster selbst ein majestätischer Löwe
über einer Quelle stehend, Weinblätter und -trauben zerstampfend
und vom jugendlichen Gott Dionysos geritten, nur dessen Beine sind
noch erhalten, sie sind mit thrakischen Sandalen bekleidet. An der
›Nordmastaba‹ – und zwar unweit von ihrem Ostende – erhob sich
ein mächtiger Kerberos mit einem Löwenkopf als mittlerem Haupt
und einem in einen Schlangenkopf auslaufenden Schwanz (Abb. 4).
Auch hier war ein junger Dionysos der Reiter. Schließlich fanden
sich nach Westen hin zwei aneinandergrenzende Kapellen, eine in
ägyptischem, die andere in korinthischem Stil. Die erste barg eine
prächtige Kalksteinstatue eines Apisstiers (Abb. 11), dessen charak-
teristische Merkmale aufgemalt waren[13]. Wie zuvor die Bes-Statue,
löste auch dieses Bildwerk bizarre Reaktionen aus – diesmal vor
allen Dingen bei den Frauen aus den umliegenden Dörfern. So
erwischte Mariette kurz nach der Entdeckung der Stier-Skulptur, als
die Arbeiter gerade Mittagspause machten, etwa 15 Frauen aller
Altersstufen, die eine nach der anderen auf den Stier kletterten.
Man versicherte ihm, diese Turnübung sei ein unfehlbares Mittel
gegen Unfruchtbarkeit.

Gegen Ende April mußte Mariette seine Arbeit dann einige Wo-
chen unterbrechen. Er hatte sich eine schwere Augeninfektion zuge-
zogen. So ließ er ein Haus bauen. Es sollte ihn vor Wind und Wetter
schützen und seinen Funden ein sicheres Obdach gewähren. Noch
ein Jahrhundert später diente dieses Haus, ein roher Ziegelbau, als

Touristenunterkunft, und noch immer hieß es ›Mariettes Haus‹. Leider riß man es 1958 nieder und ersetzte es durch ein viel zu protziges größeres Bauwerk, das sowohl als Raststätte wie auch als Museum dienen sollte, doch bald nicht mehr benutzbar war – die Fundamente waren dem Gewicht dieses Baus nicht gewachsen!

Als Mariette erneut an die Arbeit ging, war er der Ansicht, der Serapeumseingang verberge sich möglicherweise unter dem *dromos*-Pflaster. Doch dort stieß er zu seiner Überraschung statt dessen auf Bronzestatuen ägyptischer Gottheiten. Schließlich hatte er das Pflaster gänzlich abgetragen, war aber nicht imstande, es wiederherzustellen. Dafür brachte er mehrere hundert Statuetten und Amulette ans Licht. Stark aufgebauschte Gerüchte von diesen Entdeckungen – man flüsterte sich sogar zu, er habe mehrere tausend Figuren gefunden, und nicht etwa aus Bronze, sondern aus Gold – verursachten beträchtliche Aufregung, und die ägyptische Regierung forderte Mariette auf, seine Grabungen einzustellen.

Nach einigem Verhandeln ging die Arbeit am 30. Juni weiter, doch erst am 12. November 1851 gelang es Mariette, in die großen Gewölbe der Apisstiere einzudringen – gerade zu dem Zeitpunkt, als neue Schwierigkeiten mit den Behörden die Grabungen bis Mitte Februar 1852 lahmlegten.

Unmittelbar am Serapeumseingang gab es zahlreiche kleine Votivstelen, mehr noch fanden sich an den Felsflanken des tiefen Einschnitts, der nach Süden hin in das mehr als 200 Meter lange Hauptgewölbe hinabführte. Beiderseits dieses Gewölbes öffneten sich – unter das Bodenniveau hinabreichend und rechtwinklig zur Gewölbehauptachse – riesige Seitenkammern. Jede enthielt einen von insgesamt 24 mächtigen Granitsarkophagen, die zwischen dem 52. Regierungsjahr Psammetichs I. (der 663 v. Chr. die XXVI. Dynastie begründete) und dem Ende der Ptolemäerzeit (30 v. Chr.) hier aufgestellt worden waren. Die Sarkophagdeckel waren systematisch herabgestoßen oder zertrümmert worden – zweifellos ein Werk der koptischen Mönche aus dem Kloster des hl. Jeremias in Saqqara. Ihre Absicht war es wohl gewesen, durch Zerstörung der Stiermumien heidnische Pilgerfahrten zu unterbinden.

Als die Grabungen wieder aufgenommen wurden, kamen weitere Gewölbe ans Licht, genauso groß, doch stärker verwüstet und älteren Datums. Sie enthielten Holzsarkophage der XIX.–XXII.. Dynastie, den ältesten aus dem 30. Regierungsjahr Ramses' II. Neben dem Zentrum des Gewölbes stieß man auf ein gewaltiges Hindernis: einen riesigen Felsblock. Man konnte ihn nur mit Sprengstoff beseitigen. Tief in den Boden eingelassen, befand sich unter ihm ein Holzsarkophag, von dem bei der Sprengung lediglich der Deckel zerstört wurde. Die Mumie, die der Sarkophag enthielt, blieb unbeschädigt. Es war keine Stiermumie, sondern ein Männerleichnam. »Eine Goldmaske bedeckte sein Gesicht«, schrieb Mariette, »eine kleine Säule aus grünem Feldspat und rotem Jaspis hing an einer Goldkette an seinem Hals. Eine andere Goldkette trug zwei Jaspis-Amulette, alle mit dem Namen des Prinzen Cha'emwêse, der ein Sohn Ramses' II. war. Auf seiner Brust lag ein wunderschöner Falke mit ausgebreiteten Schwingen in Gold und *cloisonné*-[= Zellenschmelz]-Email (Abb. 10). Achtzehn menschenköpfige Statuen mit der Inschrift ›Osiris-Apis, Großer Gott, Herr der Ewigkeit‹ waren ringsumher verstreut …« Offensichtlich war man hier auf den Sarg des Prinzen Cha'emwêse selbst gestoßen, der wohl als Statthalter von Memphis und Hoherpriester des Ptah gewünscht hatte, unter den Apisstieren begraben zu werden. Dafür sprach auch eine große Granitstele, die Mariette am Serapeumseingang fand und die den Namen des Prinzen trug.

Zwischen dem 15. März und dem 5. September 1852 fand Mariette innerhalb des Serapeumsbereichs noch eine dritte Reihe von Apisgräbern, die hier und da verteilt waren und keinerlei regelmäßige Anordnung erkennen ließen. Sie stammten aus der XVIII. bis zur ersten Hälfte der XIX. Dynastie. Alle waren geplündert – mit Ausnahme eines einzigen, das nicht nur unversehrt, sondern auch außerordentlich reich ausgestattet war. Mariette war tief bewegt, als er bei seinem Eintreten in der Staubschicht, die den Boden bedeckte, noch Fußabdrücke jener Priester erblickte, die hier einst rund 3000 Jahre zuvor den göttlichen Stier in seinem Sarg zur letzten Ruhe getragen hatten[14]. Er fand sich dann vor zwei großen, rechteckigen, schwarz angestrichenen Sarkophagen. Das Blattgold war herabgefallen, das einst Deckel und Seitenwände überzogen hatte. Eine reizvolle Stele berichtete vom Tod der zwei hier im 16. und 26. Regierungsjahr des Königs bestatteten Apisstiere. Neben einem der beiden Sarkophage gab es vier große Kanopenkrüge aus Alabaster mit Deckeln in Menschenkopfform, beim anderen ein lebensgroßes Standbild des Gottes Osiris aus vergoldetem Holz. Nischen in den Grabkammerwänden enthielten zwei rot und blau bemalte Sandsteinstatuen des Prinzen Cha'emwêse sowie zwei pylonenförmige Altäre, jeweils von einer Figur des Schakalgottes Anubis gekrönt und vier glasierte Keramikfigürchen bergend. An den Wänden erkannte er zwei Darstellungen von Ramses II. und seinem Sohn Cha'emwêse beim Trankopfer vor Apis, der hier in Menschengestalt als Osiris dargestellt ist. Als er die Sarkophagdeckel hob, quoll Mariette zu seinem Erstaunen nur eine übelriechende Bitumenmasse entgegen, die bei der geringsten Berührung zu Staub zerfiel. Sie überzog ein Häuflein kleiner Knochen, die einst zerbrochen worden waren, als man den Stier bestattete, doch kam keine Spur eines Tierschädels zum Vorschein.

In einem der Sarkophage fanden sich – unter die Knochenreste gemischt – 15 stierköpfige Grabstatuetten mit dem inschriftlichen Namen des toten Apis, etwa zehn Goldobjekte mit den eingravierten Namen Cha'emwêses sowie anderer Würdenträger aus Memphis, und Statuetten aus grünlichem Schiefer, die den Prinzen selbst bzw. andere Mitglieder der königlichen Familie darstellten. Zuletzt kamen dann einige hervorragend gearbeitete Amulette aus Karneol, rotem Quarz und Serpentin sowie eine große Menge Goldpailletten ans Licht.

Im anderen Sarkophag fand Mariette mitten unter den zerbrochenen Knochen ein schönes, tempelförmiges Brustgehänge aus Gold mit Einlagen aus farbigem Glasfluß. In einer Kartusche trug es den Vornamen Ramses' II. Außerdem kamen sechs stierköpfige Grabstatuetten an den Tag, Amulette jedoch nicht.

Mariettes Geldmittel waren nun fast erschöpft. Zum Glück bewirkte die Ausstellung der Kostbarkeiten aus dem Serapeum im Louvre, daß die Verwaltung der staatlichen Museen Frankreichs ihm neue Zuschüsse bewilligte, so daß es möglich war, die Grabungen bis zum 15. September 1853 fortzusetzen. Mariette konnte nun unter anderem die Sphinxallee weiter untersuchen – diesmal nach Osten hin. Sie führte ihn zum Pastophorion (der Domäne der diensthabenden Priester) und zu jenen Bereichen, die an landwirtschaftlich genutztes Land angrenzten.

Eine beträchtliche Menge von Funden aus den verschiedensten Perioden der ägyptischen Geschichte – vom Morgendämmer des

Alten Reiches bis hinab zur Eroberung des Nillandes durch die
Römer – war nun schon geborgen: Funde, die eine wesentliche
Bereicherung dessen bedeuteten, was man über ägyptische Kultur
und Kunst wußte. Nun trat man an Mariette heran und bat ihn, ein
detailliertes Inventarverzeichnis aufzustellen – dies mit einem Seiten-
blick darauf, daß er einen Teil seiner Funde an die ägyptische Regierung abzutreten habe. Als diese Prozedur vorüber war, gingen 230
Kisten mit Altertümern (die Mariette offiziell dem Louvre zugeeig-
net hatte) zu Schiff nach Frankreich, wo man eigens zwei Marine-
fregatten für diesen Transport zur Verfügung gestellt hatte.

In dem Haus, das er mitten im Wüstensand erbauen ließ, hatte
Mariette, dem an persönlicher Bequemlichkeit wenig lag, nur ein
paar primitive Möbel aus rohen Brettern. Dennoch brachte er es fertig, mehr als zwei Jahre mit seiner Frau und zwei kleinen Kindern
hier zu leben und auch durchreisende Besucher zu empfangen.
Einer davon, der deutsche Ägyptologe Heinrich Brugsch, blieb acht
Monate, obwohl er ursprünglich nur einen kurzen Aufenthalt von
wenigen Tagen vorgesehen hatte. Diese beiden Männer, einer so
temperamentvoll und begeisterungsfähig wie der andere, ergänzten
einander in wissenschaftlicher Hinsicht hervorragend. Maspero
schrieb:»Jeder Morgen sah beide an der Arbeit, als ob sie die ganze
Nacht hindurch geschlafen hätten. Der eine beaufsichtigte die Grabungen und gab den Arbeitern seine Anweisungen, der andere ent-
zifferte Denkmalsinschriften und sammelte Material für seine
›Grammaire démotique‹.«[15] Lebens- und Wohnbedingungen in Mariettes Haus beschrieb Brugsch in seinen Lebenserinnerungen wie
folgt:»Schlangenleiber auf dem Boden, Taranteln und Skorpione an
den alten Gemäuerwänden und fahnenartig von der Decke herab-
hängende Spinnengewebe mit dickleibigen Bewohnern im Zentrum
teilten meine Wohnstätte. War die Nacht hereingebrochen, so
huschten durch die über der Thür befindlichen Licht- und Luft-
löcher Fledermäuse in meine Klause, um mit ihrem geisterhaften
Geflatter mir das letzte Restchen von Ruhe zu rauben. Ich pflegte
vor dem Einschlafen die Enden der Mustiquière [des Moskitonetzes]
unter die Matratze zu stecken und empfahl mich danach dem
Schutze Gottes und aller Heiligen mitten in der Wüstenei, in welcher
Schakale, Wölfe und Hyänen in der Umgebung des Hauses ihr nächt-
liches Geheul ertönen ließen …«[16]

Doch Unbequemlichkeiten dieser Art machten Mariette nichts aus, vielmehr stimmte ihn manchmal der Gedanke traurig, seine vorübergehende Bleibe eines Tages wieder verlassen zu müssen, um nach Frankreich zurückzukehren. Ein Jahr konnte er den Abschied, den er so fürchtete, noch hinausschieben. Eine Zuwendung, die er vom Herzog von Luynes erhielt, machte es möglich. Als Gegenleistung sollte er herausfinden, ob Plinius' Behauptung zutreffe, nach ägyptischer Auffassung sei der Sphinx von Gise das Grab des Pharao Harmais[17]. Nachdem Untersuchungen und Beobachtungen am Standort des Sphinx zu einem negativen Resultat geführt hatten, gelang ihm unmittelbar daneben die Freilegung des mit Platten aus poliertem rotem Granit ausgekleideten großen Tempels (des Taltempels, der zum Grabkomplex König Chephrens [IV. Dynastie] gehört), allerdings konnte er damals die wirkliche Funktion des Bauwerks noch nicht erkennen und nannte es daher ›Sphinxtempel‹.

Weitere Mittel, um seine Grabungen abzuschließen – sie hätten ihn gewiß die berühmte Dioritstatue Chephrens entdecken lassen! –, konnte er allerdings nicht auftreiben. Darum bestieg er, wenn auch widerwillig, am 24. September 1854 mit seiner Familie das Schiff nach Marseille. »So war ich am Ende meiner Mission, die ich in Ägypten zu erfüllen hatte«, vermerkt er in seinem Bericht, »... ich habe weder syrische noch koptische Handschriften gefunden, kein Inventarverzeichnis irgendeiner Bibliothek aufgestellt, sondern bringe Stein für Stein einen Tempel mit.«

2 WEITERE ENTDECKUNGEN MARIETTES:
DIE WICHTIGSTEN MASTABEN
UND BAUDENKMÄLER

Wieder in Frankreich, wurde Mariette – trotz umfangreicher wissenschaftlicher Tätigkeit und nicht zuletzt trotz all der Vorbereitungsarbeiten, die die Publikation seiner Funde erforderte – die Erinnerung an Ägypten nicht los. »Ich wäre gestorben oder wahnsinnig geworden«, gestand er später Gaston Maspero, »hätte ich nicht die Möglichkeit gehabt, sofort wieder nach Ägypten zurückzukehren.« Seine Chance erhielt er – glücklicherweise – im Frühjahr 1857. Damals äußerte Prinz Napoleon, der Vetter des französischen Kaisers, den Wunsch, Ägypten zu besuchen. Mariettes Freunde dachten bei dieser Gelegenheit sofort an ihn. Ferdinand de Lesseps, dem großen französischen Ingenieur, der kurz darauf (1859 bis 1869) den Bau des Suezkanals leiten sollte, hatte Mariette anvertraut, wie besorgt er wegen der Vernachlässigung der pharaonenzeitlichen Baudenkmäler sei. Zu ihrer Rettung hatte Mariette einen Plan entwickelt, in den er Lesseps gleichfalls einweihte. Lesseps unterbreitete diesen Plan nun Saïd Pascha, dem damaligen Vizekönig von Ägypten. Der Plan Mariettes und der angekündigte Fürstenbesuch ergaben ein ausgezeichnetes Zusammentreffen, und Lesseps hatte dies diplomatisch eingefädelt, so daß der Vizekönig zustimmte: Mariette sollte den Auftrag erhalten, wieder nach Ägypten zu gehen, um dort im Hinblick auf den ins Haus stehenden Fürstenbesuch mit neuen Grabungen zu beginnen. Auf Ersuchen des Prinzen erteilte die französische Regierung Mariette einen auf acht Monate befristeten Forschungsauftrag, und Ende Oktober konnte Mariette nun nach Kairo abreisen, wo Saïd Pascha ihn mit größter Liebenswürdigkeit aufnahm. Der Vizekönig garantierte die finanzielle Sicherstellung seiner Arbeiten, stellte ihm einen Nildampfer des vizeköniglichen Hofes, die *Samanoud,* zur Verfügung, ja er zögerte nicht, ihm eine Vollmacht auszustellen, die so energische Formulierungen enthielt wie diese: »Sie werden für die Sicherheit der

Monumente garantieren; Sie werden die *mudirs* [Statthalter] aller Provinzen davon in Kenntnis setzen, daß ich ihnen verbiete, auch nur einen Stein aus dem Altertum anzurühren; Sie werden jeden *fellah* [Bauer] verhaften, der einen Tempel betritt.«[18] Unverzüglich errichtete Mariette nun seine Hauptquartiere in Gise und Saqqara, wo es – dessen war er sicher – Altertümer im Überfluß gab. In Saqqara entdeckte er die schöne Stele des Gaufürsten Isi aus der VI. Dynastie, die der Vizekönig später dem Prinzen Napoleon schenkte, der sie seinerseits an den Louvre weitergab. Damals entdeckte und öffnete er auch den Eingang zu jenem als ›Mastabat Fara'ûn‹ bezeichneten, seltsamen Königsgrab in Sarkophagform, das etwa drei Kilometer südlich der Stufenpyramide liegt. Anschließend brach er nach Oberägypten auf, von wo er mit einer bedeutenden Sammlung von Objekten aus der Pharaonenzeit zurückkehrte.

Mariette hatte allen Grund, beunruhigt zu sein, als er Ende Juli 1858 erfuhr, infolge einer ganzen Reihe widriger Umstände sei die Ägyptenreise des Prinzen Napoleon auf unbestimmte Zeit verschoben worden. Er hatte den glücklichen Einfall, seine Freunde in Frankreich wissen zu lassen, der Vizekönig werde die freundliche Geste außerordentlich zu schätzen wissen, wenn Prinz Napoleon zum Ersatz für seinen ausgefallenen Besuch den Wunsch zum Ausdruck brächte, einige Altertümer aus den allerjüngsten Grabungen zu erwerben. Der Prinz ging auf die Anregung ein, und Mariette teilte seinen Wunsch Saïd Pascha »in einer solchen Form mit«, wie Maspero berichtete, »daß der Vizekönig in seiner gewohnten Großzügigkeit kein Wort über Preise und Kosten hören wollte …

Er forderte Mariette auf, etwas auszusuchen, was dem Prinzen ganz besondere Freude bereiten würde, und es dem Prinzen zur Verfügung zu stellen …«[19] Der Prinz war entzückt und bat Mariette, Saïd Pascha seinen persönlichen Dank zu überbringen. Kurz darauf (zum 1. Juni 1858) ernannte der Vizekönig, der Mariette außerordentlich hochschätzte, Mariette trotz heftiger Opposition zum ›Direktor der Altertümerverwaltung‹.

Nun ging Mariette an die Verwirklichung von Ausgrabungsplänen größten Stils. Er beschloß, sich auf die Gebiete von Memphis (Saqqara und Gise), Abydos, Theben und Edfu zu konzentrieren. Für sich selbst behielt er die Leitung der Ausgrabungen in Saqqara und Gise vor, die Arbeiten in Oberägypten dagegen überließ er seinen

Assistenten. Zuerst wünschte er *in situ* die ältesten Baudenkmäler zu studieren: die des Memphitischen Reiches. »Vor zehn Jahren«, schrieb er später in einem Artikel, den er im Oktober 1868 in Saqqara verfaßte, »besaßen die Monumente des Alten Reiches – von ihrer archäologischen Bedeutung abgesehen – noch den vollen Wohlgeschmack der Neuheit. Champollion [der große französische Gelehrte, der 1822 erstmals die Hieroglyphen neuentzifferte] und seine Nachfolger hatten kaum einen Blick auf sie geworfen. Gezwungen, sich überall auszubreiten, hatte die Preußische Kommission die Materie nicht unbedingt ausgeschöpft. Bis zu einem gewissen Punkt war sie neu oder nur wenig erforscht, und wir durften sie am allerwenigsten vernachlässigen, denn gerade hier war ein Dienst an der Wissenschaft zu leisten und eine Lücke zu füllen.«[20]

Mariette erreichte es, daß man ihm den Ägyptologen Théodoule Devéria zur Seite stellte, der als Assistent an der Ägyptischen Abteilung des Louvre tätig war, Devéria schloß sich Mariette Ende Dezember 1858 an. In seinen Tagebüchern läßt er den Mariette der Jahre 1858 und 1859 wieder lebendig werden. Er schildert einen Mariette, der – ganz im Vollgefühl der ihm vom Vizekönig im Hinblick auf Ägyptens Altertümer übertragenen außerordentlichen Vollmachten – unermüdlich all die Energie einsetzte, die er bei seiner robusten Konstitution nur aufzubringen vermochte[21], einen Mariette, der mit seiner ansteckenden Begeisterungsfähigkeit alle Assistenten mitriß. Einige von ihnen hielten allerdings die Anstrengung nicht durch, und einer – Bonnefoy – starb 1859 vor Erschöpfung.

Es war im Lauf des Jahres 1860, als Mariette in der Nekropole von Memphis jene Reihe von Entdeckungen glückte, die nach der des Serapeums zu seinen wichtigsten zählen. Einen ersten bedeutenden Fund brachte bereits der Januar: eine berühmte Holzstatue vom Ende der IV. oder vom Anfang der V. Dynastie – die Figur des Hofbeamten Ka-aper (seither als *Schech-el-Beled* [›Dorfschulze‹] bekannt [Abb. 1]), deren Augen aus Kupfer mit Quarz- oder Kristalleinlagen bestehen. »Ganz besonders der Kopf ist verblüffend lebendig«, schrieb Mariette, »und der gesamte Rumpf wurde mit einem feinen Gespür für das Natürliche geschaffen. Ganz gewiß besitzen wir kein anderes Porträt, das wirklichkeitsgetreuer und beredter wäre.«[22] Auf die Arbeiter machte diese Statue einen tiefen Eindruck, zumal sie starke Ähnlichkeit mit ihrem Dorfältesten aufwies.

So tauften sie sie *Schech-el-Beled,* und eine ebenso schöne weibliche Statue, die man im gleichen Grab fand, wurde kurzerhand zur ›Frau des Dorfschulzen‹ erklärt.

Kurz darauf kam auf dem Grund einer Grube im Bodenpflaster eines Säulenraumes des vorgenannten ›Sphinxtempels‹ in Gise die großartige Dioritstatue des Königs Chephren zum Vorschein. Sie bildet heute einen der Glanzpunkte des Museums in Kairo.

2.1 DIE MASTABA DES TI

Fast gleichzeitig entdeckte Mariette in Saqqara die Mastaba des Ti (Plan 2), eines reichen Edelmanns aus der Zeit der Könige Neferirkarê und Ni-user-rê (v. Dynastie). Als man die Mastaba freilegte, zeigte sich zuerst die Opferkammer, wo man Nahrungsspenden für den Geist – *ka* – des Toten niederzulegen pflegte, die Wände dieses Raumes waren mit bemerkenswerten Reliefs bedeckt. Und zweitens kam ein vollkommen verschlossener länglicher Raum zum Vorschein, den die Arbeiter als *serdab* (arabisch: ›Korridor‹) bezeichneten. Er enthielt eine sehr schöne Statue Tis. Licht fiel in diese Kammer nur durch drei enge, schießschartenähnliche Fensterschlitze in der Trennwand an der Südseite des Opferraums. Die echte Ti-Statue befindet sich heute im Museum zu Kairo, doch 1937 wurde im *serdab* eine Nachbildung aufgestellt, die man heute durch einen der schießschartenähnlichen Fensterschlitze betrachten kann.

Die Reliefs, die sowohl die Innenwände der Opferkammer als auch die Wangen des säulenflankierten Zugangs bedecken, zeigen noch immer Farbspuren und gelten als Meisterwerke ihrer Art. Hauptsächlich stellen sie Szenen aus dem Bauern- und Handwerkerleben dar und vermitteln uns somit reiche Informationen über den ägyptischen Alltag zur Zeit des Alten Reiches. An der Südwand des Opferraums, und zwar unweit der Südostecke, sitzt – großformatig wiedergegeben – Ti auf einem Stuhl, dessen Beine in Stierhufe auslaufen. Unter ihm liegt sein Lieblingswindhund und spitzt aufmerksam die Ohren. In seiner Rechten hält Ti einen zweimal um seinen Daumen gewundenen Lederriemen, in der Linken einen langen Stab. Seine viel kleiner dargestellte Frau sitzt mit untergeschlagenen Beinen vor ihm auf dem Boden. Mit zärtlicher Gebärde berührt ihr rechter Arm das linke Bein des Gatten. Diese Porträts sind über dem linken der drei Fensterschlitze angebracht, der von zwei *ka*-Priestern flankiert wird, die der hinter der Wand aufgestellten Statue Tis Weihrauch darbringen.

Ti und seine Frau beaufsichtigen die Arbeit einer Anzahl von Handwerkern, die man in vier Reihen übereinander an der Südwand erblickt (Abb. 6). Die obere Reihe, deren linker Abschnitt teilweise verloren ist, zeigt Goldschmiede bei ihrer Tätigkeit. Zwei davon sind nahezu verschwunden, zwei andere dagegen noch gut erkennbar. Sie pusten in lange Blasrohre, um das Feuer unter dem Schmelztiegel anzufachen, in dem gerade ein Klumpen Edelmetall geschmolzen wird. Daneben gießt ein Arbeiter flüssige Metallschmelze in eine Barrenform. Dort soll das Metall auskühlen, um dann gehämmert zu werden – eine Prozedur, die von Männern aus-

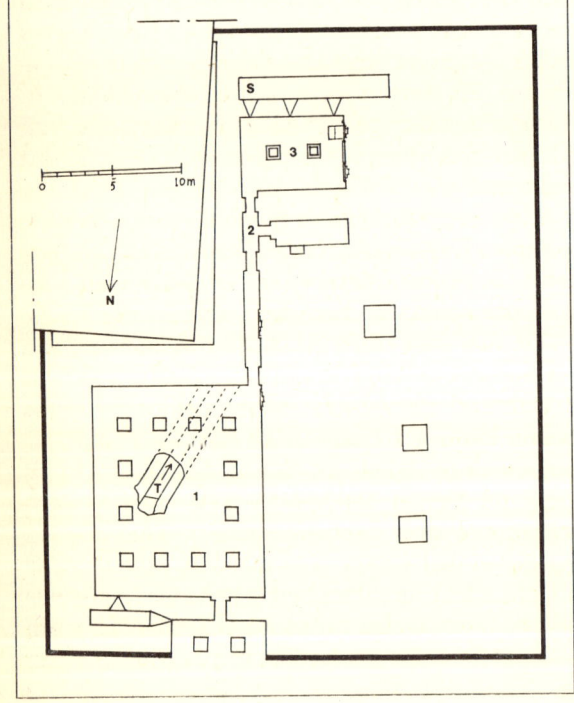

2. Plan der Mastaba des Ti. Erläuterung: 1. Hof mit unterirdischem Gang (T) zu den inneren Kammern; 2. Gang; 3. Opferraum mit »Schießscharten« zum *serdab* (S).

geführt wird, die einander zugewandt sitzen und jeweils in einer Hand einen Steinschlegel halten. Einer der Arbeiter sagt – der Inschrift über der Darstellung zufolge –, während er den Metallbarren hämmert, der auf einem Amboß vor den Knien der beiden Schmiede liegt: »Gib diese Platte zum Brennen; sie ist kalt geworden!«[23]

Die Reihe darunter berichtet von Bildhauern sowie – rechts am Rand – von Steinvasenherstellern. Der linke Teil des Bildhauerateliers ist bis auf die Beine der Bildhauer und ihrer Statuen verschwunden, allerdings kann man noch immer erkennen: Zusätzlich zu den vier fertigen Statuen geht die Arbeit an vier anderen Skulpturen weiter. Je nach der Höhe, in der die Bildhauer an ihren Werken arbeiten, erblickt man sie entweder stehend, auf einem Sessel sitzend oder mit einem Knie am Boden. Man erkennt: Für die Arbeit an hölzernen Statuen brauchte man nicht nur Hammer und Meißel, sondern auch Dechsel. Um steinerne Statuen herzustellen, benötigte man Schlegel aus Hartgestein, deren Kopf in einen gespaltenen Stiel eingelassen war, außerdem benutzte man Poliersteine. Rechts von der Bildhauerwerkstatt höhlt ein Vasenmacher gerade ein Gefäß mit engem Hals aus. Er benutzt dabei seinen *hemti*-Bohrer[24], während ein anderer Handwerker gerade damit beschäftigt ist, mit dem gleichen Werkzeug das Innere einer nahezu zylindrischen Alabastervase auszubohren.

In der nächsten Reihe sieht man Zimmerleute und Schreiner bei der Arbeit. Von links nach rechts poliert ein Tischler einen kleinen *naos* (ein Tempelchen) mit Eckrundstäben und Hohlkehlen, dies unmittelbar über dem Fensterschlitz am Knie der Gemahlin des Ti. Dahinter polieren zwei Zimmerleute einen massigen Holzkloben, dann formt ein am Boden hockender Arbeiter ein Holzstück mit seinem Dechsel (Querbeil), während ein weiterer Mann stehend einen in den Boden getriebenen Pfahl der Länge nach durchsägt. Auf ihn folgen zwei Männer, die ihre Arbeit im Sitzen ausführen. Einer schlägt mit Hammer und Meißel Zapfenlöcher, der andere sägt. Dann kommen noch einmal zwei Tischler oder Schreiner, die ein Bett aus Ebenholz polieren (wir erfahren es aus dem erläuternden Hieroglyphentext über ihnen). Unter dem Bett liegen eine Kopfstütze und ein kleiner Kasten. Ganz rechts hockt dann schließlich noch ein Mann, der mit einem Fiedelbogen-Drillbohrer Löcher in einen Kasten bohrt[25].

In der unteren Reihe – unmittelbar hinter dem Weihrauchträger rechts vom Guckloch – begradigen zwei Arbeiter Rohrstengel mit Hilfe einer kräftigen, gegabelten Holzstange. Der Kopf dieser Stange wird gegen einen Pfahl gedrückt, der senkrecht in den Grund getrieben ist, das andere Stabende ruht auf dem Boden. Die beiden Gabelarme sind fest mit einem Strick verbunden, und in das so entstandene Dreieck hat einer der Männer das Ende eines langen Rohres geschoben, das nun – je nach Bedarf – gebogen oder begradigt werden soll. Ein Arbeiter setzt unmittelbar unter der Gabel einen Hebel an, der andere führt das zu begradigende Rohr über den Hebel und belastet es mit seinem ganzen Gewicht, indem er sich auf das andere Ende setzt[26].

Als nächstes erblicken wir eine Gerberwerkstatt. Der Gerber reibt über einem Dreifuß irgendein weiches Material: Es kann sich eigentlich nur um eine Haut handeln. Ein anderer Handwerker hinter ihm sitzt auf einer kleinen Papyrusmatte und hat seine Werkzeugtasche unter dem Arm. Er stellt Siegelzylinder her. Wie es scheint, versucht er mit einer Art Punze das hinter seinen Knien und Armen verborgene Siegel zu probieren. Offensichtlich interessiert diese Arbeit einen Mann, der mit einer Hand den Riemen seines Beutels festhält und in der anderen einen Zylinder sowie ein Bündel mit verknoteten Schnurenden trägt.

Mehrere Marktszenen schließen sich an. Zwei Männer bewegen sich auf einen Sandalenhändler zu. Einer von ihnen – mit einer Last auf der einen Schulter und einem Beutel an der anderen – hält mit der Linken eine Vase vor, doch der Mann vor ihm hat offenkundig mehr Glück, denn er tauscht ein rätselhaftes dreieckiges Paket gegen das erwünschte Paar Sandalen ein. Rechts von dieser Gruppe gehen drei Händler auf einen Käufer zu, der seinerseits eine Bewegung macht, wie um ihnen entgegenzukommen. Er ist an einem Wanderstab interessiert, den der erste Händler aus einem Futteral nimmt, wobei er spricht: »Hier ist ein wunderschöner Rohrstock, mein Freund!«, während der Kunde antwortet: »Wie mir dieser Kopf gefällt!«[27] – vermutlich meint er den Knauf des Stockes.

In der Mitte der Opferkammer-Nordwand befindet sich die klassische Flußpferdjagd-Darstellung (Abb. 5). Ti, der mitten in einem Papyrusdickicht in seinem Boot steht, ist viel größer dargestellt als alle seine Bootsleute, die die Flußpferde harpunieren. Eines hat ein

Krokodil geschnappt, das seinerseits verzweifelt seinen Angreifer ins Bein zu beißen versucht. Hinter den Flußpferden erblickt man verschiedene Arten genießbarer Nilfische, die fast ebenso groß dargestellt sind wie die Flußpferde. Dies gilt ganz besonders für die erste der hier abgebildeten Fischarten, die sich als eine Buntbarschart *(Tilapia nilotica)* identifizieren läßt. Am Heck vom Boot Tis liegt ein kleines Papyrusboot mit seltsam abgestumpftem Heck. In ihm hockt auf einem niedrigen Rohrsitz ein Fischer, eine Leine in der linken Hand, an der ein großer Fisch *(Synodontis schal)* angebissen hat; in der Rechten hält der Fischer schon einen Knüppel, um seine Beute zu töten. Über Ti sieht man in den Papyrusdickichten Vögel, die (rechts) von zwei Ginsterkatzen und (links) von einem Mungo angegriffen werden. Unter der Last dieser Raubtiere beugen sich die Papyrusstengel.

In der unteren Reihe erblickt man mehrere der wohlbekannten, zierlichen Gabenträgerinnen, beladen mit Erzeugnissen der verschiedenen Güter Tis zur Versorgung seines Grabes. Die Bäuerinnen tragen durchsichtige Gewänder von ursprünglich unterschiedlicher Farbe, die jedoch inzwischen fast vollständig verblaßt bzw. verschwunden ist. Jede einzelne der Gabenträgerinnen unterscheidet sich ein wenig von allen anderen – sei es durch ihre Armhaltung, sei es durch die Gegenstände, die sie auf dem Kopf oder in den Händen trägt.

Diese lange Prozession von Gabenträgerinnen setzt sich in der unteren Reihe am Westrand der Mauer fort (Abb. 7) Darüber erkennt man die Darstellung einer Herde prächtiger Rinder mit leierförmigen Gehörnen (Abb. Rückklappe). Davor durchqueren zwei hornlose Kühe und ein Kalb eine Furt. Das Kalb, an ein Seil gebunden und von einem der Rinderhirten gezogen, die die Herde in zwei Papyrusbooten begleiten, bringt seine Mutter dazu, ihm zu folgen, und die Kuh ihrerseits lockt die übrige Herde hinter sich her. Ein Aufseher, die Hände auf den Knauf seines langen Amtsstabes gestützt, überwacht die Flußdurchquerung vom Ufer aus. Er ruft den Hirten zu:»Du Kuhhirt dort! Deine Hand auf das Wasser!« (d. h.:»Mache das Schutzzeichen!« – nämlich gegen die Krokodile, die man auf dem Wassergrund lauern sieht, wo sie auf ihre Beute warten). Einer der Hirten im rechten Boot macht tatsächlich das gewünschte Zeichen, doch ein anderer – er sitzt im linken Boot –

wendet sich dem Aufseher zu und ruft zurück: »Brüll' nicht so!«
(wörtlich:»Vervielfache die Stimme nicht!«)²⁸.

In der oberen Reihe sieht man eine Kuh, die gerade ein Kalb zur
Welt bringt. Der Kuhhirt hilft ihr. Er hat die Vorderläufe des Kalbes
gepackt, das gerade geboren wird. Ein Aufseher dagegen streckt seinen Arm mit der geballten Faust aus, so daß nur Daumen und Zeigefinger hervorstehen – anscheinend eine magische Geste, um den
›Bösen Blick‹ abzuwehren²⁹. Die Darstellung zeigt ohne Beschöni-
gung, wie die Tiermutter bei der Geburt leidet: Ihr Kopf ist vorge-
reckt, ihre Zunge herausgestreckt. Es ist eine Darstellung von ein-
drucksvollem Realismus. Hinter der gebärenden Kuh erblickt man
Kälber, jeweils an einem Bein in Reichweite von Pflanzen angebunden, die sie abweiden, während zwei andere, noch jüngere Tiere
eine Kuh flankieren, die angebunden ist, um gemolken zu werden.
Man will so die Kälber entwöhnen, von denen eines mit herausge-
streckter Zunge seinen Kopf dem Muttertier zuwendet, doch ein Hirt
hält es an den Vorderbeinen fest. Alle diese Tiere sind in überaus
natürlicher Haltung wiedergegeben – ein Beweis, daß der Schöpfer
dieser Szenen über eine bemerkenswerte Beobachtungsgabe ver-
fügt hat.

Gleichfalls an der Nordmauer bemerkt man über dem Eingang
eine kleine Rinderherde von nur vier Tieren mit prachtvollen, leierförmigen Gehörnen, voran drei hornlose Kühe, deren warmtonige,
rote Ockerfarbe noch voll erhalten ist. Die Tiere durchqueren an
einer Furt ein Gewässer. Sie folgen einem Hirten, der ein junges
Kälbchen auf seinen Schultern trägt. Das Kälbchen wendet sich
ängstlich nach seiner Mutter um, und diese versucht, es mit weit vor-
gereckter Schnauze zu erreichen. Besonders reizvoll ist die Darstellung der Hirten- und Tierbeine, deren Konturen sich durch die
Zickzacklinien hindurch fortsetzen, die – wie auch sonst üblich –
das Wasser wiedergeben. Überhaupt ist die gesamte Szene in ihrer
Art ein kleines Meisterwerk. In der Reihe darüber treiben Hirten
eine kleine Widderherde.

Weitere Tiere, auch Vögel, erblickt man in der Mitte der Opfer-
kammer-Südwand – unmittelbar rechts vom zweiten Fensterschlitz
des *serdab* – dargestellt. Die beiden oberen Reihen zeigen einen
Zug prächtiger Rinder, meist mit langen, leierförmigen Gehörnen.
Wunderschön ist die Zeichnung und Ausmodellierung ihrer Mäu-

ler und Körper. Alle Rinder tragen Bänder um den Hals – manchmal mit großen Anhängern, manchmal mit einer Art Glocke. Einige werden von Hirten an Zügeln geführt, andere folgen gehorsam von selbst.

In der unteren Reihe flankieren zwei Männer eine Schar bildschöner Kraniche. Über einigen Vögeln sind die Namen der einzelnen Arten inschriftlich vermerkt. Die beiden Männer hüten die Kraniche und berühren die Beine der Vögel mit langen Stangen. Immer wieder ist das Können zu bewundern, das der Künstler bei der Darstellung der Köpfe und Schnäbel dieser langbeinigen Vögel bewiesen hat. Mit gleicher Meisterschaft sind Beine und Schwanzfederbüsche wiedergegeben, ja selbst einzelne Federn wurden mit einer Delikatesse und Liebe zum Detail gestaltet, die Beachtung verdienen.

An der Nordhälfte der Opferkammer-Ostwand sehen wir, wie in Anwesenheit Tis und seiner Frau, die zu Füßen ihres Mannes sitzt, Erntearbeiten durchgeführt werden. In der oberen Reihe mähen Schnitter Weizen mit langstieligen Sicheln, die die Halme in der Mitte durchtrennen. An der linken Seite der Szene erblicken wir einen Flötenspieler: Er unterhält die Erntearbeiter mit seinen Weisen, und einer der Arbeiter drückt sich, die Sichel unter dem Arm, vor seiner Arbeit und klatscht dem Flötenbläser zu. Darunter werden Esel von stocktragenden Treibern zu einem Verladeplatz geführt, um mit Weizen- oder Gerstegarben beladen zu werden, die andere Arbeiter gerade in große Säcke aus Netzwerk füllen. Links sind zwei Männer eben dabei, mit weitausholenden Arm- und Beinbewegungen einen solchen ›Sack‹ zuzubinden. Unter ihnen bezieht ein störrischer Esel Prügel, und man zerrt ihn an Beinen und Ohren, während ein anderes, fügsameres Tier sich ohne Schwierigkeiten beladen läßt. Ein Fohlen voran und von ihren Treibern begleitet, ziehen andere Esel, mit großen Säcken beladen, rechts inzwischen bereits ab. Eine Reihe tiefer werden Säcke aufgebunden, und man stapelt Getreidegarben zu hohen Feimen auf. Noch weiter unten sieht man eine Rinder- und eine Schafherde beim Ausdreschen des Getreides: Die Tiere trampeln einfach auf den Getreidegarben herum und dreschen so die Körner aus. Schließlich sieben und worfeln in der alleruntersten Reihe Frauen das ausgedroschene Getreide. Sie benutzen dazu eine Art Handfeger und Schippe, und auch an einem Schwatz fehlt es nicht. Eine, die links im Bild zu sehen ist, bemerkt, daß ihre Nachbarin bei ihrer Fegerei wenig produktiv ist, und sagt:»Laß diese Gerste, sie ist enthülst!« Und die andere erwidert:»Ich tue, wie du sagst.«[30] Weiter rechts errichten Männer mit großen, dreizackigen Holzgabeln aus dem gemähten und leergedroschenen Stroh sorgfältig konische Feimen und binden die Garben oben mit Papyrusstengeln zusammen, an denen deutlich sichtbare Dolden hängen. Auch zwischen diesen Männern gehen zwei Frauen mit Schaufeln und einem Sieb umher, um noch die letzten Getreidekörner aufzuklauben.

An der Südhälfte der Ostwand sind dann Werftszenen zu sehen. Hier wird gezeigt, welcher Methoden man sich bediente, um ein Schiff bis zur endgültigen Fertigstellung zusammenzufügen[31], angefangen mit einem Baumstamm, dem Schiffszimmerleute links im Bild seine Form geben. Auf der rechten Seite stehen in der untersten Reihe zwei Arbeiter breitbeinig über einem Balken, der horizontal auf zwei Böcken mit gegabelten Beinen liegt. Beide Arbeiter haben Schlegel und Meißel, und damit bringen sie zwei Nuten im Holz an, während ein weiterer Arbeiter hinter ihnen damit beschäftigt ist, der Länge nach einen vertikal in den Boden getriebenen Pfahl durchzusägen, um den oben ein kurzer Strick gewickelt und ein Hebel mit Gegengewicht befestigt sind. Bei all den Arbeiten, die man hier ausgeführt sieht, werden Beile, Dechsel und große Keulen mit doppeltem Griff verwendet.

Ein weiteres außerordentlich interessantes Relief findet sich an der Ostwand der Passage (Abb. 8). Es zeigt, wie auf einer ›Schleife‹ (einer Art Schlitten) eine Statue Tis transportiert wird. ›Schleife‹ und Statue sind dabei ganz normal in Profilansicht wiedergegeben, während der *naos,* der die Statue enthält, in Frontalansicht dargestellt ist, so daß man durch die geöffneten Türen ins Innere blicken und die Statue sehen kann – ein typisches Beispiel altägyptischer zeichnerischer Konventionen, die dem Künstler vorschrieben, jedes Lebewesen oder Objekt möglichst vollständig oder charakteristisch wiederzugeben. Eine Arbeitergruppe von sieben Mann zieht den Schlitten und ruft dabei immer wieder:»Eine schöne Prozession!« Einem achten Mann ist die Sonderaufgabe zugefallen, unter die Schlittenkufen Wasser zu gießen, damit sie auf dem angefeuchteten tonigen Boden besser gleiten.

Mariette stellte fest: In den meisten Mastaben gab es einen *serdab* ähnlich dem, der die Statue Tis enthielt, fast immer enthielten sie Statuen. Er beschloß daher, dem Zugriff geschäftstüchtiger Zulieferer des internationalen Antiquitätenhandels zuvorzukommen, selbst die *serdabs* zu leeren und die so realistischen, ausdrucksstarken Porträts von Beamten und Notabeln des Alten Reiches, die sie bargen, zu entfernen. Sie sollten die Räume des geplanten Antikenmuseums in Kairo füllen.

So schrieb Mariette im März 1860 an Emmanuel de Rougé, damals Konservator im Louvre, und berichtete ihm, er habe in Saqqara ein Dutzend derartiger Statuen entdeckt, insbesondere eine von zwei lebensgroßen Figuren des Ranofer (Ra-Nefer), der zur Zeit der V. Dynastie Hoherpriester im Rê-Tempel von Heliopolis war[32] (Abb. 9). Eines dieser beiden Bildwerke zeigt Ranofer mit halblanger Perücke. Bei der zweiten Statue deutet schwarze Bemalung kurzes Haar an, während der Körper in orangerotem Farbton wiedergegeben ist. Mariette bemerkt hierzu:»Der Hals, die Brustmuskeln, die Arme, die Beine – alles ist sehr kraftvoll und verrät den Künstler, der sich, ohne die von Plato angeführten heiligen Gesetze zu verletzen, doch ungebunden genug fühlte, eine freie, lebensnahe Kopie der Natur zu schaffen. Auch der Kopf ist ein Porträt, und wenn man in diese Augen blickt, in deren Ausdruck wirklich Leben ist, und diesen Mund sieht, der sich ausnimmt, als könnte er jeden Augenblick zu sprechen beginnen, könnte man meinen, die Statue sei lebendig.«[33] Das Kunstwerk befindet sich heute im Museum zu Kairo.

Eines Abends in jenem so erfolgreichen Winter des Jahres 1860, als Mariette auf der Suche nach neuen Grabungszielen durch die Nekropole schritt, fiel ihm ein Steinfragment mit der Kartusche eines Königs aus einer der älteren Dynastien auf. Es ragte aus den Ruinen eines lange zuvor geplünderten Grabes hervor. Eine sofortige Ausgrabung brachte weitere Königskartuschen zum Vorschein, einige davon damals noch unbekannt, und schließlich hatte man eine ganze Liste von Königen ans Licht gebracht, die der Grabeigner, ein Schreiber namens Tjuneroy – ein Zeitgenosse Ramses' II. – verehrt hatte: Es handelt sich um die berühmte ›Königstafel von Saqqara‹ (auch kurz ›Saqqaraliste‹ genannt), die unter anderem 57 Kartuschen aus frühdynastischer Zeit enthält, was sie zu einem besonders wertvollen Hilfsmittel zur Bestimmung der frühzeitlichen Herrscherfolge macht. Desgleichen fand Mariette ein paar Jahre später zwei großartige Alabastertische, geschmückt mit Löwenköpfen und Löwenpranken, die sich heute im Museum in Kairo befinden[34]. Es war eines der archaischen Gräber innerhalb des Komplexes der Stufenpyramide, wo die betreffenden Stücke zum Vorschein kamen.

Damals legte Mariette auch die bedeutenden Mastaben des Hesirê und des Chabausoker frei, beide aus der III. Dynastie. Hesirê lebte zur Zeit König Djosers, der die Stufenpyramide erbaute. Zur Auskleidung von sechs der elf Nischen, die in die aus luftgetrockneten Lehmziegeln bestehende Westwand des Mastaba-Ganges eingelassen sind, gehören einige bemerkenswerte Holzreliefs. Eines der besterhaltenen gibt Abb. 12 wieder[35].

Auf dem einen Relief erblickt man Hesirê, der auf einem Sessel, dessen Beine mit Stierfüßen geschmückt sind, vor seiner Opfertafel sitzt. Eine darüber angebrachte Hieroglyphenschrift zählt auf, welche Nahrungsmittel aufgetischt sind. Hesirê trägt eine Lockenperücke und ein langes, enganliegendes Gewand, das an der linken Schulter von einer Spange festgehalten wird, während die rechte Schulter und der rechte Arm vollständig freibleiben. Hesirês Hand ist zum Tisch hin ausgestreckt. Über die Schulter hat er sein Schreibzeug geworfen, und in der Linken hält er seinen Stab und das *cherep*-Szepter, wohl das Symbol seiner Autorität. Den oberen Teil des Reliefs nehmen Hesirês Name und die Aufzählung seiner Titel und Ämter ein.

Auf der zweiten Tafel erblickt man Hesirê schreitend, sein *cherep*-Szepter in der Rechten, seinen langen Stab und sein Schreibzeug dagegen in bzw. an seiner Linken. Er trägt eine Perücke mit langem Haar und den offiziellen Plisseerock. Auch hier befinden sich über seinem Bild wieder sein Name und seine Titel, doch in kürzerer Form als auf der vorigen Tafel.

Mariette untersuchte also eine beträchtliche Anzahl von Mastaben, teils nur oberflächlich, um die Statuen sicherzustellen, die sie enthielten. Er kopierte die Inschriften und zeichnete Pläne von 115 Mastaben und konnte so im Januarheft 1869 der *Revue Archéologique* einen Artikel veröffentlichen, dessen Titel lautete: *Sur les tombes de l'Ancien Empire que l'on trouve à Sakkara* (›Über die Gräber des Alten Reiches in Saqqara‹). Doch erst 1881, d.h. nach Mariettes Tod, veröffentlichte Gaston Maspero das Werk, das all diese Gräber ausführlich beschreibt. Es trägt den Titel: *Mastabes de l'Ancien Empire* (›Mastaben des Alten Reiches‹).

3 NEUE ENTDECKUNGEN
DER NACHFOLGER MARIETTES
VON 1881 BIS 1931

Erst 1881 entdeckte Maspero in der zerstörten Pyramide zweier Pharaonen der VI. Dynastie – es handelt sich um die beiden Könige Pepi I. und Merenrê – in Saqqara die außerordentlich wichtigen magisch-religiösen Hieroglyphentexte, die seither als ›Pyramidentexte‹ Berühmtheit erlangten (vgl. unten Kapitel 9). Nun konzentrierte er natürlich seine Forschungen nicht mehr auf Mastaben, sondern auf die Pyramiden der VI. Dynastie und der Zeit unmittelbar davor.

Ein Dutzend Jahre vergingen, und erst im Sommer 1893 legten Ausgrabungen unter der Leitung von Jacques de Morgan, der damals soeben die Nachfolge Grébaults als Direktor der Antikenverwaltung angetreten hatte – Maspero seinerseits war nach Frankreich zurückgekehrt, um seine Lehrtätigkeit am *Collège de France* sowie an der *École des Hautes Études* wiederaufzunehmen –, die prachtvolle Statue eines namentlich nicht bekannten Schreibers frei, die in der Folge als ›Sitzender Schreiber des Kairoer Museums‹ bekannt wurde.

Außerdem grub de Morgan mehrere bedeutende Mastaben aus: die aneinandergrenzenden Grabmäler des Mereruka (auch Mera oder Mery) und des Kagemni in Saqqara (unmittelbar nördlich der Pyramide Tetis) sowie einige Kilometer davon entfernt in Abusir die Mastaba des Ptah-Schepses (bzw. Schepsesptah), der Wesir und Sohn des Königs Sahurê (V. Dynastie) war.

Allerdings vollendete de Morgan die Ausgrabung dieser zuletzt genannten Mastaba nicht, vielmehr zog er es vor, seine Tätigkeit nach Dahschur zu verlegen, um dort die beiden Luftziegelpyramiden aus dem Mittleren Reich zu erforschen, wo er schließlich die Prachtjuwelen der Königinnen und Prinzessinnen der XII. Dynastie fand[36].

3.1 Die Mastaba des Mereruka

Zu der großen Mastaba des Mereruka (Plan 3) gehörte – und dies ist
recht ungewöhnlich – ein geräumiger Teil, der eigens für die Frau
des Grabherrn, die Prinzessin Hor-watet-chet, eine Tochter des Pharao Teti, bestimmt war.

Wie bei den anderen Mastaben der damaligen Zeit sind die Wandreliefszenen außerordentlich lebhaft und detailreich. Im Raum 1
erblicken wir an der Nordwand eine wunderschöne Darstellung

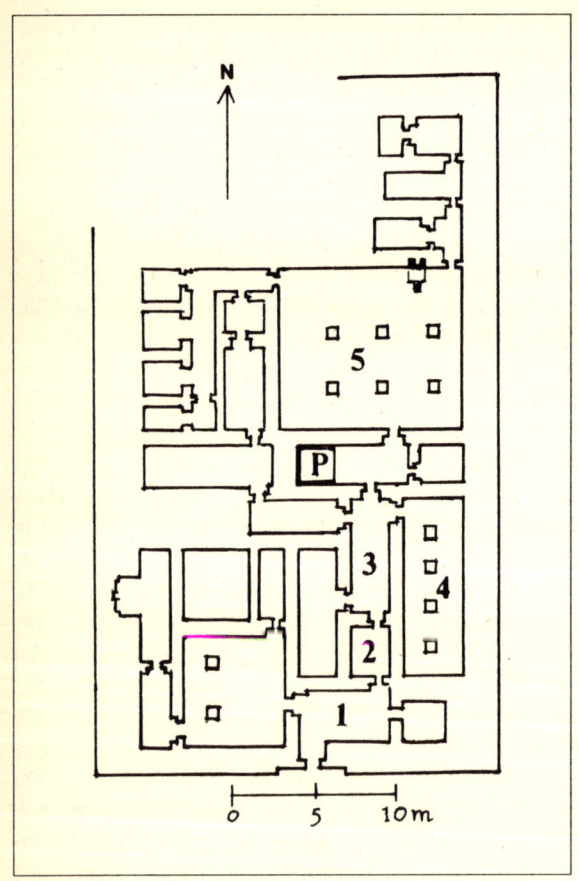

3. Plan der
Mastaba des
Mereruka.

einer Jagd in den Papyrussümpfen (Abb. 14). Eine Detailansicht – es
handelt sich um das Stück vor Mererukas langem Schilfboot – läßt
deutlich die vielen verschiedenen Vogelarten erkennen, die im Papyrusdickicht nisten oder sich dort nur niedergesetzt haben. Im Bug
eines langen, von vier Schiffern mit Stangen angetriebenen Bootes
steht ein Mann; er hält einen großen, zur Jagd abgerichteten Mungo
am Schwanz fest. Das Tier klettert an einem Papyrusstengel empor,
der sich unter seinem Gewicht neigt, und versucht, an ein Nest mit
jungen Eisvögeln heranzukommen. In einem anderen Nest darunter
brütet eine Nilgans, und unmittelbar hinter dem Mungo erblickt
man auf einer Papyrusdolde einen Reiher mit prachtvollem Feder-
schopf. Weiter nach links sitzt ein Flamingo direkt hinter einem
Nest, in dem ein Ibis seine Eier ausbrütet. Schließlich gewahrt man
in der Ecke oben links gerade noch einen zweiten Mungo. Mit einem
Jungvogel im Maul klettert er an einem Papyrusstengel herab und
zum Boot zurück.

Im Wasser unter den beiden Booten kämpfen Nilpferde mit Kro-
kodilen. Ein Flußpferd hat gerade ein Krokodil gepackt und ist im
Begriff, dem Tier das Rückgrat zu zerbrechen. Davor folgt ein noch
junges Hippopotamos ganz friedlich einigen Fischen, die viel größer
dargestellt sind als es selbst. Der eine dieser Fische ist ein Nilbarsch
(Lates niloticus).

Gleichfalls im Raum 1, doch an der Südmauer, und zwar nahe
der Südostecke, sieht man in der unteren Reihe eine Herde von Rin-
dern durch ein sumpfiges Gewässer schwimmen (Abb. 17). Beiderseits davon Hirten in kleinen, nur von einem einzigen Ruder angetriebenen Papyrusbooten. Links, in dem Boot, das vor der Herde
schwimmt, sitzt einer der Hirten, seinen Stab in der Hand, ruhig im
Bug, ein anderer dagegen hält mit beiden Händen ein Seil, an dem ein
Kalb festgebunden ist, das hinter dem Boot im Wasser schwimmt. Wie
gewöhnlich folgt die Kuh, deren Hörner abgetrennt wurden, ihrem
Kalb. Sie streckt das Maul und die Zunge nach ihm aus und lockt,
indem sie dem Jungtier folgt, die gesamte übrige Herde hinter sich
her: Hinter der Herde (rechts) folgt ein zweites Boot. In Hieroglyphenschrift steht über dem Hirten, der hier im Vorderteil kniet: »Du
Hirt da! Deine Hand auf das Wasser!« (dieselbe Redewendung fanden wir bereits in der Mastaba des Ti (vgl. oben S. 39 f.), und tatsächlich streckt der so Angesprochene seinen Arm in einer magischen

Geste aus, um die Krokodile zu lähmen, die schon im Wasser auf der Lauer liegen. Anscheinend wirkt die Beschwörung, denn die Krokodile zeigen kein Zeichen irgendeiner Bewegung.

In der zweiten Reihe erblickt man eine besonders bewegte Szene: Männer sind im Begriff, zum Opfer ausersehene Rinder zu Boden zu zwingen. Von links nach rechts sieht man einen Mann, der über den Rücken des ersten Opferrindes springt, mit seiner Rechten packt er eines der Hörner, und in der Linken hält er den Schwanz. Noch drei andere Hirten fallen über das unglückliche Tier her: Einer schwingt sich auf das andere Horn oder zerrt daran, der zweite versucht, dem Tier die Vorderbeine wegzuziehen und es so zu Fall zu bringen, und der dritte hat seine Arme um die Hinterbeine geschlungen. Zwei andere Rinder erleiden das gleiche Schicksal, doch die Männer nehmen eine andere Haltung ein. Der eine sitzt in regelrechter Reiterhaltung auf dem Widerrist des zweiten Tieres, und auch auf dem dritten balanciert ein Hirt und versucht, es mit Händen und Füßen, die er gegen die Hörner stemmt, dazu zu bringen, daß es den Kopf senkt. Schließlich hebt hinter einem vierten Rind (ganz rechts), das man gerade dazu gebracht hat, sich niederzulassen, ein auf der rechten Zehenspitze stehender Mann sein linkes Bein, um es gegen die Hörner zu stemmen, an denen er gleichzeitig mit beiden Händen zerrt.

In der oberen Reihe geht es um Gartenbewässerung. Unter den Blicken eines Aufsehers, dem sein kleiner Sohn sowie ein etwas größerer Knabe mit einer Last auf dem Kopf voranschreiten, bringen Gärtner Wasser in Krügen, die sie an Schulterstangen tragen. Einer der Männer ist im Begriff, sein Wasser auszugießen, sobald er nur den Küchengarten erreicht, der – künstlerischer Konvention entsprechend – durch drei Reihen kleiner Quadrate wiedergegeben ist. Ein anderer Wasserträger unmittelbar davor ist dagegen gerade mit dem Gießen fertig. Außerdem erblickt man weitere Gärtner, die mit Grabstöcken (Setzhölzern) arbeiten. Einer von ihnen pflückt eine große, reife Frucht.

Szenen an der Westwand des Raumes 2 berichten von der Jagd in der Wüste. Eingerahmt werden sie beiderseits von einer Art Gatter. Anscheinend grenzte man damit das Gelände ab, auf dem die Jagd stattfand[37]. In der unteren Reihe springen zwei Windhunde ihre Beute an: Einer beißt eine *Oryx*-Antilope ins Genick, der andere eine Art *Ibex* (eine nubische Bergziege) – er hat das Tier durch die Wucht seines Aufpralls umgeworfen und packt es an der Gurgel. Einer zweiten *Oryx* gelingt es, der drohenden Gefahr zu entkommen. In einer mit wunderbarem Realismus wiedergegebenen Bewegung wendet sie sich um und blickt zurück. Zwischen den beiden Jagdhunden und ihrer Beute sitzt ein Löwe und beißt in aller Ruhe ein Wildrind, das er mit seinen Vorderpranken festhält, in die Schnauze. In seiner Todesangst entleert das unglückliche Tier seinen Darm. Über dem größten Teil dieser auf so grauenvolle Art belebten Szene erblickt man Sanddünen, zwischen denen Dornenbüsche und anderes Gestrüpp wachsen. Hier sieht man Igel ganz ungeniert aus ihrem Bau herauskriechen, eine junge Gazelle hat sich niedergelassen, während ein Hase aufrecht sitzt.

In der oberen Reihe werden einem Hunderudel die Stücke eines zerlegten Steinbockes vorgeworfen, und die Hunde zerreißen gierig die Fleischbrocken. Rechts von dieser Szene hält ein Jäger das Ende eines Seils – wohl eines Lassos, mit dem er einen der Steinböcke oder eine der Gazellen eingefangen hat, die man vor ihm erblickt.

Die Szenen an der Ostmauer des Raumes 2 schildern eine ganze Reihe verschiedener Tätigkeiten. In der oberen Reihe ziehen zwei Sechsergruppen von Männern einen Schlitten mit der Statue des Toten in einem nicht sehr stabil gebauten Schrein. Zwei Männer flankieren den *naos* in der Bildmitte: Einer bringt der Statue Weihrauch dar, der andere dagegen hält den *naos* fest.

In der mittleren Reihe sieht man Goldschmiede bei der Arbeit. Links wiegt ein Aufseher Goldbarren auf einer Hebel- bzw. Balkenwaage. Ein Schreiber notiert, wie viele Würfelgewichte man pro Barren braucht. In der Mitte fachen sechs Arbeiter mit langen Blasrohren das Feuer an, auf dem die Goldbarren in Schmelztiegeln eingeschmolzen werden. Wie wir im Grab des Ti sahen (Abb. 6), wird das Metall dann in eine Form gegossen, in der es abkühlt, bis es gehämmert werden kann. Tatsächlich erblicken wir unmittelbar rechts von dieser Szene kniende und hockende Männer mit erhobenen Händen, in denen sie Kiesel halten, um auf dem Amboß »das Gold zu hämmern«, wie es in Hieroglyphenschrift über dem Barren vor ihnen zu lesen ist.

Sowohl oberhalb als auch unterhalb dieser Goldschmiede sieht man einige der wichtigsten Erzeugnisse ihres Handwerks wie in einer Ausstellung: schlanke Gefäße mit oder ohne Schnabel, Kannen und Schalen, verschiedenartige Halsbänder, ein Diadem und dergleichen mehr. Schließlich legen in der unteren Reihe weitere Arbeiter – meist ziemlich beleibt, wenn es sich nicht gar um Zwerge handelt – letzte Hand an und geben verschiedenen Halsbändern den letzten Schliff. Den hieroglyphischen Bildbeischriften zufolge, die über beiden Zwergengruppen in den Stein gehauen sind, ruft einer der Goldschmiede voller Stolz aus: »Es ist schön, Kollege!« Offenbar ist er mit seinem Werkstück – einem Halsband, das länger ist als er selbst – recht zufrieden. Ein anderer dagegen treibt seinen Freund, der sich schon mit einer Ahle alle Mühe gibt, zu noch größerer Eile an und ruft: »Beeil' dich! Mach' es doch fertig!«[38]

Leider zerstört ist die Gerichtsszene an der Westmauer des Raumes 3, und alles, was man von dem Richter links auf dem Bild noch sehen kann, ist eine Hand mit einer Papyrusrolle und der untere Teil eines seiner Beine. Zwei Lotossäulen zieren das Büro seiner Sekretäre vor ihm. Hinter diesen Sekretären knien die ersten drei Angeklagten – Bauern – mit verschränkten Armen, die Körper unterwürfig leicht nach vorn geneigt. Weitere Beschuldigte hinter ihnen werden von Wächtern unsanft gezerrt oder gestoßen. Die Wachen machen dabei freigebig von ihren Stöcken Gebrauch. Schließlich wird rechts ein bereits Verurteilter, der vollkommen nackt ist, von einem solchen Wächter an einem Pfahl festgehalten, während zwei andere ihn mit Ruten schlagen.

Der Hauptraum dieser Mastaba war der Pfeilerraum (Raum 5), in den Mererukas *ka*-Statue eindrucksvoll lebensecht durch eine Scheintür in der Nordmauer einzutreten scheint (Abb. Vorderklappe). Beiderseits der Figurennische sind auf dem Rahmen der Scheintür Namen und Titel des Verstorbenen eingegraben. Wie eine Stele wird die Nische seitlich von einem senkrechten, gebänderten Eckrundstab umgeben, und am Nischenboden führen vier Stufen zu einem Opfertisch.

Beiderseits der Statuennische erblickt man an der Mauer Reliefdarstellungen, die Mereruka von der Scheintür wegschreitend wiedergeben. Auf beiden Reliefs geht ihm seine Gemahlin voran, um den Kopf ein Diadem, dessen freie Bandenden hinten herabhängen. In der Hand hält sie eine Lotosblüte, an der sie riecht. Hinter Mereruka betritt dann stets seine Mutter die Szene. Beide Frauen erreichen mit ihrer vollen Körperlänge noch nicht einmal Mererukas Rocksaum. Besonders gut sind unterhalb dieser Gestalten die schwarze Sockelfarbe sowie die beiden roten und gelben Bänder erhalten, die Sockel und Reliefszenen voneinander trennen.

Außerordentlich aufschlußreiche Darstellungen finden sich an der Nordmauer rechts der Statue über der Türöffnung zu dem nach Norden führenden Gang (Abb. 13). Wir sehen hier junge Leute beim Spiel: Knaben und junge Männer auf den oberen beiden Reihen, Mädchen unmittelbar an den beiden Türsturzblöcken. Die Jünglinge tragen die Seitenlocken junger Leute und sind nackt. Auf der ersten, obersten Reihe balanciert zunächst ein kleiner Junge mit allen vieren auf den waagerecht ausgestreckten Armen eines größeren, den zwei andere Jünglinge – je einer an jeder Seite – stützen. Dann erblickt man eine Kraftprobe zwischen zwei Gruppen von je drei Jungen: Die Vordermänner jeder Gruppe halten sich an den Händen und ziehen die Gegenpartei, indem sie sich selbst mit aller Kraft nach hinten werfen. Jeder versucht, auf diese Art seinen Gegenspieler zu sich herüberzuziehen. Ganz rechts sieht man schließlich ein Spiel, das als *chazza lawizza* bezeichnet wird[40]. Die beiden Knaben mit vorgestreckten Armen und Beinen sitzen hier übereinander, weil künstlerische Konvention dies verlangt. In Wirklichkeit saßen sie einander gegenüber und bildeten so ein Hindernis, das die drei anderen Knaben zu überwinden hatten, die man auf sie zurennen sieht.

Die nächste Reihe zeigt eine Art Kriegsspiel[41]. Der ›Feind‹ ist gefangen. Seine Arme sind auf den Rücken gebunden, und die anderen Knaben schubsen und stoßen ihn voran. Weiter rechts ist er auf die Knie gesunken und wird von den anderen mit heftigen Fußtritten traktiert.

Auf der Reihe abermals darunter treiben Mädchen ihre Spiele[42]. Zwei (links) lehnen mit den Rücken aneinander und bilden so, die Beine leicht ausgestellt, eine Art ›Achse‹, um die in rascher Drehung ihre beiden Partnerinnen wirbeln, die sich an den ›Achsen‹-Mädchen festhalten und weit zurücklehnen. Rechts davon vollführt eine weitere Mädchengruppe den ›Spiegeltanz‹[43]. Schließlich trägt – noch weiter unten, rechts von der Tür – ein junger Mann auf seinem rechten Unterarm einen sehr viel kleineren Knaben, der aufrecht zu stehen und dabei das Gleichgewicht zu halten versucht.

Gleichfalls an der Nordmauer des Pfeilerraumes, doch links von der Statue, sieht man seltsame Szenen: Tiere werden gemästet (Abb. 59). In der oberen Reihe liegen vier *Oundjou*-Antilopen oder Ziegen mit langen, gewundenen Hörnern vor ihren Hirten, die sie, um ihnen Futter einzuflößen, entweder an der Schnauze oder an einer um den Hals gewundenen Leine festhalten.

Darunter erblickt man eine vorüberziehende Herde prachtvoller *Ioua*-Rinder mit leierförmigen Gehörnen, von ihren Hirten geführt. Das Leitrind, dessen Kopf nach einem Heuballen ausgestreckt ist, hat ein schiefes Horn. Ein besonders fettes Tier ohne Hörner bildet das Ende des Zuges.

Sämtliche Rinder der dritten Reihe sind liegend dargestellt, mit Ausnahme des letzten, das außergewöhnlich schöne Hörner hat und kniet, um leichter aus einem großen Gefäß trinken zu können, das der Hirt ihm vorhält. Drei weitere Hirten, jeder vor einem der Rinder sitzend, das er an einem Riemen hält, haben eine Hand und ein Stück des Unterarmes in die Mäuler ihrer Tiere gesteckt und zwingen diesen so handvollweise Heu hinein.

In der zweiten Reihe von unten sieht man verschiedene Tiere, unter anderem auch mehrere Antilopenarten (eine *Oryx,* eine *Addax* mit Flecken auf der Nase sowie eine braune *Addax,* eine nubische Bergziege und eine *Dorkas*-Gazelle), die an ihre Futterkrippen angebunden sind.

In der Reihe ganz unten zeigt man, wie Hyänen genudelt werden (eine derartige Szene gibt es auch in der Mastaba des Kagemni).

Die Tiere kommen, von zwei Wärtern geführt und festgehalten, mit ›schlanker Figur‹ und ohne Bauch ins Bild; man wirft sie auf den Rücken, einer der Männer hält sie an den Pfoten oder fesselt sie, wenn nötig, während der andere ihnen Futter ins Maul stopft. Nach dieser Prozedur führen zwei Männer die Tiere davon, deren Bäuche nun wohlgerundet und prall gefüllt sind. Möglicherweise hing diese Prozedur mit der Abrichtung der Tiere zum Jagen zusammen. Durch das Mästen verging ihnen der Appetit, ihre Beute zu verschlingen[44].

An der Westmauer erblickt man große Segelschiffe (Abb. 20) mit ›zweibeinigen‹, kranartigen Masten[45]. Vom Nordwind getrieben, segeln sie an Mereruka vorüber, der ihnen entgegensieht, seine Frau zu seinen Füßen. Links auf dem Bild erblickt man die Spitze von

Mererukas Fuß, desgleichen die Knie seiner Gemahlin sowie einen
ihrer angewinkelten Arme und den Stiel der Lotosblüte, die sie in
der Hand hält.

Im ersten Schiff haben die Matrosen, die an ihren Plätzen sitzen,
ihre Ruder erhoben, und zwei Bootsmänner stehen am Bug[46]. Da
aber keiner von ihnen den üblichen Bootshaken in der Hand hält,
kann man eigentlich nur annehmen, daß das Schiff nicht im Begriff
ist, anzulegen. Im Heck hält der Steuermann die beiden langen Ruder, die als Steuer dienen, während der für die Takelage verantwort-
liche Seemann auf einer erhöhten Plattform das Segel mit zwei langen Leinen bedient. Sie führen zu den Enden des Querbaumes, auf
dem ein kleiner Affe herumturnt. Andere Matrosen stehen an Deck
und halten sich mit einer Hand in den Wanten fest.

Das zweite Schiff folgt dem ersten so dicht auf, daß der Boots-
mann im Bug das Heck des Schiffes vor ihm mit der Hand ergreifen
kann – wohl um es abzustoßen und damit eine Kollision zu vermeiden. Die Matrosen haben ihre Ruder erhoben und bedienen unter
den wachsamen Blicken eines Steuermannes die Ziehtaue.

An der Südmauer östlich der Eingangspassage hat zwischen den
Papyrusstengeln unter dem Boot Mererukas ein wunderschön dar-
gestellter Fischotter gerade eine ›Dünnlippige Meeräsche‹ *(Mugil capito)* gefangen, die er mit seinen Pfoten festhält und gierig verspeist
(Abb. 19). Unmittelbar darunter lauert ein Krokodil auf dem Grund.
Es blickt auf einen großen Fisch *(Lates),* den soeben eine Harpune
trifft. Hinter ihm folgt ein anderer Fisch, eine Buntbarschart *(Tilapia),* der in der gleichen Gefahr schwebt.

Schließlich sitzen an der Ostwand-Nordseite Mereruka und –
hinter ihm – seine Gattin, die eine Lotosblüte in der Hand hält (leider sind beide Gestalten beschädigt), auf einer Liege, deren Beine in
Löwenfüße auslaufen. Mit einem Partner, der kleiner dargestellt ist
als er, vertreibt sich Mereruka die Zeit beim *zenet*-Spiel, einem
Brettspiel[47]. Jeder der beiden hält einen Spielstein in der Hand. Hinter ihnen sowie in der unteren Reihe bringen Träger verschiedene
Gaben; Aufseher stehen dabei und bezeugen durch Gesten ihre Zustimmung und ihren Dank.

Links, außerhalb des Raumes 1, war ein Teil der Mastaba für Mererukas Gemahlin reserviert – eine Tochter Pharao Tetis, die Prinzessin Hor-watet-chet, deren ›schöner‹ Name Seshseshet lautete.

Im Raum 6, ganz links, befindet sich eine Scheintür mit ›Täfelung‹ (Abb. 16). Man beachte hier die Reliefdarstellungen der Türangeln sowie die Querhölzer der ›Tür‹. Rechts davon sitzt die Prinzessin auf einem Stuhl mit den üblichen Löwenfuß-Beinen, davor der übliche Tisch, nach dem sie ihre Rechte ausstreckt, während sie mit der Linken eine Lotosblume an ihre Nase führt und deren Duft einatmet. Auf dem Kopf trägt sie ein einfaches Diadem, hinten zusammengebunden und mit lang herabfallenden freien Enden. In der unteren Reihe bringen Gabenträger Rinderbeine von Tieren, die der Prinzessin geopfert wurden, desgleichen einige große Gänse.

3.2 DIE MASTABA DES KAGEMNI

Diese Mastaba (Plan 4) grenzt unmittelbar an die des Mereruka und stammt gleichfalls aus der VI. Dynastie. Auch Kagemni war Wesir, und auch die Wände seines Grabes waren mit den nun schon bekannten Szenen aus dem Alltagsleben geschmückt. Die Ausführung ist außerordentlich gut, besonders bei den Szenen, die, verglichen mit den großformatigen Darstellungen des Grabherrn, wesentlich kleiner sind. So sind beispielsweise an der Ostwand des Raumes 2 fünf Tänzerinnen dargestellt, die in ihrem wirbelnden Tanz alle Gesetze der Schwerkraft zu überwinden, ja zu vergessen scheinen (Abb. 23)[48]. An der Nordwand, links vom Gang, befindet sich im Raum 2 eine Darstellung Kagemnis in seinem Boot. Rechts von Kagemnis Bootsheck sieht man drei Männer in einem kleinen Papyruskahn, dessen Heckpartie erhöht ist (Abb. 24). Einer der Männer, der im achteren Bootsteil kniet, lenkt das Fahrzeug mit einem Bootshaken. Die beiden anderen fischen, der eine mit einem Netz, der andere mit einer Mehrfachangel. An einem der Haken hat sich ein Fiederbartwels festgebissen, und ein großer Nilbarsch ist gerade im Begriff, das gleiche Schicksal zu erleiden. Links vom Netz, das bald einer Meeräsche zum Verhängnis werden wird, die allerdings noch zwischen zwei Lotosblumen schwimmt, paaren sich Krokodile. Unmittelbar darüber sieht man am Stengel einer Wasserpflanze *(Potamogeton lucens)*[49] eine Libelle und einen Frosch sowie – weiter oben, auf einem anderen Stengel – eine große Heuschrecke.

Beim Westende derselben Mauer befinden sich Szenen aus dem Leben der Rinderhirten. Auf der unteren Reihe durchquert eine Rinderherde mit weitausladenden, leierförmigen Gehörnen und in wunderschönem Relief ausmodellierten Mäulern ein Gewässer, voran zwei hornlose Kühe. Einer der Kuhhirten in einem Papyrusboot hält ein Kalb an einer Leine sowie an den Vorderhufen. Es wendet den Kopf ängstlich zu seiner Mutter zurück, die mit der Zunge seine Schwanzspitze zu erreichen versucht. Die Mutterkuh ihrerseits lockt so die gesamte Herde hinter sich her, obwohl eines der Tiere gerade Anstalten macht, wieder zurückzulaufen. Zwei andere Hirten, die zu Fuß durch das Wasser waten, bilden den Abschluß der Szene. Einer von ihnen treibt die Herde mit einem Stock voran, der andere trägt auf seinem Rücken ein zweites Kalb, das seinen Kopf nach hinten wendet und – wohl vor Angst – die Zunge herausstreckt. Unter der Herde schwimmen verschiedene Fischarten herum, ein junges Nilpferd steht im Wasser, während ein Krokodil gerade dabei ist, einen großen Fisch zu schnappen.

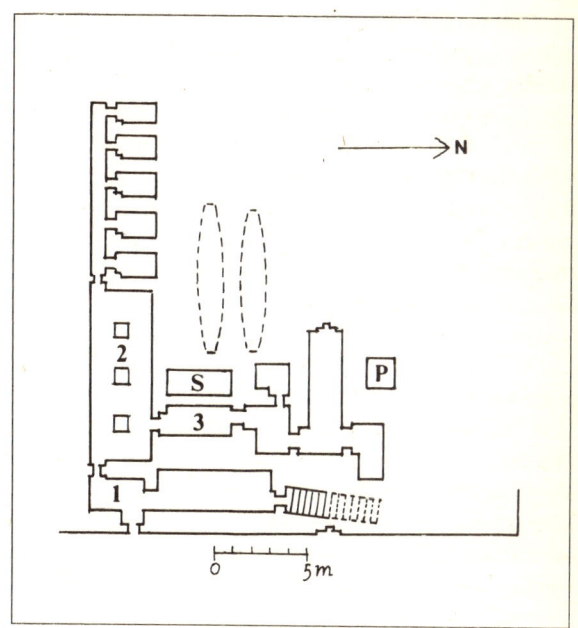

4. Plan der
Mastaba des
Kagemni.

In der oberen Reihe wird eine Kuh gemolken. Man hat sie mit einem Strick gefesselt, der dicht um ihre Hinterkeulen gewunden und an ihren Hörnern festgebunden ist, und ein dritter Kuhhirt jagt mit einem Strick ihr Kalb davon. Rechts dagegen legt ein anderer Hirt ein Kälbchen bei einem Muttertier zum Saugen an. In diesem Fall sind die Hinterbeine der Kuh mit einem Strick festgebunden, der über den Rücken des Tieres zu einem der Vorderbeine hinführt, das auf diese Weise angehoben und angewinkelt wird.

Im Raum 3 stellt ein Relief an der Nordmauer Kagemni sitzend dar. Sein Name und mehrere seiner Titel (darunter der des Wesirs und Justizministers) sind über seiner linken Schulter und seinem linken Arm inschriftlich wiedergegeben. Der Grabherr sitzt in seiner Sänfte und hält einen kurzen Rohrstock recht eigenartig zwischen seinen Fingern eingeklemmt. Zweimal zehn Männer tragen die Sänfte, und jeder der Träger hält einen Stab. Diese Sänftenträger bilden zwei Zehnerreihen, dazwischen schreitet ein Beamter. Hinter und vor den Trägern halten zwei Diener die langen Stangen großer Wedel, die als Schattenspender dienten. Der Affe und die Hunde schließlich, die ein Zwerg an der Leine führt, sind nicht wie im Grab Mererukas unter der Sänfte ihres Herrn zwischen den Trägerreihen dargestellt, sondern sie wurden hier in die untere Reihe unmittelbar über dem Türsturz verbannt, weil es bei diesem kleinen Feld an Raum fehlte.

Einige weitere Szenen im Raum 3 zeigen Vogeldarstellungen. In der Südhälfte der Westmauer erblickt man in der unteren Reihe eine Vogeljagd mit dem Netz. Von links nach rechts sieht man zunächst vier Männer. Sie rennen nach rechts und schauen sich nach dem Netz um, das sie in die richtige Lage ziehen. Der letzte erhebt seine rechte Hand, ohne Zweifel um seine Gefährten zum Schweigen zu bringen. Ein weiteres Netz vor ihnen wurde eben (auf das Zeichen eines Jägers hin, der noch immer mit ausgestreckten Armen da steht) auf eine Schar von Gänsen und Wildenten geworfen, die von Wasserpflanzen – hauptsächlich blauem und weißem Lotos – umgeben auf einem Teich schwimmen. Darüber fliegen einige Vögel davon, die dem Netz entkommen konnten. Darunter erblickt man, mit wundervoller Feinheit und Beobachtungsgabe wiedergegeben, kleine Stelzvögel. Der erste, ein Silberreiher, hält einen Fisch im Schnabel. Wie es den Anschein hat, sind diese Tiere nicht im mindesten beunruhigt. Man beachte zwischen dem Gewässer und dem Jäger mit den ausgestreckten Armen den dicken Pfosten, an den die Netzschnur geknüpft war.

Die zweite Reihe zeigt ein Vogelhaus, wo zahlreiche Enten und Gänse, erstaunlich realistisch wiedergegeben, an dem Getreide rupfen, das ihnen ein Knecht gerade hingeworfen hat. Das Vogelhaus umgeben gegabelte Pfosten, die oben durch eine Schnur miteinander verbunden sind und wohl die Netze trugen. Den Eingang schmückten kleine Bündelsäulen. Ihre Kapitelle besaßen die Form offener Lotosblüten. Doch nur eine dieser Säulen, rechts vom Eingang, ist erhalten. Das Vogelhaus ist in Seitenansicht, von vorn gesehen, dargestellt, ebenso die darin eingeschlossenen Vögel. Es umfaßt mehrere nebeneinander aufgereihte Höfe, in denen Getreide ausgestreut ist. In der Mitte jedes Hofes ist ein rechteckiges Becken angelegt, von dessen Ecken diagonale Rinnen nach außen führen, die jedoch von oben gesehen wiedergegeben sind. Diese letzteren, im Grundriß erfaßten Einzelheiten erscheinen somit in die senkrechte Wandfläche aufgeklappt – ein in ägyptischen Reliefbildern häufig angewandtes Verfahren der darstellenden Geometrie.

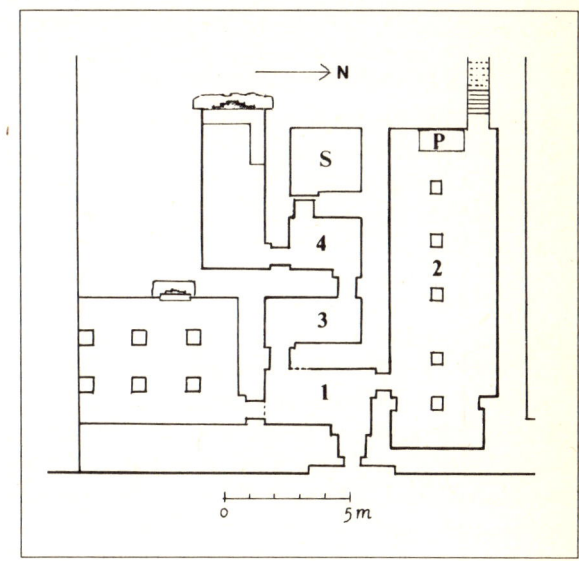

5. Plan der Mastaba des Anch-ma-Hor.

In der obersten Reihe, die allerdings abgebrochen ist, sieht man, wie Gänse genudelt wurden. Man stopft ihnen eigens vorbereitete Futterbällchen, die auf Tabletts bereitstehen, in die Schnäbel. Eine andere, sehr realistische Gänsemastszene taucht am Nordteil der Westmauer auf. Durch die verschiedenen, außerordentlich lebensecht und naturgetreu wiedergegebenen Haltungen jedes einzelnen Vogels beweist der Künstler seine außergewöhnliche Begabung als Vogeldarsteller.

Nicht weniger bemerkenswert sind die präzisen Gebärden der Mäster, die die Gänseköpfe festhalten, um mit Daumen und Zeigefinger den Tieren mit aller Gewalt Futterbälle in den Schnabel zu stopfen. Ein Gehilfe, der vor dem Mäster sitzt, bereitet die Bälle vor; er rollt die Vogelnahrung zwischen den Händen und legt die so entstandenen Klößchen auf ein Tablett. In der oberen Reihe sieht man die Mast von Hyänen – eine ähnliche Szene fand sich ja bereits im Grab des Mereruka (vgl. Seite 68).

*

De Morgans Nachfolger, Victor Loret, konzentrierte sich auf das Gelände nördlich der Pyramide des Teti, des ersten Königs der VI. Dynastie. Dort entdeckte er zwischen Juli 1897 und Februar 1898 die Totentempel der zwei kleinen Pyramiden der Königinnen Iput und Chuit – zumindest die erste dieser beiden war Gemahlin Tetis –, desgleichen die sogenannte ›Gräberstraße‹, ein enger Weg zwischen mehreren Mastaben der damaligen Zeit[50].

Die bedeutendste dieser Mastaben, die des Anch-ma-Hor (Plan 5) ist heute wegen gewisser Reliefszenen – so z.B. die Operation einer Zehe sowie einer Beschneidungsszene – als ›Grab des Arztes‹ bekannt. Trotz dieser in der Tat individuellen Darstellungen gibt es auch hier Beispiele der üblichen Genrebilder aus dem Alltag, so etwa ein Feld an der Nordmauer im Raum 3, wo eine *Oryx*-Antilope und eine *Dorkas*-Gazelle jeweils von zwei Männern geführt werden, die sie an ihren Hörnern festhalten. Einer der Hirten hat die Gazelle auch an der Schwanzspitze gepackt, das Tier seinerseits säugt sein Junges im Lauf. In der oberen Reihe sind sechs Männer unter einem Vorarbeiter im Begriff, ein prachtvolles Rind mit großen, leierförmigen Hörnern zu Boden zu zwingen. Diese sehr belebte Szene enthält einen erheiternden Beigeschmack durch zwei Viehtreiber, die den Schwanz des Tieres festhalten.

An der Südwand des Raumes 2 zeigen die Szenen beiderseits der Tür im Osten eine Gruppe von Tänzerinnen genau wie in der Mastaba des Kagemni (Abb. 23), im Westen Würdenträger beim Leichenzug, denen eine Gruppe trauernder Frauen und Männer folgt (Abb. 26). Einige Frauen werden ohnmächtig. Auffälligerweise geht in der oberen Reihe auch eine Frau bei den Würdenträgern mit.

3.3 Die Mastaba des Ptah-hotep und des Achet-hotep

Der Ägyptologe Norman de Garis Davies erhielt im Jahre 1898 die Erlaubnis, erneut die Mastaba des Ptah-hotep und des Achet-hotep auszugraben, die Mariette in seinem von Maspero herausgegebenen Werk *Mastabas* (dort auf Seite 359) nur oberflächlich beschrieben hatte. Erst die neue Untersuchung ermöglichte die erschöpfende Beschreibung dieser Mastaba mit ihren ganz besonders bemerkenswerten Reliefs[51]. Seit damals steht die Mastaba Besuchern offen, ja es handelt sich um eine der am häufigsten besuchten Mastaben überhaupt (Plan 6).

Besonderes Interesse verdient ein Relief an der Westmauer im Raum 1 der Mastaba – dies sowohl wegen der Titel Achet-hoteps als auch aus technischen Gründen. Rechts sieht man – sehr großformatig – Achet-hotep. Über ihm eine Inschrift, die seine Namen und Würden wiedergibt, darunter den Titel eines Aufsehers über die Priester in den Pyramiden dreier Könige der V. Dynastie: Ni-user-rê, Men-kau-hor und Djed-ka-rê. Dahinter zeigt die beschädigte obere Reihe, wie Weizen oder Gerste mit der Sichel gemäht wird, und unmittelbar darunter sehen wir Eseltreiber, die ihre Lasttiere mit vollbeladenen Körben davonführen.

Von den drei Reihen, die es darunter gegeben haben müßte, wurde nur die untere umrissen, doch auch dies nicht ganz. Obwohl die kleine Rinderherde gut modelliert ist, gilt dies nicht für die drei Hirten in der Mitte, desgleichen für die Esel, die auf einer Tenne Körner aus Ähren heraustreten. Nur die Umrisse wurden skizzenhaft hingeworfen, abgesehen von dem zu Boden geneigten Kopf eines der Esel, der sich eine Pflanze zu Gemüte zu führen versucht.

Raum 3, für Ptah-hotep erbaut, besitzt an seinen Wänden einige der wichtigsten und detailfreudigsten Reliefs dieser Mastaba, und die Deckensteine oben sind skulptiert: Sie ahmen in ihrer Modellierung runde Holzbalken nach. Dem entspricht auch ihre Bemalung mit rotem Ocker (eine Konvention, die in alten ägyptischen Baudenkmälern stets Holz darstellen soll). Besonders belebt ist die Ostwand (Abb. 31). Im Mittelteil sehen wir vor der Gestalt des schreitenden Ptah-hotep eine große Anzahl aller möglichen Vögel und Säugetiere. Voran schreitet Ptah-hoteps Sohn Achti-hotep, der hier, ebenso wie sein Bruder Ptah-hotep, als Kind dargestellt ist und sich – genau wie dieser – mit einer Hand unten an Vaters Stock festhält. Mit der anderen Hand hat er einen Vogel bei den Schwingen gepackt. Die untere Reihe umfaßt Störche, Gänse, Enten und Tauben. Auf den anderen beiden Reihen dagegen sieht man herrliche Rinder. Besonders das erste Tier fällt durch seine weit ausladenden, leierförmigen Hörner auf, aber auch durch seine reliefierte Modellierung. Ein Hirte mit einem steifen Bein, dessen Lähmung vielleicht von einer Verletzung durch ein Rinderhorn herrührt, führt das Tier am Zügel. Die Gehörne der Rinder in der oberen Reihe sind eindeutig kleiner als gewöhnlich. Ohne Zweifel deutet dies darauf hin, daß es sich um Tiere aus einer anderen Zucht handelt.

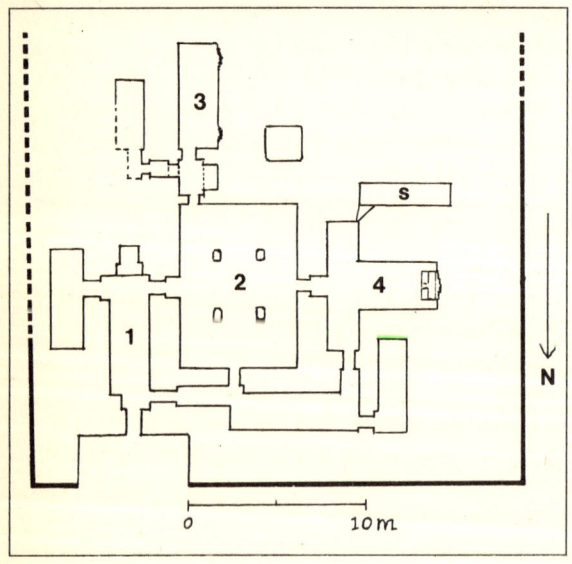

6. Plan
der Mastaba des
Ptah-hotep und
des Achet-hotep.

Über einer Darstellung eines Seilers bei der Arbeit erblicken wir eine hervorragend wiedergegebene Jagd in der Wüste, die zwei Reihen füllt (Abb. 31). In der ersten deutet – von links nach rechts – ein hockender Jäger, der zwei große Windhunde an der Leine hält, auf einen Löwen, der einen Wildstier am Maul gepackt hat und zerreißt. Vor Angst und Pein entleert das angegriffene Tier seinen Darm (vgl. die entsprechende Szene im Grab Mererukas, Seite 49). Auf der anderen Seite der Gruppe packen Jagdhunde einen Steinbock und eine *Oryx* an der Kehle bzw. im Genick. Vor ihnen ist es einem Jäger, der einer Gazelle und zwei Wildstieren nachstellt, geglückt, einen Stier mit dem Lasso zu fangen. In der nächsten Reihe geht die Jagd weiter. Hier erblickt man links einen Windhund und zwei Hyänen, bereit, eine *Oryx*-Antilope zu töten, die ein anderer Windhund soeben zu Boden gezerrt hat. Daneben abermals eine Gazelle, die ihr Kitz säugt. Hinter ihr ein großer *Saluki* (Windhund). Er hat einen Steinbock am Oberschenkel gepackt. Man beachte, wie die Gazelle den attackierten Hinterlauf in die Horizontale hebt. Schließlich – noch weiter rechts – begatten sich zwei Paare von Panthern und Wölfen.

Die folgende Reihe ist der Traubenernte gewidmet. Links pflückt man Weintrauben von einem Spalier, danach treten fünf Winzer auf diesen Trauben herum, mit einer Hand halten sie sich dabei an einer horizontalen Stange fest. Rechts schließt sich eine andere Keltermethode durch Auspressen an. Ein Beutel voll Weinbeeren wird so kräftig wie nur möglich ausgewrungen; so preßt man den Saft heraus und läßt ihn in ein Faß ablaufen. Um dies zu bewerkstelligen, hat man beide Seiten eines Beutels an zwei lange Stöcke gebunden, und beide Stöcke werden nun jeweils in Gegenrichtung bewegt. Um den größten Abstand zwischen beiden Stöcken, an denen sich je zwei Männer zu schaffen machen, zu gewährleisten, nimmt ein fünfter Winzer eine wahrhaft akrobatische Haltung ein: Er setzt einen Fuß auf jeden der beiden Stöcke und verlegt jeweils sein ganzes Gewicht auf einen von ihnen.

In der vorletzten Reihe nach oben hin sieht man junge Leute beim Spiel. Von links nach rechts ist ein Kriegsspiel dargestellt. Der ›feindliche Nomade‹ ist zu Boden geworfen und versucht nun, den heftigen Fußtritten und Stößen zu entgehen, die es auf ihn herabregnet. Daneben vollführt eine kleine Gruppe von Knaben eine Art Drehtanz (siehe Abb. 13 und Seite 51 eine ähnliche Szene aus Mererukas Grab, nur daß dort Mädchen statt der Knaben tanzen; in Deutschland pflegt man einen derartigen ›Tanz‹ als ›Windmühle‹ zu bezeichnen), und drei große Jungen lassen einen kleinen Knaben mit allen vieren auf ihren aneinandergeschmiegten Schultern laufen. Einer vierten Gruppe, die, wie im Grab des Mereruka (vgl. Seite 51) *chazza lawizza* spielt, geht ein Junge auf allen Vieren voran, auf dessen Rücken zwei jüngere Knaben die Balance zu halten versuchen; zwei Jünglinge schließlich – ganz rechts –, die sich zu duellieren scheinen, spielen in Wirklichkeit ›Scheibenschießen‹. Das Spiel besteht darin, angespitzte Stäbe aus einer gewissen Entfernung in einen auf den Boden gemalten Kreis zu werfen[52]. Zwei bereits im Boden steckende Stäbe kreuzen sich und bilden eine Art ›Andreaskreuz‹.

Zwei weitere Darstellungen enthält die oberste Reihe. Die eine zeigt Rinder, die hinter einem Schilfboot eine Furt durchqueren. Bei der anderen geht es um die Papyrusernte: zwei Männer, die ein dickes Papyrusbündel zusammenschnüren, drei andere gehen gebückt unter ihren Lasten davon, und ein vierter wuchtet sein schweres Paket auf den Rücken.

Auf weiteren Szenen an dieser Wand (Abb. 27) – doch nun von der untersten Reihe an aufwärts – finden wir unten hinter einem Mann, der Ptah-hotep eine Gans darbringt, deren Schnabel er mit einer Hand zuhält, Schiffer, die ihre kleinen, mit verschiedenen Waren beladenen Schilfboote mit Hilfe langer Stangen dirigieren. Zwischen den Lotospflanzen und über große Fische der verschiedensten Art hindurch- und hinwegmanövrierend, versetzen sie sich gegenseitig von Bord zu Bord kräftige Stöße.

In der zweiten Reihe werden wilde Gänse und Enten mit dem Netz gefangen. Die Szene ist dichter, konzentrierter als im Grab Kagemnis, und die wichtigsten Begebenheiten erblickt man hier übereinander: Unten das offene Netz mit den wartenden Jägern, die sich hingesetzt haben und die Seile halten, oben das ausgeworfene Netz. Hier ziehen die Jäger auf ein Zeichen des Jagdleiters, der mit einem Tuch winkt, die Seile an. Sie beugen sich dabei zurück, bis sie fast flach auf dem Boden liegen, um größere Zugkraft zu entwickeln. Hinter ihnen stecken zwei Männer gefangene Vogel in Käfige. In der dritten Reihe legen einige Arbeiter beim Bau von Papyrusbooten

letzte Hand an. Hauptsächlich kommt es hier darauf an, die Papyrusbündel am richtigen Platz zu befestigen und die roten Stricke, die
diese halten, fest zusammenzuziehen. In der Abbildung darüber
präparieren und drehen zwei Seiler die für diesen Zweck bestimmten Seile.[53]

Am Nordteil der Ostmauer befindet sich ein großformatiges Porträt des Ptah-hotep (Abb. 27). Man erblickt ihn hier schreitend, er
hält seinen langen Stock in der Rechten und einen Riemen in der
Linken. Voran geht sein Sohn, der gleichfalls Ptah-hotep heißt. Dieser ist zwar ganz jung dargestellt und trägt die Seitenlocke der
Jugend, dennoch führt er bereits die Titel eines Richters und Provinz-
statthalters. Mit einer Hand hält er sich unten an seines Vaters Stock
fest, mit der anderen hat er einen prächtigen Wiedehopf bei den
Flügeln gepackt.

Im mittleren Teil der Westmauer erblickt man Ptah-hotep. In ein
priesterliches Pantherfell gekleidet, sitzt er auf einem Stuhl mit Löwenfüßen an seinem Tisch (Abb. Rückklappe). Er streckt seine rechte
Hand nach dem Tisch und den Lebensmitteln aus, die sich dort türmen, und mit der Linken führt er einen Becher zum Mund. Unter
dem Tisch versichert eine Hieroglypheninschrift, daß ihm alle wichtigsten Opfergaben tausendfach zur Verfügung stünden: Brote, Bier-
krüge, Alabastervasen, Textilien, Rinder, Geflügel und Gazellen.

Rechts von Ptah-hotep füllt eine lange Prozession von Gabenbrin-
gern, die sich auf Ptah-hotep zubewegen, drei Reihen. Sie heben sich
deutlich von dem blaugrauen Hintergrund ab. Der erste Träger der
oberen Reihe hält ein kleines Bündel von Papyrusstengeln von feiner
grüner Farbe unter dem linken Arm und eine Trankopfervase in der
linken Hand, während er mit der Rechten einen Strauß Lotosblüten
darbringt. Der nächste Träger hat ein Kalb auf seinen Schultern, und
obwohl er das Tier durch einen Griff um den Hals festhält, trägt er in
der freien Hand noch einen Korb mit einem Lotosblütenstrauß. Die anderen Träger bringen verschiedene Opfergaben: übereinanderge-
schichtete Schalen, Geflügel, Blüten und Gemüse; andere wieder führen Jungtiere – Kälber, Antilopen, Steinböcke oder Gazellen.

*

Nach Lorets Abschied wandte man sich neuen Grabungszielen zu.
Maspero war zurückgekehrt und erneut zum Generaldirektor ernannt worden. Er zog es vor, seine frühere Erforschung der Pyrami-

deninschriften durch Untersuchungen anderer Elemente der Pyramidenkomplexe zu ergänzen, die er sich früher aus Mangel an Geldmitteln hatte versagen müssen. Daher beauftragte er im Dezember 1899 Alexandre Barsanti, einen Ingenieur im Dienste der Antikenabteilung, die Zugänge zur Pyramide des Unas freizulegen[54]. Die mit diesen bedeutenden Hieroglyphentexten bedeckte dortige Grabkammer wurde so Touristen zugänglich (Abb. 25).

Erst später, nachdem man J. E. Quibell zum Chefinspektor in Saqqara ernannt hatte, begab man sich erneut an die Ausgrabungen im Bereich der Pyramide Tetis. Allerdings ordnete Maspero an, den Abraum nach Osten hin in das Tal dahinter zu schütten. Es überrascht daher nicht, daß an der fraglichen Seite keine Mastaben mit Reliefs aus dem Alten Reich gefunden wurden[55]. Übrigens mußte Quibell Ende des Winters 1906 und in der Folgezeit – während seiner zweiten Kampagne – seine Männer zu dem Plateau hinüberdirigieren, das an einem ›Ras-al-Gisr‹ genannten Punkte den Zugang zur Nekropole beherrscht[56]. Hier waren Überreste von Schlammziegelbauten im Sand aufgetaucht. Bauern, die nach *sebach* (einem Material aus zerfallenen Schlammziegeln, untermischt mit antiken Trümmern und Abfall, das von den ägyptischen Bauern als Dünger benutzt wird) suchten, waren gerade dabei, sie abzutragen.

3.4 DAS KLOSTER DES HEILIGEN JEREMIAS

Zahlreiche Mönchszellen kamen nun zum Vorschein. An ihren Ostwänden hatten sie eine abgerundete Nische, die als Gebetsraum diente und bisweilen mit Fresken geschmückt war. Diese zeigten im allgemeinen Christus, die heilige Jungfrau und einen Erzengel oder den heiligen Klostergründer (Abb. 34). Einige dieser Malereien und zahlreiche Koptische Inschriften (houte im Koptischen Museum in Kairo) bewiesen: Masperos Vermutung traf zu – es handelte sich hier um das Kloster des heiligen Jeremias. Am Ende des 5. Jahrhunderts n. Chr. gegründet, war es um 960 von den Arabern zerstört worden.

In den drei Grabungskampagnen, die Quibell der Freilegung dieses Klosters widmete[57], wobei er von Norden nach Süden vordrang, brachte er einen Hof mit schönen, achteckigen steinernen Bodenplatten zum Vorschein, das Hospital, das Refektorium (heute noch

1 Sog. Dorfschulze (Schech el-beled),
Holzstatue des Ka'aper, Ende der 4. Dynastie.
Der Stab ist eine Ergänzung anstelle des verlorenen
Szepters. Höhe: 1,10 m. Paris, Louvre.

← 2 Standbild des Schutzgottes Bes. Er versinnbildlicht die Abwehr des Bösen, Auferstehung, Fruchtbarkeit und Freude. Insbesondere galt er als Beschützer der Frauen in Geburtsnöten. Höhe: 1 m. Paris, Louvre.

↓ 3 Aquarell aus der Zeit der Grabunge Mariettes: die Statue Pindars und die eines anderen Dichters aus dem Halbkreis der Dic ter und Philosophen sowie heilige Tiere (ein Löwe, zwei rad- schlagende Pfauen, ei Panther) aus dem *dromos*. Auf sämtliche Tieren sitzt als Reiter der jugendliche Gott Dionysos. Paris, Bibli thèque Nationale.

→ 4 Standbild des
?beros (Aufnahme aus
?r Zeit der Grabungen
?riettes). Nur noch der
mittlere Kopf ist er-
?lten. Auf dem Rücken
?e stark verstümmelte
Figur des Dionysos-
knaben. Zu Füßen
?erberos' liegen Wein-
?auben, sein Schwanz
?ft in einen Schlangen-
kopf aus.

← 5 Mastaba des Ti,
Grabbeigabenraum,
Nordwand: Nilpferdjagd.
Ti, auf einem Boot ste-
hend, inmitten von Papy-
rusdickicht, darunter
Gabenträgerinnen.

↓ 6 Mastaba des Ti,
Grabbeigabenraum,
Südwand: verschiedene
Handwerker bei der
Arbeit.

→ 7 Mastaba de
Grabbeigabenra
Nordwand: eine Rin
herde durchwatet
Furt, darunter Ga
trägerinn

↘ 8 Mastaba de
Gang, Ostwand: Tr
port einer Statue Tis
einem schlittenart
Gefä

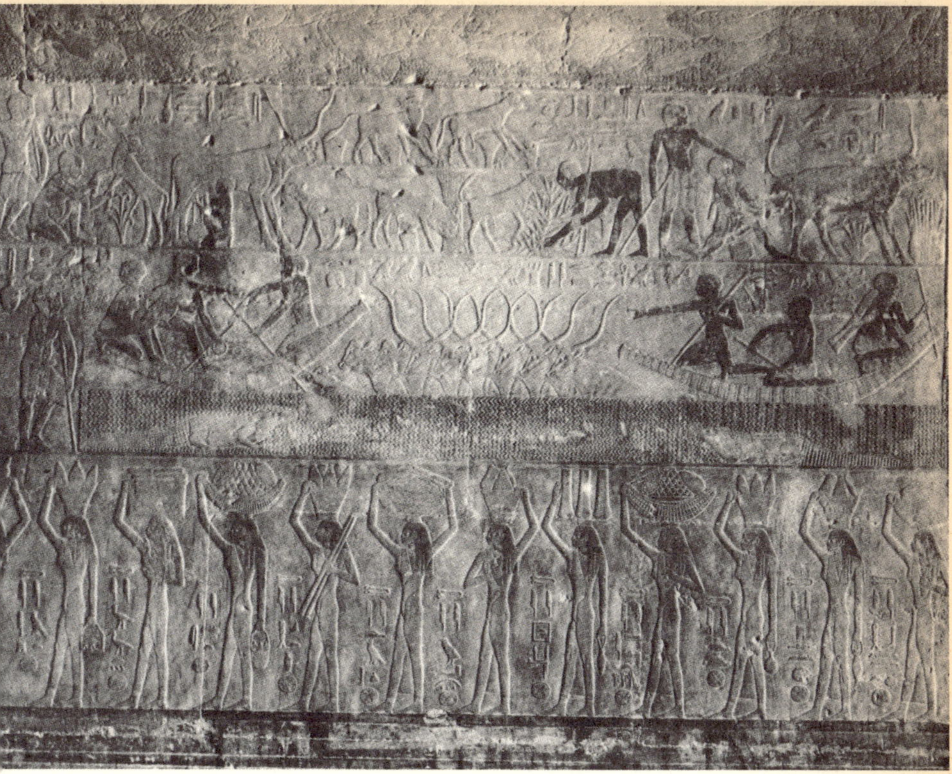

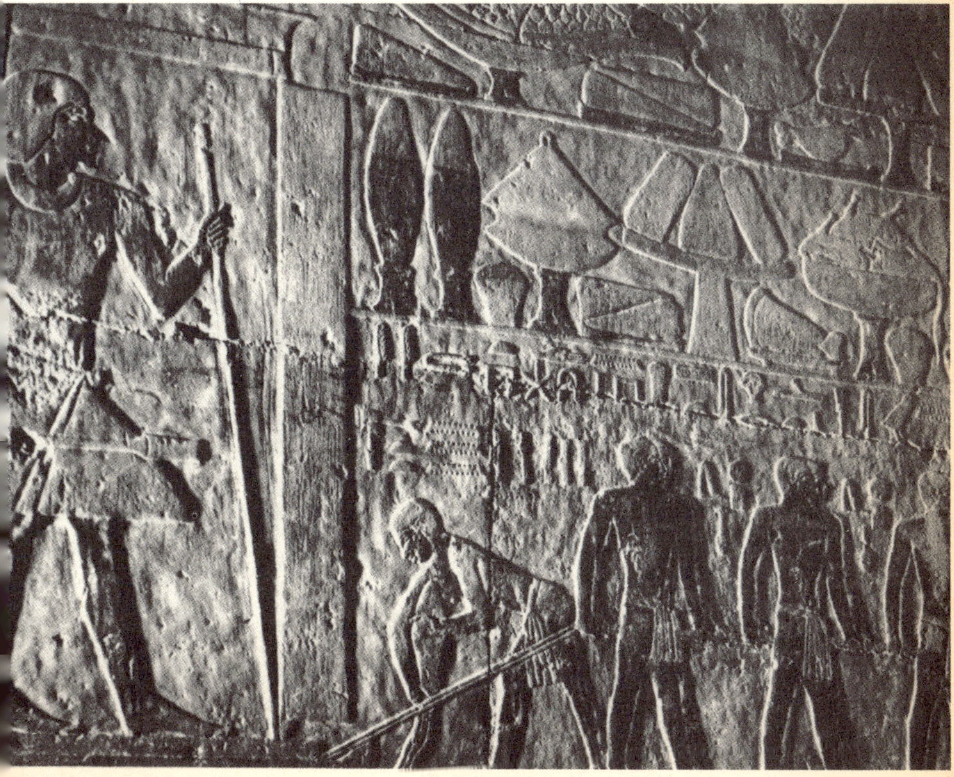

→ 10 Grab des Prinzen Cha'emwêse (Serapeum): Brustgehänge in Form eines Falken mit Widderkopf. Breite 9 cm. Paris, Louvre

↓ 9 Statue des Ranofer, Hohepriester im Ptah-Tempel zu Heliopolis, 5. Dynastie. Kairo, Ägyptisches Museum.

↘ 11 Apis-Stier, entdeckt in einem Heiligtum am *dromos*. Höhe: 1,28 m. Paris, Louvre.

↘↘ 12 Holztafel von der Ostmauer der Mastaba des Hesirê, 3. Dynastie. Höhe: 1,50 m. Kairo, Ägyptisches Museum

→ 15 Mastaba de
Mereruka, Nordmauer
Mereruka zwische:
seinen Söhner

⇉ 16 Mastaba de
Mereruka, Raum 6: link
die Scheintür, recht
sitzt die Prinzessi.
Har-watet-chet, Mere
rukas Gemahlin, ar
Opfertisch

← 13 Mastaba des
Mereruka, Pfeilerraum,
Nordmauer: Jugend
beim Spiel.

↓ 14 Mastaba des
Mereruka, Raum 1,
Nordmauer: Jagd im
Papyrusdickicht.

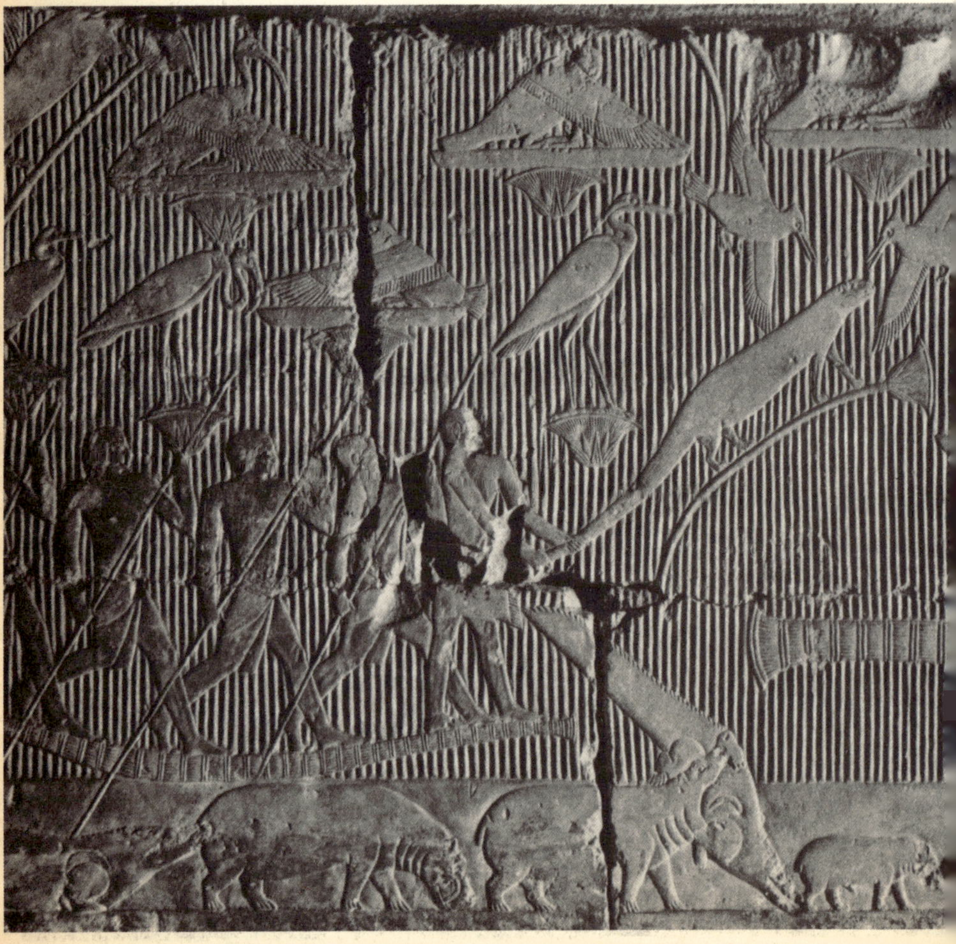

↘ 17 Mastaba de
Mereruka, Raum 1, Süc
mauer, von unten nac
oben: Rinder durch
queren einen Sump
Männer fangen Opfe
stiere ein, Garte:
bewässerun;

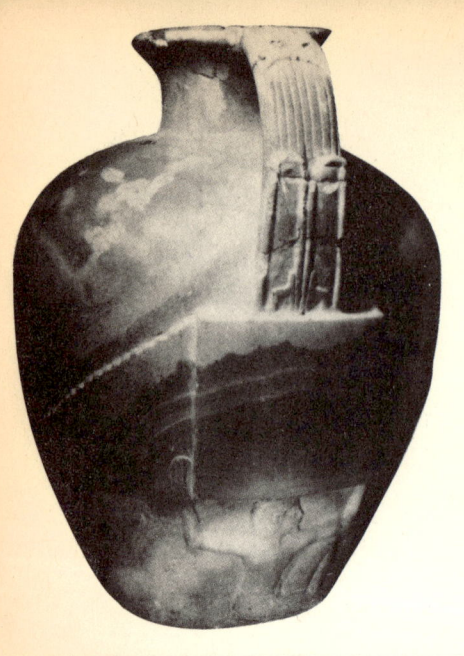

← 18, ⇥ 22 Symbol-
reiche Alabastervase
für das *heb-sed*-Fest,
gefunden unter Djosers
Stufenpyramide. Auf
dem Bandhenkel die
Throne Ober- und Unter-
ägyptens, eine hockende
Gestalt (das Hiero-
glyphenzeichen für ›sehr
viel‹) und ein Skarabäus.
Höhe: 38cm. Kairo,
Ägyptisches Museum.

↓ 19 Mastaba des
Mereruka, Pfeilerraum,
Südwand: ein Otter hat
einen Fisch gefangen,
darunter im Wasser ein
Krokodil und Fische.

↓↓ 20 Mastaba des
Mereruka, Pfeilerraum,
Westwand: große Segel-
boote mit Ladebäumen.

→ 21 Mastaba
Kagemni, Nordmau
zwei Hirten entwöh
ein Ferkel, indem
Milch auf seine Zu
träuf

↘ 23 Mastaba
Kagemni, Raum
Ostwand: fünf kah
schorene Tänzerinn

↘↘ 24 Mastaba
Kagemni, Raum 2, N
mauer: Fischfang
Netz und Mehrf
angel von einem Papy
boot

← 25 Unas-Pyramide, Vorkammer, an den Wänden die berühmten *Pyramiden-Texte* aus der Regierungszeit Unas' (um 2310-2290 v. Chr.).

↓ 26 Mastaba des Anch-Ma-Hor, Raum 2, Südmauer: Leichenzug mit Würdenträgern, trauernden Frauen und Männern.

→ 27 Mastaba P
Hotep's und Ac
Hotep's, Rau
Ostmauer: rechts P
Hotep schreitend,
ihm sein Sohn, dane
(von unten nach ob
ein Mann bringt P
Hotep eine Gans
Männer rudern Sc
boote, das Einfar
von Vögeln in Net
das Anfertigen
Schilfboo

28 Mastaba des Ka-er: Barren werden auf einer Waage in Gestalt einer Frau mit ausgestreckten Armen gewogen.

29 Eines der Fragmente der Hieroglyphentexte aus dem Grabkomlex Pepis I.

30 Mastaba des Ka-er: Sumpflandszene mit zierlegendem Krokodil.

31 Mastaba Ptah-hotep's und Achtet-hotep's, Raum 3, Ostmauer, von unten nach oben: Seiler bei der

Arbeit, Jagd in der Wüste, Weinernte, spielende junge Leute, Rinder beim Durchqueren einer Furt und Abernten von Papyrusstauden.

→ 32 Eines der Kapitelle aus der Hauptkirche des Jeremiasklosters (6. Jh. n. Chr.).

↓ 33 Die Kanzel des Jeremiasklosters, hier noch *in situ* an der Mauer südlich des Refektoriums, heute im Koptischen Museum in Kairo.

34 Fresko in einer Mönchszelle im
Jeremiaskloster: Maria, umgeben von Engeln, stillt
das Jesuskind. Kairo, Koptisches Museum.

als solches erkennbar), eine Kapelle von quadratischem Grundriß mit vier Säulen, deren bläuliche Marmorbasen noch sichtbar sind, und einen – heute allerdings versandeten – geräumigen Hof. Im Hof standen die granitenen Basen von vier umgestürzten Säulen rings um einen Granitstumpf, der zweifellos als Sockel eines Beckens gedient hatte. Und auch die von zwei Säulen flankierte, seltsame ›Kanzel‹ kam in diesem Hof zum Vorschein (Abb. 33); sie ist heute im Koptischen Museum in Kairo ausgestellt.

Die Ruinen der Hauptkirche lagen ein kleines Stück weiter südlich. Die Trümmerstätte war mit Säulen übersät, deren Kapitelle vorzügliche Steinmetzarbeit bewiesen (Abb. 32), und auch andere skulptierte Architekturelemente lagen umher. Die besten Exemplare befinden sich heute ebenfalls im Koptischen Museum. Drei weitere Kirchen von geringerer Bedeutung wurden vom Sand befreit, zwei davon sind heute wieder unter Sandmassen begraben. Nach diesen bedeutenden Entdeckungen koptischer Kunstwerke setzte Quibell seine Arbeiter ganz weit im Norden der Nekropole ein, und im Lauf zweier Grabungskampagnen (1910–1912) erforschte er einen riesigen Abschnitt des archaischen Friedhofs, der das Plateau westlich und südwestlich des Dorfes Abusir bedeckt. Mehr als 500 Schlammziegelmastaben der II. und III. Dynastie sowie ein großes Grab mit Wandvor- und -rücksprüngen aus der Regierungszeit des Königs Djer (I. Dynastie) wurden freigelegt und brachten zahlreiche Funde aus dieser frühen Periode[58].

Dank einem Arbeiter, der als junger Mann unter Mariette gearbeitet hatte, fand Quibell die große Mastaba des Hesirê (aus der III. Dynastie) wieder, von der bereits die Rede war. In der Zwischenzeit hatte man ihre genaue Lage schon wieder vergessen. Quibell vollendete die Freilegung, die Mariette nur teilweise durchgeführt hatte, und förderte eine Menge neuen Materials zutage, das es ihm ermöglichte, Details dieser bedeutenden Mastaba zu veröffentlichen[59].

Zwanzig Jahre später, nämlich im Winter 1930–1931, nahm Cecil M. Firth die Untersuchung des archaischen Friedhofes erneut auf. Er legte zwei große Gräber mit Wandvor- und -rücksprüngen frei, und hier fand man auf tönernen Krugverschlüssen Siegelabdrucke mit dem Namen des Udimu, des 5. Pharao der I. Dynastie, desgleichen eine kleine Kristallvase, in die der Name dieses Herrschers graviert war[60]. Firths viel zu früher Tod im Jahre 1931 zog eine Unterbrechung der Arbeit nach sich, und erst 1936 wurden die Ausgrabungen von Walter B. Emery und Zaki Y. Saad wiederaufgenommen (vgl. das folgende Kapitel 4).

Schon früher – 1912 bis 1914 – war Quibell zur Pyramide des Teti zurückgekehrt und hatte rings um die Mastaben des Mereruka und des Kagemni die Grabungen wiederaufgenommen. Etwa 20 Meter westlich der Mastaba Mererukas stieß er auf die heute wieder zugeschüttete Mastaba des Kaemhesit, und hier fand er zwei schöne Kalksteinstatuen des Grabherrn sowie ein bemerkenswertes Holzrelief, das diesen darstellte[61].

Nach dem Ersten Weltkrieg begann Firth, in dessen Hand man die Grabungen in Saqqara gelegt hatte, mit der Wiederaufnahme der unterbrochenen Grabungen im Bereich der Pyramide Tetis[62]. Firth weitete die Grabungen beträchtlich nach Osten und Nordosten aus, wo Loret und Quibell zu graben begonnen hatten. In nordöstlicher Richtung legte er die Begräbnisschächte der großen Mastaben des Mereruka und Kagemni frei, ebenso die weitgehend zerstörte Mastaba des Ichechi und die Zugangspassage zur Grabkammer der Königin Iput, der Mutter Pepis I., deren Rosengranitstele er noch an Ort und Stelle fand. Schließlich legte er an der Mündung des schräg abfallenden Zugangsstollens zur Pyramide Tetis in der Basismitte ihrer Ostfassade die Überreste einer kleinen Opferkammer frei. Im Jahre 1924 ging er dann dazu über, den Komplex der Stufenpyramide auszugraben. Er sondierte das Gelände außerhalb ihrer Umfriedung, um geeignete Plätze für die Ablagerung des beträchtlichen Abraums zu finden, da es riesige Trümmermengen zu beseitigen galt. Dabei stieß er auf mehrere große, doch stark zerstörte Mastaben aus der Anfangszeit der V. Dynastie, die im Westen der Einfriedung lagen. Insbesondere an der Südseite dieser Mauer gelangen ihm weitere wichtige Entdeckungen von Mastaben der V. und VI. Dynastie.

3.5 DIE MASTABA DES KA-IRER

Zu den von Firth entdeckten Mastaben gehörten die des Mitri, wo der unversehrte *serdab* ein Dutzend vorzügliche Holzstatuen erbrachte[63], desgleichen die des Ka-irer, deren Wände noch immer interessante Überreste von Reliefs aufweisen. Besonders bemerkenswert ist die untere Reihe des ersten Raumes mit einer Szene, die das Abwiegen von Barren auf einer seltsamen Waage zeigt (Abb. 28). Ihr vertikaler Pfosten und der horizontale Balken ergeben zusammen die Gestalt einer Frau mit horizontal ausgestreckten Armen. Allerdings ist nicht zu erkennen, wie der Waagebalken konstruiert und befestigt war, damit er seine Funktion erfüllte. Die Darstellung am Fuß dieser Waage sollte einige Zentimeter nach links hin verschoben werden, denn der Steinblock, an dem sie sich befand, wurde zufällig ein wenig versetzt.

Links von der Waage legt der oberste Schreiber dem Ka-irer eine Papyrusrolle mit seinen Rechnungen vor (freilich sind von Ka-irer auf der Abbildung nur die Füße sichtbar). Im oberen Feld, hinter einem auf einem hohen Schemel sitzenden Bildhauer, der letzte Hand an eine steinerne Statue legt, hocken vier Zwerge auf Tischen und fertigen Halsbänder an. Links von ihnen gibt der Aufseher seinem Herrn einen entrollten Papyrus, den der Herr in die Hand nimmt.

Ein anderes Bild zeigt ein sumpfiges Gewässer mit einem Krokodil beim Eierlegen (Abb. 30), vor seinen mächtigen Kiefern ziehen Fischer ein Schleppnetz voller Fische hoch. Hinter dem Krokodil schwimmt eine Meeräsche *(Mugil capito)* zwischen den Blättern und Blüten des Blauen Lotos *(Nymphaea coerulea)* umher.

3.6 DIE MASTABA DER IDUT

Die sehr bemerkenswerte Mastaba der Prinzessin Idut[64], vermutlich eine Tochter des Königs Unas, wurde 1927 bei den Arbeiten zur Freilegung der südlichen Umfassungsmauer am Grabkomplex König Djosers gefunden (Plan 7). Viele ihrer Reliefs haben noch Farbspuren und sind von besonderem Interesse. Im Raum 1, an der Nordmauer, rechts von der Zugangspassage, war die Prinzessin (ihre Darstellung ist heute verloren) auf ihrem großen Boot abgebildet. Vor ihr in einem Papyruskahn – noch heute sichtbar: Fischer mit einem Käscher und mit der Angel. Ein Fiederbartwels *(Synodontis schal)* hängt an der Angel, während zwei andere Fische, ein *Tetrodon fahaka* und eine Buntbarschart *(Tilapia nilotica)* entkommen sind. Bemerkenswert ist auch unmittelbar unter dem Netz, das gerade eingeholt und an Bord gezogen wird, ein *Mormyrus niloticus,* der aussieht, als schwämme er auf dem Rücken. Links über ihm folgt eine Meeräsche *(Mugil capito)* einem Nilbarsch *(Lates niloticus)*. Der Fischer sitzt auf einem niedrigen Sitz im Bug seines Bootes, in einer Hand die Angelleine mit vier Haken, in der anderen einen Knüttel, um gefangene Fische zu töten, bevor er sie – Kopf neben Schwanz – in einen Beutel im Heck legt. Hinter ihm plagt sich sein Gefährte, das prallvolle Netz hochzuziehen. Einer der Fische entschlüpft ihm und bringt sich mit einem Sprung in Sicherheit. Von dem ›Rudergänger‹ am Heck sind lediglich die Beine erhalten geblieben.

Im Raum 2 zeigt das Hauptrelief an der Westmauer die Prinzessin, wie sie – in ihrem Boot stehend – einer Jagd auf Nilpferde zuschaut. Vor ihr ein Fischer, der vom Ufer aus sein Netz auswirft, desgleichen ein Jäger, der eine Harpune mit Widerhaken hochhält,

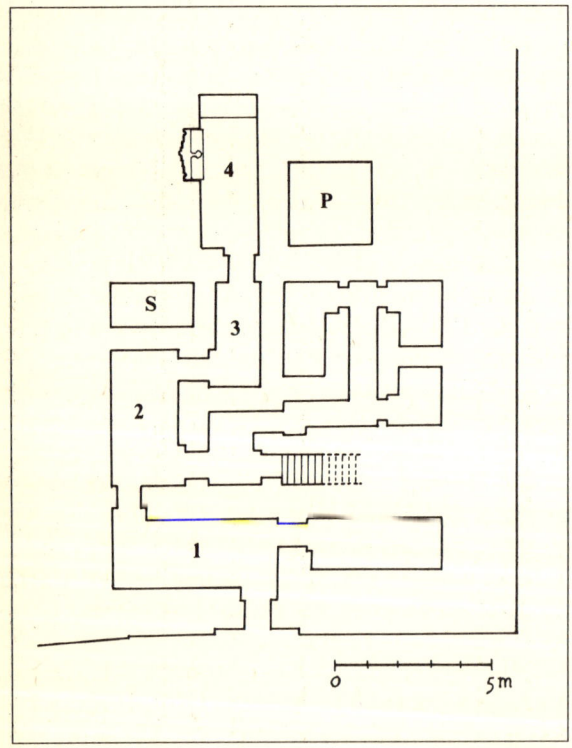

7. Plan der
Mastaba der Idut.

bereit, sie abermals auf ein Nilpferd zu schleudern, das er schon harpuniert hat, weshalb es zusammen mit seinem Gefährten, den aufgerissenen Mäulern nach zu urteilen, nun laute Angst- und Schmerzensschreie ausstößt. Hinter diesem Nilpferdpaar ist ein weiteres, weibliches Tier vor Schreck in die Wehen gekommen und gerade im Begriff, seine Leibesfrucht zu verlieren – sehr zur Genugtuung eines Krokodils, das bereits Anstalten macht, das Jungtier, das soeben geboren wird, zu verschlingen (Detailansicht Abb. 44). Hinter dem Krokodil befindet sich die gleiche Fischerszene wie in Raum 1 auf der Nordmauer.

Links über dem Nilpferdjäger klettern zwei Raubtiere – ein Mungo und eine Ginsterkatze – an den Stengeln des Papyrusdikkichts hoch, um dort Vogelnester auszunehmen. Von unten nach oben erkennen wir einen kleinen, weißen Reiher auf einer Papyrusblüte, eine Nilgans *(Chenalopex aegyptiaca)* und eine Turteltaube, beide auf ihren Nestern sitzend, weiterhin über der Gans einen Schmetterling zwischen zwei Vögeln im Gestrüpp, einen Regenpfeifer *(Pluvianus aegyptus)* rechts sowie eine Pfeifente *(Anas penelope)*, die auf einem Bein steht. Beiderseits des Mungo spreizen eine Gans und ein Ibis *(Ibis aethiopica)* auf ihren Nestern die Flügel, um die Eindringlinge abzuschrecken. Weiter oben hatte die Ginsterkatze bereits Erfolg: Es ist ihr gelungen, aus einem Nest mit zahlreichen Jungen einen Vogel zu stehlen, und die Vogeleltern (Nilgänse) stoßen nun aus der Luft auf sie herab, um sie zur Aufgabe ihrer Beute zu veranlassen. Hinter der Ginsterkatze befindet sich ein Eisvogelnest *(Ceryle rudis)*. Hier unternimmt die Vogelmutter vorsorglich einen Ausfall gegen den drohenden Feind.

Auf dem großen Boot erblickt man, sehr klein dargestellt, hinter der Prinzessin ihre Amme Nebet vor einer Schreibpalette, die auf einem Kasten liegt. Am Ufer läuft schließlich eine Eskorte von 19 Männern auf die Prinzessin zu. Jedem sind seine Titel über den Kopf geschrieben, und jeder bezeugt seine Ehrerbietung durch andere Gebärden. Einer dieser Männer, der in der unteren Reihe die Schar anführt, trägt den Titel ›*ka*-Priester des Pharao‹, sein Name ist vor seinen Füßen an die Wand geschrieben.

Eine außerordentlich typische Darbringungsszene erblicken wir auf der unteren Reihe der Ostwand im Raum 3: Gabenträger schreiten auf die Prinzessin zu (Abb. 45). Die beiden ersten bieten ihr durch

Gesten Gänse und eine Spießente *(Dafila acuta)* an, während die nachfolgenden Platten, Schalen oder Körbe voller Lebensmittel tragen oder Jungtiere führen. Besonders beladen ist ein Gabenträger. Außer einer Platte mit einem großen Fleischstück auf seiner Schulter trägt er auf seinen Armen einen Korb mit gelben und grünen Bändern, darin drei Enten und ein Bund Zwiebeln. Eine vierte Ente hält er mit der linken Hand an den Flügeln fest, an ihrem Schwanz leckt ein sehr junges Kalb, das an einem Strick um eines seiner Hinterbeine geführt wird.

An der Ostwange des Ganges zwischen den Räumen 3 und 4 steht Prinzessin Idut, noch mit Spuren der gelben Ockerfarbe, mit der man sie ausgemalt hat; sie trägt einen Kopfputz, wie man ihn von Tänzerinnen kennt. In beiden Händen hält sie Lotosblüten, an der in der linken Hand riecht sie. Vor ihr in zwei Kolumnen ihre Titel: »Die Tochter des Königs, die von seinem Fleisch ist und nach ihm allein verehrt wird, die Hathor täglich verherrlicht, verehrt neben Anubis auf seinem Berg, Seshseshet, mit ihrem erhabenen Namen Idut«.

Hinter der Passage erblickt man die farbigen Gabenträgerreliefs im Raum 4. Bemerkenswert ist hier die Unterseite der Stürze: Ihr roter Anstrich ahmt Granit nach. Das Loch für die Türangel oben links enthält noch immer Reste des hölzernen Dübels.

Im Raum 4, wo sich die Scheintür-Stele befindet, erblickt man auf der unteren Reihe am Südteil der Westmauer drei Fleischer beim Zerlegen eines Rindes, das soeben erst geschlachtet wurde. Der erste – links – schärft sein Messer, und der zweite, der gerade dabei ist, eines der Vorderbeine abzutrennen, sagt zu dem dritten, der das Bein festhält: »Zieh' auf dich zu!« Dahinter kommen zwei Träger heran, jeder ein Rinderviertel auf der Schulter. Außerdem hält der eine das Rinderherz in der Hand, der andere die Rippen.

Über dieser Reihe erläutert eine Hieroglyphenzeile, daß »die Aufseher der Diener des *ka* und die mit dem Dienst des *ka* Beauftragten ... die besten Schenkel für jedes Fest und jeden Tag« bringen. In einer zweiten Reihe präsentieren dann drei Träger zeremoniös zwei Gänse und eine Ente für die Tafel der Prinzessin, vor der (über ihren Köpfen) ein ansehnlicher Stapel von Vorräten liegt, in noch immer lebhaften, bunten Farben dargestellt.

*

Nach Firth's Tod kamen neben dem Tempel und Aufweg des Unas mehrere bedeutende Mastaben zum Vorschein. Wir werden im Kapitel 6, das den königlichen Grabkomplex behandelt, näher auf sie eingehen.

Der Abschnitt nördlich der Pyramide Tetis war Ziel weiterer Ausgrabungen unter Zaki Y. Saad (1942) und unter Étienne Drioton (1943), damals Generaldirektor. Vollständig wurden nun die äußersten Nordabschnitte der Mastaben Mererukas und Kagemnis freigelegt. Dies führte in der Nordwestecke der Grabanlage Mererukas zur Entdeckung des Grabschachtes seines Sohnes Meri-Teti. Nördlich dieser beiden großen Mastaben wurde auch eine ganze Gruppe weiterer Mastaben und Gräber von geringerer Bedeutung – bis zur VI. Dynastie zurückreichend – freigelegt. Einige waren aus Stein, doch die Mehrzahl bestand aus Schlammziegeln. Unter den interessanteren erwähne ich lediglich die von Étienne Drioton beschriebene Mastaba Mereris[65].

4 DIE KÖNIGLICHE NEKROPOLE DER 1. DYNASTIE

Die königliche Nekropole der 1. Dynastie wurde am Nordende des Grabungsgeländes in Saqqara entdeckt. Die Grabungen, getragen vom *Service des Antiquités,* führte Walter B. Emery erst in Zusammenarbeit mit Zaki Y. Saad (1936–1939)[66], später (1946–1949)[67] allein durch. Später (1952), nach einer Unterbrechung von drei Jahren, nahm Emery die Grabungen wieder auf – diesmal im Auftrag der *Egypt Exploration Society.* Nunmehr dauerten die Arbeiten bis zum Jahre 1956[68].

Die systematische Erforschung des nördlichen Wüstenplateaus von Saqqara, angefangen vom Nordrand, der das Dorf Abusir beherrscht, bis zum Inspektoratshaus des *Antiquities Department,* brachte neben mehreren Gräbern von untergeordneter Bedeutung ein Dutzend großer Grabbauten aus Schlammziegelmauerwerk mit vor- und zurückspringenden Mauern zutage. Innerhalb dieser Gräber fanden sich auf tönernen Krugverschlüssen *serech*-Zeichen (Königsnamen, in einen Torweg eingeschrieben, der den königlichen Palast versinnbildlichte, darüber der göttliche Horusfalke). Die Horusnamen sämtlicher Könige der 1. Dynastie waren hier vertreten – mit Ausnahme Narmers, des ersten, und Semerchets, des vorletzten. Anfangs hielt Emery die von ihm gefundenen Gräber für Grabstätten hoher Beamter, deren Namen – Hemaka, Anchka, Nebetka – er auf Krugverschlüssen las, die freilich zwischen anderen mit dem königlichen Horusnamen zum Vorschein kamen, ja bisweilen tauchten die Beamtennamen sogar an Gegenständen des Grabmobiliars auf. Doch dann kam 1938 ein weiteres, riesiges Grab mit vor- und zurückspringenden Wandpartien ans Licht (Grab Nr. 3357). Mehr als 700 Krugstöpsel seines Inventars trugen das *serech* des Horus Aha, und einen anderen Namen gab es hier nicht. Nun sah Emery sich gezwungen, das neugefundene Grab diesem Herrscher zuzuschreiben, der tatsächlich in Abydos nur ein sehr viel bescheideneres Totenmonument besaß[69]. Und erst diese Entdeckung brachte Emery auf den Gedanken, auch das riesige Grab Nr. 3035, von dem er angenommen hatte, es sei das Grab Hemakas, der Kanzler des Horus Udimu war, müsse wohl das Grab des Königs selbst sein[70].

Seit damals, insbesondere aber nach der Entdeckung weiterer großer Gräber mit Mauervor- und -rücksprüngen aus der Zeit der I. Dynastie, erhielt die Vermutung immer neue Nahrung, daß man hier auf die Königsgräber selbst gestoßen war, wogegen es sich bei den Monumenten in Abydos lediglich um Kenotaphe (Leergräber, Scheingräber) handelte. Jedenfalls sind sämtliche Grabbauten hier viel größer und weitaus monumentaler als die entsprechenden Anlagen in Abydos[71]. Eines der älteren (Nr. 3504), wohl das Grab des Horus Djet (oder Wadji; es handelt sich um den berühmten König ›Schlange‹[72], dessen in Abydos entdeckte großartige Kalksteinstele sich im Louvre befindet), trug auf dem niedrigen, bankartigen Sockel, der den riesigen Oberbau des Grabes mit seinen vor- und zurückspringenden Wandfeldern umgab, Überreste einer Reihe tönerner Stierköpfe, in die mächtig ausladende echte Gehörne eingefügt waren – vermutlich stammten sie von den zahllosen Tieren, die man beim Begräbnis des Königs geopfert hatte. Ursprünglich muß es hier mehr als 300 Stierköpfe gegeben haben, die eine rings um das Monument versammelte, riesige Tierherde versinnbildlichten. Ob es sich dabei um ein symbolisches Opfer oder eine magische Schutzvorrichtung handelte, läßt sich noch immer nicht klar entscheiden. Wenn die Stierköpfe symbolisch gemeint waren, dann dienten sie wohl dem gleichen Zweck wie die dekorativen Tieropferreliefs in den Tempeln und Mastaben des Alten Reiches.

Rings um dieses Monument lag – parallel zu seiner Kantenführung – eine Reihe kleinerer Nebengräber mit gewölbten Dächern. Viele davon waren noch unversehrt (siehe Rekonstruktion 8: Eine Rekonstruktion des ganz ähnlich angelegten Grabes der Königin Merit-Neith. Der abgebildete Fassadentyp stellt in Wirklichkeit nicht, wie so oft behauptet, die Vorderfront eines Palastes dar, sondern alternierend angeordnete monumentale Palastportale jeweils zwischen zwei Türmen oder Bastionen. Diese Scheintüren von nur 1,57 m Höhe und 0,52 m Breite waren wohl höchstens halb so groß wie wirkliche Palastportale, es kann sich also in der Tat nur um kleinere Nachbildungen derartiger Türen gehandelt haben). Bei den Nebengräbern han-

delt es sich wohl um Gräber von Dienern, die offensichtlich beim Tod
der Hauptperson geopfert worden waren, um diese ins Jenseits zu
begleiten[73]. Auch dies spricht dafür, daß es sich bei dem Bestatteten
im Hauptgrab eigentlich nur um einen königlichen Toten gehandelt
haben kann. Jedenfalls wurden in diesem Grab zahllose Krüge geborgen, deren Deckel noch oft genug den Siegelabdruck des Horus Djet
trugen, dazu die Überreste eines großen Bestandes an Steingefäßen
und bedeutende Fragmente eines reichen Grabmobiliars aus geschnitztem Holz und Elfenbein[74].

Einige dieser großen Schlammziegelgräber wiesen an ihren
Wandfeldern noch Spuren von Malereien auf, die Holz, Vorhänge und
Mattenwerk nachahmten. Manche Überraschungen brachten die
Grabbeigaben: So fand sich in dem Grab, das dem Horus Djer, dem
Nachfolger Ahas, zugeschrieben wurde (Grab Nr. 3471), eine ein-
zigartige Kollektion von Kupferobjekten, insbesondere Kupferwerk-
zeugen[75]. Kleine Schalen aus fein bearbeitetem Hartstein, bemer-
kenswert geschnittene Feuersteinmesser, hölzerne Sicheln, deren
Schneiden von Reihen eingesetzter kleiner Feuersteinklingen gebildet wurden, noch unversehrte Hackenstiele aus geschnitztem Holz,

8. Rekonstruktion des Grabes der Königin Merit-Neith.

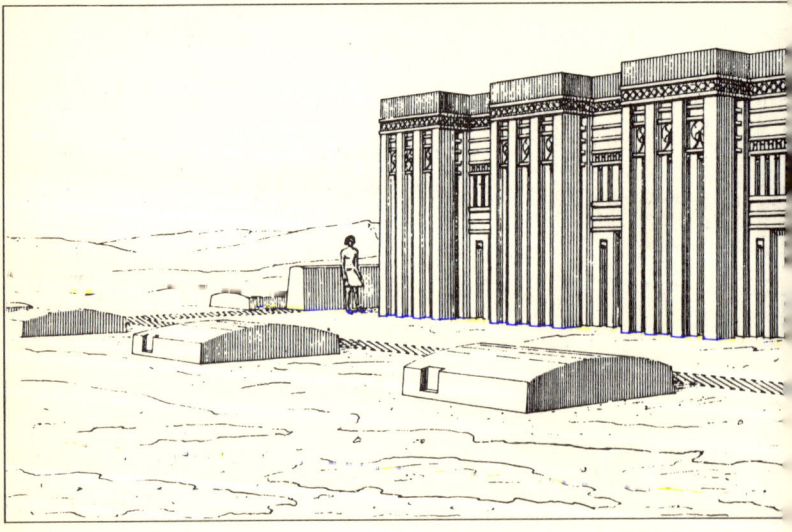

mehrere Pfeiltypen (darunter zwei mit langen, scharfen Elfenbein-
spitzen), Kästchen mit Elfenbeineinlagen und dergleichen mehr
befanden sich im sogenannten Grab des Hemaka[76], das, wie oben
bemerkt, vermutlich das Grab des Horus Udimu war, des Nachfolgers
von König ›Schlange‹.

Schließlich fand sich an der Nordfassade eines sehr großen Grabes mit Wandvor- und -rücksprüngen (Grab Nr. 3505), das zahlreiche
Siegelabdrücke des Horus Ka'a[77] enthielt, der älteste bekannte Totentempel; in ihm kamen die Basen und Füße zweier fast lebensgroßer
Holzstatuen ans Licht – es sind die ältesten teilweise erhaltenen Statuen ihrer Art! Auch dieser Fund spricht sehr stark für die Zuweisung
des Grabes an den König, den letzten Herrscher der I. Dynastie.

*

Die bemerkenswerten Resultate, die Emery in dieser archaischen
Nekropole erzielte, dazu die von J. E. Quibell und mir unter der Stufenpyramide entdeckten, in Gefäße gravierten oder mit Tinte auf Ge-
fäßwände geschriebenen Inschriften (von denen im Kapitel 5 die
Rede sein wird), sind die bedeutendsten Beiträge zur Erhellung der
Geschichte der I. Dynastie seit Flinders Petries Ausgrabungen in Abydos zu Beginn unseres Jahrhunderts.

J.-PH. LAUER

5 DER GRABKOMPLEX DJOSERS – DES HORUS NETERICHET

Im Januar 1924 beschloß Cecil M. Firth mit Zustimmung von Pierre Lacau, damals Generaldirektor des *Service des Antiquités,* mit der Untersuchung des Komplexes der Stufenpyramide zu beginnen, obwohl die Freilegung des Grabkomplexes der Pyramide Tetis noch nicht abgeschlossen war. Firth begann mit der Sondierung zweier kleiner Hügel im Nordosten. Seine Überraschung war groß, als er am Fuß ihrer Südwände die ersten wundervoll behauenen und hervorragend gefugten Mauerblöcke aus Tura-Kalkstein erblickte. Sie gehörten zu Fassaden mit kannelierten, in die Mauer eingefügten Säulen (Abb. 36). Wie dorische Säulen griechischer Bauten hatten sie scharfkantige Kannelierung und keine Basis. Handelte es sich etwa um griechische Säulen? Doch bald lagen die Eingangspassagen der beiden Bauwerke – des sogenannten ›Nord-‹ und ›Südhauses‹ frei, und an den Wänden kamen bedeutende Graffiti[78] in hieratischer Schrift zum Vorschein, hauptsächlich aus der Zeit der xviii. und xix. Dynastie. Nach Ausweis dieser Graffiti fanden die, die zur Wüste im Westen kamen, um Djosers Tempel zu sehen, diesen Bau »als ob der Himmel in ihm wäre, als ob Rê sich aus ihm erhöbe«. Und die Schreiber wünschten: »Alles Gute und Reine falle (vom Himmel) zum *ka* des gerechten Djoser«; sie bitten die Götter, »die über das heilige Land herrschen« – Osiris, Isis und andere mehr –, ihnen »ein gutes Leben zu gewähren und ihre *kas* zu bewahren«. Andere hofften auf »eine gute Bestattung nach einem guten, langen Leben im Angesicht des Westens von Memphis wie ein Mann von großen Ehren«. Doch einer, der sich selbst als »tüchtigen Schreiber, dem keiner in Memphis gleicht«, feiert, findet schließlich die denkbar kritischsten Worte für die Graffiti seiner Vorgänger und fügt hinzu: »Mein Herz ist krank, wenn ich das Werk ihrer Hände sehe ... Es ist wie das Werk einer Frau ohne Verstand; ich wünschte, es hätte jemanden gegeben, der sie verklagt hätte, bevor sie eintraten, um diesen Tempel zu se-

hen. Was ich sah, war ein Skandal. Es sind keine Schreiber, wie Thoth
sie erleuchtet hat!« Kurz – es gab keinen Zweifel: Diese Säulen waren
sehr viel älter als die Griechen, ja sie gingen auf die Zeit König Djosers, eines Herrschers der III. Dynastie (das heißt: auf das Ende des
28. Jahrhunderts v. Chr.) zurück! Diese Entdeckung revolutionierte
alle bisherigen Erkenntnisse und brachte die Gelehrten aus der Fas-
sung. Einerseits handelte es sich hier um Säulen, die rund 2000
Jahre vor der Geburt der dorischen Ordnung bei den Griechen gewisse Elemente dorischer Säulen vorwegnahmen, andererseits gab
es hier schmale Mauerlagen von nur 20 bis 25 Zentimeter Höhe, und
doch war man bisher der Auffassung gewesen, Steinbauweise hätte
in Ägypten mit der Verwendung großer Blöcke begonnen[79]!

Auch der Fortgang der Grabungen brachte eine Überraschung
nach der anderen. Die erste war die Entdeckung der verblüffenden,
lebensgroßen, bemalten Kalksteinstatue König Djosers selbst (Abb.
35), die im *serdab* am Fuß der Nordfassade der Stufenpyramide
noch an Ort und Stelle stand. Djoser ist hier in einem weißen
Gewand dargestellt, anscheinend der Kleidung, die er bei den Zeremonien des *Heb-Sed* (einer Art ›Regierungsjubiläum‹) trug. Außerdem hat er den *Nemes*-Kopfschmuck angelegt, der seltsam auf
seiner langwallenden Perücke liegt, deren Haare vorn über seine
Schultern und hinten auf den Rücken herabfallen. Stark beschädigt
sind seine Augen, deren Bergkristalläpfel man herausgerissen hat,
und seine Nase. Diese Beschädigungen tragen erheblich bei zum
furchterregenden Charakter seiner wilden Gesichtszüge mit ihren
hervorstehenden Backenknochen, den wulstigen Lippen und der
mächtigen Kinnlade. Von Djosers Kinn hängt ein sehr langer Bart
herab, dessen abgebrochene Spitze einst wohl bis zu seinem rechten
Arm hinreichte, der mit geballter Faust quer über der Brust liegt.
Die linke Hand dagegen ruht flach auf dem Schenkel. Auf der Statuenbasis erkennt man in Hieroglyphen-Reliefschrift des Königs Titel
und den Namen Neterichet. Heute befindet sich diese Statue im Museum in Kairo. Im *serdab* wurde statt des Originals eine Replik aufgestellt.

Ein paar Meter davon entfernt kam die Basis eines Tempels zum
Vorschein. Er stand gleichfalls an der Nordfassade der Pyramide,
während sich alle zuvor bekannten Tempel stets an den Ostseiten der
Pyramiden befanden. In diesem Tempel gab es zwei Innenhöfe mit

Fassaden, in deren Mauern Säulen eingefügt waren – ebenfalls kan-
neliert, in diesem Fall aber mit Basen (Abb. 40).

Während der nächsten Kampagne (1924–1925) fand man im Südosten der Pyramide einen weiten, länglichen Hof. Er war in Nordsüdrichtung angelegt, und rings um ihn befanden sich Überreste von
niedrigen Mauerschikanen (Zickzackmauern). Sie markierten die
Eingänge zu kleinen Heiligtümern, die jeweils aus einem einzigen
Raum mit einer Nische und einer aus Stein gehauenen, offenen
Scheintür bestanden, an der man sogar ›Türangeln‹ erkannte[80].
Architekturelemente in jeder nur denkbaren Menge, Blöcke, Torwan-
gen, kannelierte Säulentrommeln, doppelt kannelierte Blattkapi-
telle, Fries-Steine und dergleichen mehr waren im Sand verstreut.
Ganz im Südwestteil des Hofes führte ein nach Osten hin laufender
Gang zu einem anderen, kleineren Hof. Außerdem gab es hinter
einer vorzüglichen Mauer von vollendeter Bauweise, die einen Vier-
telkreis beschrieb, ein rechteckiges Gebäude mit Eckrundstäben.
Auch zu ihm gehörten drei kannelierte Säulen, die allerdings durch
Stützmauern mit der Gebäudewand verbunden waren. Sie waren
noch bis zu einer Höhe von 1,40 m erhalten (Abb. 40).

In den Jahren 1925–1926 stieß man bei der Grabung weiter nach
Süden vor und erreichte so den Haupteingang dieses Komplexes
(Abb. 64). Er befand sich in einer Bastion der mit Wandlisenen versehenen Umfassungsmauer, von der nur die ersten zwei bis drei Stein-
lagen erhalten waren. Hinter dem schmalen Gang, der sich an diesen
Eingang anschloß, führte eine offene Scheintür mit zwei ›Torflügeln‹
in einen engen Hof. An ihn schloß sich ein zweiter Gang an – kürzer
noch und noch ein wenig enger. Er endete vor einer zweiten offenen
Scheintür, die indessen nur einen ›Türflügel‹ hatte. Dieser Durchlaß
führte auf einen großartigen Gang hinaus, der von den Überresten
von 40 Halbsäulen flankiert wurde (Abb. 38). Sie waren in die niedrige Mauer eingefügt, die den Gang seitlich begrenzte. Diese Säulen
hatten keine Kannelierung, sondern ahmten Schilfrohrbündel nach
und standen auf Basen. Sie hatten einen Meter Durchmesser an der
Basis und etwa 70 Zentimeter unter dem Abakus, bestanden jeweils
aus 17 bis 19 ›Stengeln‹ und waren merklich umfangreicher als alle
anderen, die man zuvor in diesem Komplex gefunden hatte[81]. Dieser
Säulengang endete nach Westen hin in einer rechtwinklig ausgeleg-
ten Kammer. Sie enthielt acht Säulen, die sich durch ihre paarweise

Anordnung von den anderen unterschieden, waren sie doch ›Rücken an Rücken‹ miteinander verbunden (Abb. 41). Sie müssen ein schweres Steindach getragen haben, dessen Balken auf Kante lagen und unten gerundet waren, um dicke Holzblöcke nachzuahmen, einige der fraglichen Dachbalken fand man noch in der Nähe. Von diesem Raum führte schließlich eine weitere Passage mit einer offenen Scheintür in einer Fassade mit Vor- und Rücksprüngen auf einen riesigen Hof hinaus, der sich weit nach Norden zur Pyramide hinzog. Hier glückte eine weitere bemerkenswerte Entdeckung: die des berühmten Piedestals einer Statue König Djosers, auf der neben dem Königsnamen in Hieroglyphenschrift der Name seines berühmten Ministers Imhotep mit allen dazugehörenden Titeln erscheint: »Kanzler des Königs von Unterägypten, erster nach dem König von Oberägypten, Verwalter des großen Palastes, mit erblichem Adel geehrt, Hoherpriester von Heliopolis, Imhotep, der Baumeister, Bildhauer und Hersteller von Steingefäßen ...«[82] Dieser Fund, ein wahrer Glücksfall, läßt für uns einen außergewöhnlichen, von der Nachwelt hoch verehrten Menschen leibhaft Gestalt annehmen. Imhotep entsteigt durch diese Entdeckung dem Nebel der Legende – Imhotep, den man sehr viel später, sicher erst nach der XXX. Dynastie, zum Gott erhob und in dem die Griechen in ihrem Bestreben nach religiösem Synkretismus ihren eigenen Heilgott Asklepios wiedererkannten, schrieb man Imhotep doch auch die Fähigkeit zu heilen zu. Ja mehr noch: Unter Ptolemaios II. erklärte der ägyptische Historiker Manetho Imhotep für den Erfinder der Kunst, behauene Steine in regelmäßigen Reihen zu verlegen und so Bauwerke zu errichten. Wenn der berühmte Architekt, strenggenommen, auch nicht der erste in Ägypten war, der mit behauenen Steinen arbeitete, so war diese Bauweise vor ihm doch die große Ausnahme und auch auf gewisse Gebäudeteile beschränkt. Im übrigen benutzte man allgemein Schlammziegel, so beim Kenotaph (Leergrab) des Chasechemui, des letzten Königs der II. Dynastie. Man kann sich daher vorstellen, welch einen Eindruck es auf die damalige Bevölkerung machte, daß man für das Grab und die Stätte des Totenkults Djosers diesen gewaltigen Komplex mit der vollständig aus behauenen Steinen ausgeführten Stufenpyramide und der riesigen, weißen Umfassungsmauer mit ihren Vor- und Rücksprüngen errichtete – Bauwerke, die in der gesamten Umgebung von Memphis sichtbar waren. Nicht nur dem

König trug dies gewaltigen Respekt ein, sondern auch seinem Architekten Imhotep. Damit erklärt sich wohl auch, warum dieser einen so nachhaltigen Eindruck bei der Nachwelt hinterließ, so daß man ihn schließlich, nachdem Jahrhunderte, ja Jahrtausende ins Land gegangen waren, zum Gott erhob.

In dieser Phase der Forschungsarbeiten, die dem riesigen Djoser-Grabkomplex galten, sahen Cecil M. Firth, dem all diese Entdeckungen glückten, und Pierre Lacau, der Generaldirektor der Altertümerverwaltung, ein, daß es erforderlich wäre, die weitere Fortführung der Arbeiten an diesen Bauwerken in die Hände eines Architekten zu legen. Die Entdeckungen hatten etwas so Neues, und eine so große Anzahl von Bauelementen lag noch verstreut auf dem Boden herum, daß der Gedanke an eine Rekonstruktion der Bauten keineswegs abwegig erschien. Man berief damals mich, Firth zu assistieren, und ich kam nach Saqqara, um mich während einer Kampagne von acht Monaten Dauer in meinen neuen Aufgabenbereich einzuarbeiten.

Das erste, was ich unternahm, war die Untersuchung der beiden von Firth an der Nordostecke der Pyramide entdeckten Bauwerke, die Firth provisorisch als »Gräber der Prinzessinnen Hetep-hernepti und Int-Ka-s« bezeichnet hatte – beide Namen hatte man, zusammen mit dem des Neterichet (Djoser), auf Fragmenten konischer Grenzsteine oder auch Stelen gefunden, die bereits zu Djosers Zeit beim Bau verschiedener dicker Mauern in der unmittelbaren Nachbarschaft wiederverwendet worden waren.

Bald zeigte sich, daß sich die kannelierten Säulen in der Hauptfassade dieser Bauwerke beträchtlich verjüngten: Von 50 Zentimeter an der Basis bis zu 28 Zentimeter an den kannelierten Blattkapitellen. Mehrere Exemplare derartiger Kapitelle, die einen bisher unbekannten Typ repräsentierten, waren bei den Ausgrabungen ans Licht gekommen. War die Verjüngung entlang des ganzen Säulenschaftes gleichmäßig, dann müßte die Säulenhöhe sechs bis sieben Meter bo tragen haben[83]. Ich nahm daher gründlichere Untersuchungen vor. Sie stützten sich auf eine Vermessung sämtlicher Säulentrommeln, die bisher gefunden worden waren. Außerdem hatten wir uns Gedanken zu machen, welche Säulentrommeln zueinander paßten und zu welcher Säule gehörten. Das Ergebnis: Die Verjüngung der Säulen war nicht gleichmäßig, sondern im unteren Teil des Säulenschaftes etwas stärker als oben. Dies gab dem Gesamtaussehen dieser Säulen etwas leicht Konkaves und bedeutete: Ihre Krümmungskurve verlief genau umgekehrt wie später bei griechischen und römischen Säulen, die in der Mitte leicht konvex (bzw. ›geschwollen‹) sind. Je nachdem, welchen Platz sie an der Fassade einnahmen, erreichten die so geformten Säulen eine Höhe von 10,50 bis 11 Metern. Sie trugen – allerdings nur dem Schein nach – einen gewölbten Sims, der in Wirklichkeit selbsttragend war. Mehrere Blöcke des betreffenden Simses einschließlich der ›springenden‹ Elemente an beiden Seiten wurden gefunden, und ihre Position konnte bestimmt werden. Zusammen mit den Säulen ermöglichten es uns diese Elemente, durch zeichnerische Rekonstruktionen zu verdeutlichen, wie die betreffenden Bauwerke, deren Typ man sonst in Ägypten nicht kannte, zur Zeit Djosers ausgesehen haben müssen[84]. Weiterhin zeigt die Untersuchung dieser zeichnerischen Rekonstruktionen: Man hatte hier – wie später bei der dorischen Ordnung – einen Versuch unternommen, die Architektur von Bauwerken, die man vordem aus Holz zu errichten pflegte, auf das neue Baumaterial Stein zu übertragen. Die Säulen verkörpern Baumstämme als tragende Elemente, und der gewölbte Sims stellte die Dachsparren dar, die auf horizontalen Balken lagen, deren Enden durch den Abakus des Kapitells zwischen den zwei kannelierten Blättern repräsentiert werden.

Bei diesen Blättern handelte es sich vermutlich um stilisierte pflanzliche Bindungen, mit deren Hilfe man den Zusammenhalt der Säule mit den Balken und den Dachsparren zu verstärken suchte, deren Wölbung von der aus Schilf bestehender prädynastischer Kultstätten herrühren mochte, bei denen die Dachdecker ganz besonders auf Haltbarkeit zu achten hatten. Schließlich kann auch die etwas verblüffende Eigenart, daß sich der Eingang dieser Fassaden zwar zwischen den beiden Mittelsäulen befindet, aber nach der Seite hin verschoben ist, aus der Übertragung früherer Baugewohnheiten auf die Steinbauweise erklärt werden. Die hölzernen Vorbilder dieser Bauwerke betrat man durch einen Vorhang oder durch eine als Vorhang dienende Matte, deren Oberkante der *kakeru*-Fries darstellt, der die gesamte Fassade überspannt. Und da der Vorhang zwangsläufig locker war, durfte sich der Eingang nur in oder bei Wandpartien aus festem Material befinden, in diesem Fall also bei einer der Säulen.

Während ich mit der Bauforschung beschäftigt war, setzte Cecil M. Firth die Freilegung des Südteils der Anlage fort, und hier wurden außerordentlich schöne Überreste der hervorragenden Umfassungsmauer mit ihren Vor- und Rücksprüngen sowie ihren Bastionen praktisch unversehrt über eine Länge von fast 100 Metern und einer Durchschnittshöhe von etwa vier Meter freigelegt.

An der Südwestecke des großen Hofes südlich der Pyramide hatte die Einfriedung einen großen Vorsprung nach innen, der noch immer die Überreste einer ausgezeichneten Kalksteinverkleidung aufwies, die hier einst das eine Wandfeld bedeckt hatte. An seinem Fuß lagen mehrere Fragmente eines Frieses steinerner Kobras oder Uräusschlangen in Hochrelief.

Auf der Terrasse der Umfriedungsmauer im Südosten dieses Vorsprunges erhob sich ein seltsames Bauwerk aus rohbehauenen einheimischen Kalksteinblöcken. Es war in Ostwestrichtung orientiert, sehr langgezogen und transversal überwölbt. Noch immer ließ seine Südfassade Spuren einer feinen Kalksteinverkleidung erkennen. Ein Loch, das antike Grabräuber in diesem Bauwerk hinterlassen hatten, führte die Arbeiter zu den Stufen einer mit Mauerblöcken verschütteten Treppe. Höchstwahrscheinlich handelte es sich hier um ein Grab, das die Räuber zu schänden versucht hatten, wobei sie allerdings gestört worden waren. Leider fand man nur etwa 50 Meter davon entfernt ein zweites Räuberloch, und dieses zeigte: Es gab hier einen großen Schacht, durch dessen Mauerwerksfüllung sich die Räuber gewaltsam hatten Zugang verschaffen können. Zum ersten Räuberloch zurückgekehrt, begann Firth die Treppe, die man kaum noch sah, von Blöcken säubern zu lassen. Bald stellte er fest, daß sie in einem Graben zwischen zwei vorzüglichen, verkleideten Futtermauern verlief und zu einem Tunnel führte, in dem sich Stufen fortsetzten. Am Eingang des noch ganz und gar durch Mauerwerk blockierten Tunnels zweigte ein Gang nach rechts ab und mündete in ein horizontales, etwa 30 Meter langes Gewölbe, das eine beträchtliche Anzahl großer Tonkrüge enthielt, dazu eine hölzerne Trage für den Transport der Gefäße und eine Reihe langer Baldachinstangen, teilweise noch mit Resten ihres goldenen Überzugs.

Im Tunnel selbst führte die Treppe, nun von Mauertrümmern befreit, zu dem großen Schacht, in den die Räuber durch das zweite Loch eingedrungen waren. Die Treppe führte innen im Schacht um eine aus feinen Kalksteinen erbaute Kammer herum und setzte sich in einem etwa ein Meter breiten Korridor fort, der mit steinernen Balken gedeckt war. Diese lagen Kante an Kante und waren unten gerundet, um dicke Holzkloben vorzutäuschen. Vorn links vom blockierten Eingang der Kammer führten die Stufen nach Osten hinab in einen anderen Tunnel hinein. Die Freilegung der Kammer beanspruchte viel Zeit und Sorgfalt[85]. Die antiken Räuber hatten die Ost- und Westmauer untergraben. Darum mußte man zunächst den großen Schacht über der Kammer ausräumen und dann den Grund, auf dem die Kammerwände ruhten, verstärken. Nachdem man schließlich eine dicke Schicht von Alabastersplittern entfernt hatte, die mit den Überresten eines Diorit-Bodenbelages untermischt waren, erreichten wir einen Boden aus Granit. In ihm befand sich ein enges, halbzylindrisches Loch, das die antiken Räuber geöffnet hatten. Es führte in ein geräumiges Gelaß, das völlig leer war – bis auf einen der Granitblöcke, die als Verschluß des Loches gedient haben müssen. In die Seiten dieses Granitblockes waren Kerben geschnitten, damit man Seile um ihn legen konnte, um ihn hochzuziehen.

Mehr oder weniger gelang es uns, hinter das Geheimnis des Verschlusses dieser Grabkammer zu kommen. Und zwar wurde der Mechanismus im Raum darüber betätigt, den wir daher als ›Leitstand‹ bezeichneten[86]. Man sieht noch immer einen dicken Balken in seine Ost- und Westwand eingefügt, der Schleifspuren aufweist. Sie stammten ganz sicher von der Reibung der Seile, die dazu dienten, die einzelnen Granitblöcke an ihren Platz zu hieven. Ein zweiter Granitblock mit Kerben für·Hebeseile fand sich im Freien unter den Ruinen des Unas-Tempels nicht weit von diesem Grab.

Die Grabkammer, einer anderen in der Stufenpyramide selbst sehr ähnlich, unterscheidet sich von dieser hauptsächlich durch ihre Form (quadratisch, Kantenlänge: 1,60 Meter, anstatt rechteckig 1,60 mal 2,40 Meter). Da sie für einen ausgestreckten Leichnam nicht genügend Raum bot und erst recht nicht für eine lebensgroße Statue, gehen wir vielleicht mit der Annahme nicht fehl, daß es ihre Bestimmung war, die Kanopenkrüge mit König Djosers Eingeweiden aufzunehmen. Von der Mumie dieses Pharao kamen in der Grabkammer seiner Pyramide noch immer Stücke (insbesondere ein Fuß) zum Vorschein[87].

Hinter dem Schacht erreichte die Treppe nach mehreren Krümmungen, in denen einige große Alabastervasen deponiert waren, eine zugemauerte Tür. Wir brachen ein Loch in das Mauerwerk, das die Türöffnung füllte, und Firth, der ziemlich korpulent war, bat mich hindurchzugehen und zu beschreiben, was es hinter dieser Tür gäbe. Mit einem Gefühl großer Ergriffenheit und Ehrfurcht betrat ich den unterirdischen Gang hinter der Tür – 28 Meter unter Bodenniveau –, in den noch niemand seinen Fuß gesetzt hatte seit der Plünderung während der Ersten Zwischenzeit vor etwa 4000 Jahren. Bei Kerzenlicht machte ich mich auf den Weg und fand mich in einem länglichen Raum mit vorzüglich behauener, sorgfältig geglätteter Kalkstein-Wandverkleidung. Der Gang führte nach Norden, zu anderen Räumen, versperrt mit weiteren behauenen Steinblöcken. Einige davon waren mit großen Flachreliefs von Sternen geschmückt. Ich wandte mich nach Osten. Es ging durch einen Gang, dessen Mauern man vorbereitet hatte, mit blauen Ziegeln verkleidet zu werden, wie man sie unter der Stufenpyramide findet. In dem schwachen Licht, das die Kerze verbreitete, erlebte ich nun eine Überraschung nach der anderen. So gab es ostwärts vom ersten Raum einen zweiten rechtwinklig dazu, an dessen Westwand sich sechs Felder befanden, deren blaue Ziegel allerdings leider entfernt worden waren. Viele dieser Ziegel lagen freilich noch immer auf dem Boden, und jedes Feld wurde von einem Bogen mit *djed*-Pfeilern überspannt, in deren reihenweise angeordneten, flanschartigen Vorsprüngen sich noch kleine Mengen blauer Ziegelmasse in Form feingeäderter Lamellen gehalten hatten.

Die Schwelle, die ich gerade überquert hatte – sie führte mich durch eines der Wandfelder hindurch –, besaß einen Rahmen, auf den in feiner Arbeit die Titel und die *serechs* des Horus Neterichet (Djosers) geschrieben waren – genau wie auf dem 1848 von Lepsius unter der Stufenpyramide entfernten und an das Berliner Museum gesandten Exemplar.

Doch bedeutendere Entdeckungen glückten mir erst im dritten Raum, der sich unmittelbar südlich an den vorangehenden anschloß. Hier befanden sich drei Scheintür-Stelen. Jede trug sehr knappe und rätselhafte Texte, die jeweils ein besonders schönes Relief König Djosers umrahmten. Der Horrscher war bei der Verrichtung folgender Handlungen dargestellt: Bei einem rituellen Lauf, mit den Insignien seiner Macht angetan, und bei der Gründung je eines

Heiligtums in Ober- und Unterägypten. Eine Rolle, einst mit blauen Ziegeln besetzt und eine aufgerollte Matte vortäuschend, befand sich oben an jeder Stele unter dem Sturz, den seinerseits wiederum zwei Scheinfenster krönten (Abb. 39). Diese drei Scheintür-Stelen und der sich daran anschließende Gang nach Westen waren jeweils von Rahmen umgeben, die mit den königlichen Titeln geschmückt waren – ganz ähnlich wie bei der in ein Wandfeld eingefügten Tür unter den *djed*-Pfeilern im Raum zuvor.

Der nach Westen hin führende Korridor war mit vorzüglichen Kalksteinblöcken übersät, die die Grabräuber einst von ihren Plätzen gerissen hatten. Als diese Blöcke beiseite geräumt waren, erreichten wir eine Art Vorraum oder ›Diele‹ parallel zu der Kammer, die die Scheintüren enthielt. An der Ostwand dieser ›Diele‹ erblickten wir eine Imitation der Scheintüren-Rückseiten. Genauso, als ob es dort echte Türen gäbe, die man nun von hinten sieht, hat man dort an der Wand Abbildungen von Türen mit regelrechten Querhölzern vor sich. Hinter diesem ›Vestibül‹ folgten ein Korridor und eine Kammer, einfach mit schlichtem Kalkstein ausgekleidet. Korridor und Kammer mußten von all den Blöcken, die sie unzugänglich machten, geräumt werden. Erst dann konnten wir durch einen weiteren Korridor mit ähnlichem Türrahmen wie im Gang zuvor noch zwei Räume erreichen, die mit blauen Ziegeln geschmückt waren. Ein paar dieser Ziegel befanden sich noch an ihrem ursprünglichen Platz. Ganz besonders gilt dies für die Nordwand des zweiten Raumes. Ihre Westseite hatten Räuber durchbrochen, und nun befindet sich dort ein Loch. Die Plünderer waren direkt vom Grund des Hauptschachtes herübergekommen. Dort hatten sie einen engen Stollen entdeckt, der einst beim Bau dieser unterirdischen Räume und Gänge benutzt worden war, und ihn hatten sie sich zunutze gemacht.

Die letzten beiden Räume mit blauen Ziegeln an allen vier Seiten gleichen ganz und gar den längst bekannten entsprechenden Räumen unter der Stufenpyramide. Anscheinend sollten sie die Wohnräume des Palastes für das *ka* vorstellen, wobei die ersten beiden Räume mit den Scheintüren die Palastfassade abzugeben hatten und die mit den *djed*-Pfeiler-Wandfeldern die Fassade der zugehörigen Magazine.

Diese wichtige Entdeckung führte zu einer weiteren von gleicher Bedeutung. Nachdem Cecil M. Firth abermals die Fragmente der

blauen Ziegelmasse aus der Pyramide untersucht hatte, fiel ihm auf:
Einige waren von gleicher Form und Riffelung wie die kleinen Elemente dieser Masse, die die *djed*-Pfeiler-›Flansche‹ im Südgrab zierten. Daraus folgerte er, daß es auch in den Räumen unter der Pyramide *djed*-Pfeiler-Wandfelder geben müsse, und er beschloß, diese
freizulegen und systematisch zu untersuchen[88]. Seine Vermutung erwies sich als richtig, als 1928 zwei weitere Räume mit blauen Ziegeln
gefunden wurden. Einer enthielt drei Stelen des Königs ähnlich denen im Südgrab, der zweite drei *djed*-Felder *in situ* und präparierte
Teile eines vierten; die betreffenden Elemente, die man vor dem Tod
des Königs nicht mehr vollständig hatte anbringen können, waren
einfach am Ende des Raumes deponiert worden. Von uns rekonstruiert, bilden sie das *djed*-Pfeiler-Feld, das heute im Museum von Kairo
ausgestellt ist[89].

Damit sind sowohl die Räume unter der Stufenpyramide als auch
unter dem Südgrab nach dem gleichen Plan angeordnet, und es gibt
hier wie dort ähnliche Kammern mit gleichen Blauziegel-Wandfel-
dern. Damit erhebt sich die Frage: Warum existieren unter demsel-
ben monumentalen Gebäudekomplex zwei Gräber mit nahezu iden-
tischen Räumen, das eine und wichtigste, in dem Überreste Djosers
selbst gefunden wurden, unter der Pyramide dieses Königs, das andere dagegen, das einen höheren Grad von Vollendung aufweist,
unter den Bauten der Südeinfriedung? Im letzteren Fall könnte das
kleinere Format der Grabkammer darauf hindeuten, daß sie für die
Kanopenkrüge bestimmt war, die des Königs Eingeweide enthielten.
Allerdings möchte man gern wissen, warum diese 200 Meter vom
Körper entfernt bestattet wurden!

Hier ist der Ort, sich ins Gedächtnis zu rufen, daß die Herrscher
der ersten beiden Dynastien (die sogenannten ›Thiniten‹) jeweils
zwei Gräber hatten, das eine in Saqqara gegenüber ihrer Hauptstadt
Memphis, das andere – meist nur ein Kenotaph – in der altehrwürdi-
gen Nekropole von Um-el-Gaâb bei Abydos – jedenfalls lassen die
Ausgrabungen und Entdeckungen Walter B. Emerys in Saqqara dies
zum mindesten vermuten. Meiner Ansicht nach fühlte sich König
Djoser, der aus keiner oberägyptischen Familie stammte, sondern zu
einer neuen Dynastie gehörte, die aus Memphis hervorging, nicht gezwungen, ein Kenotaph so weit südlich errichten zu lassen. Dennoch
muß er noch immer eine Art von Verpflichtung empfunden haben,

dieses Kenotaph wenigstens symbolisch am äußersten Südrand seines riesigen Begräbniskomplexes zu bauen, für dessen Schöpfung sein genialer Minister und Baumeister Imhotep seine gesamte Begabung aufbot[90].

Firth führte außerdem verschiedene ergänzende Forschungen im Djoser-Komplex durch. So fand er im Nordabschnitt bei einem riesigen, aus dem Naturfels gehauenen Altar imitierte Magazine über unterirdischen Gängen, voll mit großen Mengen von Weizenvorräten, Gerste, Maulbeerfeigen, Weinbeeren[91], und – nach Westen hin – drei etwa 400 Meter lange Gänge, von denen rechtwinklig längliche Kammern abzweigen. Eine große Menge von Stein- und Tongefäßen wurde dort geborgen, desgleichen verschiedene Tierknochen sowie ein Skelett in gekrümmter Haltung[92]. Leider verhinderte die Unsicherheit dieser Gänge die systematische Freilegung, die allein eine eingehendere Erklärung ihres Zweckes ermöglicht hätte.

Darüber hinaus gab Firth mir Vollmacht, während er selbst im fernen Nubien arbeitete, mehrere Sondierungen vorzunehmen, die erforderlich waren, um unsere Arbeit voranzubringen. So wurden die Ost- und Westfassade der Pyramide von Trümmern befreit. Ihre aufeinanderfolgenden Schalen, die dabei ans Licht kamen, ermöglichten es mir, die Bauphasen des Monumentes zu bestimmen. Weiterhin führten wir Sondierungen an der Umfassungsmauer durch, um die Bastionen mit doppelflügeligen Scheintoren zu lokalisieren, die diese Mauer enthalten haben muß. Es gab 14 davon, unregelmäßig an der Ostseite der Einfriedung verteilt, fast regelmäßig dagegen an den anderen drei Seiten[93]. Schließlich wurde 1939, mehrere Jahre nach Firths Tod, unter meiner Leitung der große Hof südlich der Pyramide, der letzte große Abschnitt im Djoser-Komplex, bis hinab zur Basis der Anlage freigelegt. Am Fuß der Pyramide fanden wir kleine Granitstatuen aus der Zeit des Alten Reiches sowie einen bemerkenswerten Frauenkopf aus mit Stuck überzogenem und bemaltem Holz mit breitem, scheibenförmigem Ohrschmuck (Abb. 51). Der außerordentlich lange, gerade, von unten nach oben bruchlose Hals läßt an Köpfe aus dem Alten Reich denken, die unter der Bezeichnung ›Reserveköpfe‹ bekannt sind, doch obwohl dieser Kopf am Fuß der Stufenpyramide im Sande lag, kann er nicht älter sein als das Ende der XVIII. Dynastie, ja wahrscheinlich ist er sogar noch sehr viel jünger[94].

Neben meiner Arbeit an der theoretischen Rekonstruktion (Abb. 37) der Monumente Djosers unternahm ich zahlreiche Versuche, die Trommeln der Bündelsäulen (Abb. 38) in der Eingangshalle zusammenzufügen, wo wir, als Firth starb, bereits den Erfolg zu verzeichnen hatten, mehr als 300 Bauelemente wieder an ihre ursprüngliche Position zurückversetzen zu können[95]. Im Jahr 1933 gelang es mir, die Rekonstruktion der acht paarweisen Säulen (Abb. 41) in der Kammer am westlichen Ende der Eingangshalle abzuschließen[96].

Zusätzlich führte ich während derselben Kampagne der Jahre 1932–1933 in Zusammenarbeit mit J. E. Quibell, der nach Saqqara zurückgekehrt war, um die Publikation der Notizen Firths über dessen Grabungen im Djoser-Komplex vorzubereiten, die Untersuchung der tiefsten unterirdischen Gänge unter der Stufenpyramide weiter, die Firth begonnen hatte, aber durch seinen Tod nicht vollenden konnte. Wir fanden einen neuen Gang, der von Osten nach Westen lief. Er enthielt einige Spuren von Holztäfelung, und nach seinem westlichen Ende zu zwei schöne Alabastersarkophage: Einer davon stand an der Südwand und war leer, der zweite stand quer zum Gang an dessen Westende und enthielt noch die Gebeine eines achtjährigen Kindes mit den Resten eines Sarges, der aus sechs dünnen, übereinandergeschichteten Holz- und Spanplatten wie bei heutigem Sperrholz bestand. Die äußere Schicht war wie Rippsamt senkrecht gekerbt. Ursprünglich war dieser Sarg mit Blattgold überzogen, das man in die Rippen eingedrückt und mit kleinen Goldnägeln befestigt hatte. Die Räuber hatten dann das Gold abgerissen, übrig blieben nur einige Fragmente und Nägel[97]. Aus der Südwand des Ganges ragten hinter dem Sarkophag Bruchstücke von Steingefäßen hervor. Als wir sie herauszogen, kamen noch mehr zum Vorschein, und bald zeigte sich: Sie stammten wohl aus einem Nachbargang. Der Versuch aber, von hier aus in ihn einzudringen, wäre wegen des schlechten Zustands der brüchigen Trennwand und wegen des Sarkophags, der ein Abstützen unmöglich machte, lebensgefährlich gewesen. Nach mehr als einem Tag harter Arbeit stießen wir zu unserer größten Überraschung auf eine ungewöhnliche Menge teilweise zerborstener Steingefäße, die den 1,55 Meter hohen Gang, den wir suchten, vom Boden bis zur Decke füllten.

Die Freilegung dieses 30 Meter langen Ganges und eines ähnlichen, gleichfalls mit Gefäßen angefüllten, der an ihn grenzte, bevor er weiter in die Tiefe hinabführte, sollte mehrere Monate beanspruchen[98]. Sie bedeutete, daß nicht weniger als 35 000 Vasen, Schüsseln und anderes Steingeschirr beiseite geräumt werden mußten. Die meisten Gefäße waren zerborsten, weil sich die Decken dieser Gänge ein wenig gesenkt hatten. Räuber waren noch nie bis hierher vorgedrungen. Im Prinzip mußte die Sammlung zerbrochener Gefäße daher komplett sein. Also kam es darauf an, so weit wie möglich zu vermeiden, daß die Fragmente durcheinandergebracht wurden, nur so war eine Rekonstruktion gewährleistet.

Nachdem wir versucht hatten, jeweils die Bruchstücke eines einzelnen Objektes in separates Papier zu wickeln, merkten wir rasch, daß das Hantieren mit diesen Paketen schwierig, um nicht zu sagen riskant war. Daher beschlossen wir, leicht tragbare Holzkisten zu verwenden, die mehrere Packen faßten, so wie man das Fundmaterial geborgen hatte. Sofort wurde mit der Herstellung dieser Kisten begonnen, und bald standen mehr als 6000 davon zur Verfügung. Jede einzelne wurde numeriert, und auch das Bergungsdatum der Gefäße, die sie enthielt, wurde auf ihr vermerkt. Zu den Fragmenten von etwa 36 000 Gefäßen, die so geborgen wurden, kamen noch all die zerbrochenen Vasen, die wir fortgeräumt hatten, bevor wir zur Benutzung der Kisten übergingen, desgleichen die paar hundert Stück, die wir unzerstört gefunden hatten. Es ist daher nicht übertrieben, wenn ich versichere, daß in diesen Gängen etwa 40 000 Gefäße aller Formen – Schalen, Näpfe, tellerähnliche Platten mit und ohne Füße – begraben lagen. Die Mehrzahl bestand aus ägyptischem Alabaster (Kalziumkarbonat), dessen feines Geäder die Gefäßhersteller voll zu nutzen verstanden hatten. Man erkennt dies, wenn man die Vasen von innen erleuchtet. Die anderen Materialien waren – je nach Häufigkeitsgrad – bläulicher oder grünlicher Schiefer aus dem Wadi Hammamat, rote Breschia aus Assiut und zahlreiche Abarten von Diorit, porphyritischem Felsgestein, Dolerit, Assuan-Granit, Dolomit, Marmor, Serpentin, Aragonit, Quarz und Bergkristall[99]. Bemerkenswert ist an einigen dieser Gefäße nicht nur die Reinheit ihrer Form und die vollendete Handwerksarbeit in dem ja oft harten Material, sondern auch die Originalität ihres Dekors. So zeigt eine seltsame Alabastervase in Hochrelief ausgeführt allegorische Motive, die die Hoffnung zum Ausdruck bringen, der König werde noch eine Million *sed*-Feste (Jubiläen) begehen (Abb. 18 und 22) – mit anderen

Worten: Er möge ewig regieren. Andere Vasen übertragen Formen auf das Material Stein, die an sich für Keramik, Korbflechtarbeiten oder sogar Metall typisch sind (Abb. 43). Es handelt sich um einfache Phantasieprodukte des Handwerkers oder vielmehr: er stellte aus Stein, der ja als unzerstörbar galt, Objekte des täglichen Gebrauchs für die Ewigkeit her, die normalerweise aus vergänglichen oder zerbrechlichen Materialien angefertigt wurden. Wurde nicht dieser Gedanke (der auch in Steinmodellen von Speiseopfern in so vielen Gräbern des Alten Reiches seinen Ausdruck fand) auch von Imhotep in noch viel größerem Rahmen verwirklicht, als dieser die Formen symbolhafter archaischer Bauten aus ursprünglich leichtem Material Stein werden ließ, damit sie ewigen Bestand hatten und der König vor ihren unzerstörbaren Fassaden seine *heb-sed*-Feiern in der Ewigkeit begehen konnte?

Die zahlreichen Inschriften, die auf diesen Steingefäßen gefunden wurden, gehören zwei Typen an: Gravierungen, die Titel oder Namen des Eigentümers, des Königs oder eines Edlen angaben, bisweilen sogar das königliche Monument nannten, für das sie ursprünglich bestimmt waren (es handelt sich hierbei um 162 Exemplare)[100]; daneben gab es mehr als 1000 andere Gefäße, die insgesamt Hunderte ganz verschiedener Inschriften trugen. Gewöhnlich waren diese Texte der zweiten Gruppe mit schwarzer oder – seltener – mit roter Tinte geschrieben. Sie geben den Namen des Stifters oder des Herstellers an, den Anlaß der Stiftung (wobei es sich oft um das *sed*-Fest handelt), aber daneben finden sich auch Werkstattzeichen oder bisweilen Maßangaben[101].

Diese Beispiele einer Kursivschrift, meist aus der Zeit der I. oder II. Dynastie, bilden zusammen mit denen aus Abydos die ältesten ihrer Art, die wir besitzen. Sie beweisen, daß die Hieroglyphenschrift damals bereits hochentwickelt war, und stellen paläographische Dokumente von unschätzbarem Wert für das Studium der prägenden Vorformen hieratischer Schrift dar, die dann zur Zeit der IV. Dynastie voll ausgebildet werden sollte.

Auch historisch sind die eingravierten Gefäßinschriften von Bedeutung, denn sie enthalten die Namen fast aller Könige der I. und II. Dynastie, ja manchmal sogar kurze Listen, aus denen hervorgeht, wer wem nachfolgte. Nie taucht allerdings der Name des Neterichet (Djoser) auf, obwohl er es war, der diese Anlagen schaffen ließ, mit

deren Ausgrabung wir uns jetzt beschäftigten. Nur ein einziges großes Tonsiegel kam zum Vorschein, das auf einer Seite den Namen des
Königs in dessen *serech* trug, auf der anderen aber den Abdruck von
Gewebe erkennen ließ – es gehörte wohl zu einem Stück Stoff, in das
man eine Reihe von Tellern oder Näpfen gewickelt hatte. Anscheinend beanspruchte daher Djoser die lange vor seiner Regierungszeit
hergestellten Gefäße nicht für sich, und man hat dies wohl als Akt der
Pietät zu verstehen: Unter seiner Pyramide, die als unzerstörbar galt,
begrub er Gefäße aus geplünderten Gräbern seiner Vorgänger.
Durch diese Tat sicherte er die Rückgabe dieser Gefäße an ihre recht-
mäßigen Besitzer im Jenseits, die sie dort benötigten.

Parallel zu den bereits erwähnten wurden in gleicher Tiefe noch
andere Gänge entdeckt. Sie aber enthielten nur etwas Keramik, ein
paar verstreute Gefäße aus Stein und Metall sowie einige Objekte, besonders Werkzeuge, die man zurückgelassen hatte, als man sich in
Djosers Zeit entschloß, diese Gänge wieder mit dem Abraum aufzu-
füllen, der bei ihrer Aushebung entstanden war.

Meine Rekonstruktionsarbeiten, die ich unterbrochen hatte, um
mich ganz auf diese Forschungen unter der Stufenpyramide zu konzentrieren, konnte ich erst während der Kampagne 1936–1937 wieder aufnehmen. Den Anfang machte ich mit den beiden ›symbolischen Bauwerken‹, die wir als ›Nord-‹ und ›Südhaus‹ bezeichneten.
Das ›Südhaus‹ wurde teilweise restauriert, und im Hof des ›Nordhau-
ses‹ gaben wir kleinen Papyrussäulen – einst Embleme des Nord-
reichs – wieder ihre ursprüngliche Form[102]. Im Zuge der zwei folgenden Kampagnen (1938 und 1939) rekonstruierten wir ein Stück der
wunderschönen, in Felder aufgeteilten Mauer (Abb. 63), die die Hei-
ligtumsfassade des Südgrabes bildete. Diese Mauer tauften wir ›Ko-
bra-‹ oder ›Uräenmauer‹ wegen der Elemente des Uräen-Frieses, die
wir wieder an ihren ursprünglichen Platz oben an der Mauerkrone
versetzten[103].

Die 1939 geplante Wiederherstellung der Umfassungsmauer und
der Bastionen im Bereich des Haupteinganges war in meiner Abwe-
senheit während des Zweiten Weltkrieges unter Verwendung neuge-
brochener Steine begonnen worden. Zum Glück erhoben sich dagegen wohlbegründete Proteste, so daß man eine Fortführung dieser
Art von ›Rekonstruktion‹ unterließ. Mein Aufbauwerk allerdings
konnte ich erst fortsetzen, als ich 1946 wieder aus Frankreich nach

Saqqara kam[104]. Meinem Konzept der Restaurierung entsprechend, fügten wir nicht nur die Elemente der Brustwehr und des Wehrganges wieder zusammen, sondern betteten außerdem zahlreiche Blöcke mit kleinen Einlässen wieder in das Mauerwerk, die vermutlich die Enden hölzerner Verstärkungsbalken imitierten, wie man sie in früherer Zeit in die höheren Lagen größerer Ziegelbauten einzufügen pflegte.

Diese Umfassungsmauer (Abb. 64) wies eine Neigung auf, die es ermöglichte, mit mathematischer Präzision ihre genaue Höhe zu bestimmen: Sie betrug 20 Ellen (etwa 10,50 Meter). An der Rückseite des Einganges schließlich, wo sich in Stein nachgeahmte ›Türflügel‹ befinden, brachten wir zwei enorme steinerne Angeln wieder an. Erst 1956 gelang es, die oft aus Geldmangel unterbrochene Wiederherstellung der Fassade zu beenden[105]. Danach gebot die internationale Lage abermals Einhalt, und am Wehrgang sowie an der Plattform über dem Eingang blieb die Arbeit ungetan. Erst nach meiner abermaligen Rückkehr – 1959 – war es mir möglich, sie wiederaufzunehmen und zu vollenden – dank dem Wohlwollen und Verständnis von Dr. Saroite Okacha, dem damaligen Kultusminister Ägyptens.

Gleichzeitig führte ich ab 1960 in der Hauptgruppe der *heb-sed*-Bauwerke neue Restaurations- und Rekonstruktionsarbeiten durch. In dem Haupthof innerhalb der Grabeinfriedung Djosers, der für das Jubiläumsfest seines *ka* im Jenseits reserviert war, befanden sich praktisch nur noch die niedrigen Schikanenmauern sowie die Fundamente der symbolischen Kapellen und Pavillons einigermaßen an ihrem Platz – Bauten, deren Steinarchitektur Holz- und Ziegelbauweisen imitierte, bei denen es sich ihrerseits bereits um eine Nachahmung prädynastischer Heiligtümer aus Schilf oder mit Lehmschlamm beworfenem Mattenwerk handelte. Während der Ausgrabungen hatten wir zahlreiche Steine geborgen, die von diesen Bauwerken stammten, insbesondere Trommeln und Kapitelle von kannelierten Säulen, Eckrundstäbe, Türwangen, Mauerkronelemente, Dachteile und so weiter. Die Untersuchung dieser Elemente versetzte mich in die Lage, seit 1928 exakte Rekonstruktionszeichnungen dieser Bauten zu publizieren, und es erschien mir höchst aufschlußreich und erstrebenswert, die Rekonstruktion eines jeden einzelnen prädynastischen Bautyps zu versuchen, der hier nach Ausweis der vorgefundenen Fragmente vertreten sein

mußte und, von Imhotep vor 4700 Jahren gleichsam in Stein ver-
wandelt, noch immer diagnostizierbar und rekonstruierbar war.
Wir begannen mit einer Kapelle mit gewölbtem Dach und schlan-
ken kannelierten Säulen (Abb. 62). Ihre Hauptfassade wurde 1963
rekonstruiert, ihre Rückwand 1965. In dieser ›Übersetzung in Stein‹
zeichnen sich die ursprünglichen Holzelemente klar als solche ab.
Man erkennt sie in den Säulen mit ihren kannelierten Schäften,
deren Vorbilder einst aus Holz bestanden haben müssen, an den
Abakoi ihrer Kapitelle, die zweifellos die Enden jener Balken vorstell-
ten, welche einst auf den echten Holzsäulen geruht hatten, desgleichen
an dem Sims, der ein kräftiges, gewölbtes Sparrendach vor-
täuschte[106]. Die Arbeiten an dem Pavillon des zweiten Typs mit Eckrundstäben und Flachdach begannen im Winter 1963–1964. Die
Hauptfassade dieses Baus war im Frühjahr 1968 fertiggestellt, ihre
Seiten und die Rückwand dann im folgenden Jahr.

Die bemerkenswerte Viertelkreis-Mauer, die die Terrasse westlich hinter dem letzterwähnten Pavillon abtrennt, wurde Ende 1967
in ihrer ursprünglichen Höhe wiederhergestellt[107].

Schließlich begann 1969 die Rekonstruktion eines dritten Kapel-
lentyps östlich vom *heb-sed*-Hof, eines Typs, der zwar ein gewölbtes
Dach hatte, doch keine Säulen aufwies. Als Assistent stand mir nun
der ägyptische Architekt Salah el-Naggar zur Seite[108]. Beendet
wurde diese Rekonstruktion im Frühjahr 1973[109].

Zur Zeit sind wir mit der Rekonstruktion und Wiedererrichtung
der Hauptfassade einer zweiten Kapelle des ersten Typs beschäftigt
(siehe Farbabb. Vorderklappe). Auch sie hat ein gewölbtes Dach und
kannelierte Säulen, unterscheidet sich aber deutlich von ihrem bereits wiedererbauten Gegenstück, denn hier führt eine Stufenreihe
hinauf zu einer großen Nische, in der sich eine Statue befunden
haben muß.

6 DER GRABKOMPLEX DES HORUS SECHEMCHET AUS DER III. DYNASTIE

Im Jahre 1950 von dem ägyptischen Ägyptologen Zakaria Goneim entdeckt, der 1959 tragisch ums Leben kam, muß dieser monumentale Komplex (Plan 9) ursprünglich eine Stufenpyramide sowie eine Umfassungsmauer mit Bastionen und Rücksprüngen umfaßt haben, beide der Anlage Djosers (Abb. 49) sehr ähnlich[110]. Nichts ist vom Kern der Pyramide mehr übrig, abgesehen von einem Teil der Fundamente zumeist an den Seiten und Ecken. Vollständig zerstört ist die Umfriedungsmauer mit ihren Vor- und Rücksprüngen, doch nördlich der Pyramide gibt es noch immer ein beträchtliches Stück einer ersten, weniger weiten Umfassungsmauer, deren Bau eingestellt worden war, nachdem das Mauerwerk bereits eine Höhe von sechs Ellen (3,10 Meter) erreicht hatte. Offensichtlich wurde dieser Grabkomplex, der aus der III. Dynastie (Anfang des 27. Jahrhunderts v. Chr.) stammt und sehr wahrscheinlich für Djosers Nachfolger bestimmt war, nie vollendet. Dennoch war der schräg abfallende, grabenähnliche Zugang zur Pyramide sorgfältig mit Blöcken ausgefüllt.

9. Plan des Grabkomplexes des Horus Sechemchet mit der Hauptpyramide, dem Südgrab *(a)* und Forschungsschächten *(s)*. Die Entfernungen sind in Ellen angegeben (vgl. den Text). Nach Lauer.

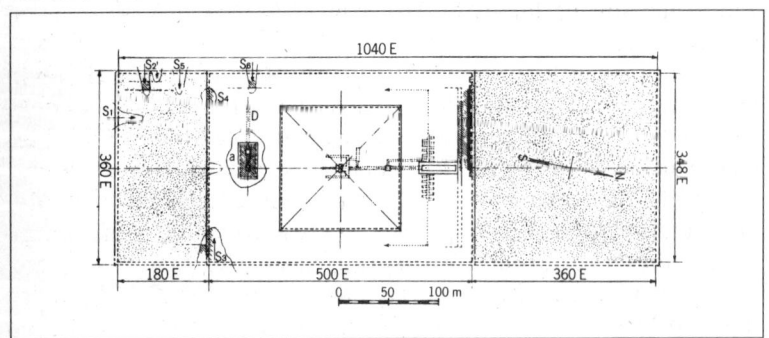

Nach seiner Freilegung kam ein kleines Depot von Schmuckstücken zum Vorschein[III], darunter eine muschelförmige Golddose, und dicht daneben zahlreiche Vasen aus Hartgestein, aber auch aus Alabaster, vermischt mit typischer Keramik der III. Dynastie, desgleichen einige tönerne Krugverschlüsse. Diese trugen Siegelabdrücke mit dem Namen des Horus Sechemchet, eines bisher unbekannten Königs, wenn man vom Wadi al-Maghara (›Höhlental‹) auf Sinai absieht, wo sein Name auf einer Stele falsch gelesen und mit dem des Horus Semerchet aus der I. Dynastie verwechselt worden war[II2].

Etwas mehr als 40 Meter im Pyramideninneren erreichte der schräg abfallende Stollen eine unterirdische Kammer, deren Zugang blockiert war. Darin befand sich ein seltsamer Alabastersarkophag, an einem Ende mit einer Steinplatte versehen, die nach Art eines Fallgitters senkrecht bewegt werden konnte. Durch zwei Bohrlöcher konnte man Seile ziehen, um sie auf- und niederzubewegen[II3]. Als es Zakaria Goneim glückte, sie zu öffnen, fand er den Sarkophag leer. Hatte er die königliche Mumie enthalten? Das war die Frage, die diese enttäuschende Entdeckung aufwarf. Um die Antwort zu finden, waren zusätzliche Forschungsarbeiten in diesem Komplex erforderlich. Man mußte das zweite Grab ausfindig machen, das Sechemchet wohl im Südteil seiner Anlage erbauen ließ – ebenso wie sein Vorgänger Djoser, desgleichen wie seine Nachfolger, die sogar kleine Nebenpyramiden errichten ließen, erst südlich der Hauptpyramide, später aber (vom zweiten Herrscher der v. Dynastie an) an deren Südostecke. Hatte man Sechemchet vielleicht im Südgrab, dessen Oberbau rascher zu errichten war, bestattet, da er vor der Vollendung seiner Pyramide gestorben war? Um diese Möglichkeit zu überprüfen, wurde mir 1963 gestattet, die Ausgrabung dieses Komplexes wiederaufzunehmen.

Zwar hatte die Forschung im Südteil insofern keinen Erfolg, als in den Trümmern der großen Plattform, die an dieser Seite des Komplexes am Rand der Anlage errichtet war, keine Spuren eines Schachtes oder Stolleneingangs zum Vorschein kamen. Doch einer unserer Suchgräben legte Fundamente in der gleichen Entfernung von der Südwand der Pyramide frei, wie die oben erwähnte Umfassungsmauer mit ihren Vor- und Rücksprüngen von der Nordfassade entfernt war. Allem Anschein nach war also der ursprüngliche Komplex nur 500 Ellen (etwa 260 Meter) lang, und man hatte ihn auf 1040

Ellen erweitert, um ihn Djosers Komplex anzugleichen (siehe Plan 9). Allerdings war die Erweiterung nach Norden hin sehr viel ausgeprägter als an der Südseite, wo der Lauf eines Wadi der Ausdehnung des Bauwerkes eine natürliche Grenze setzte[114].

Diese Entdeckung war von Bedeutung, denn sie zeigte, daß aller Wahrscheinlichkeit nach ein Südgrab, wenn es für diesen Komplex geplant war – und es mußte ja wohl Bestandteil des ursprünglichen Planes sein –, infolgedessen sehr viel näher an der Pyramide und innerhalb der ersten Umfriedung zu suchen sein mußte.

So wurde unsere Aufmerksamkeit auf eine große Sandanhäufung gelenkt, die nur etwa 20 Meter von der Pyramide entfernt war. Wir begannen den Sand fortzuräumen, und im Lauf mehrerer Kampagnen (1965–1967) schafften wir mit sehr dürftigen Werkzeugen beachtliche Sand- und Schuttmassen beiseite, um schließlich auf die erhofften Überreste eines Südgrabes zu stoßen. Was hier noch an Bauresten zum Vorschein kam, waren Fundamentteile und Trümmer einer völlig zerstörten Mastaba, deren Oberbau sich über das Durchschnittsniveau der Plattform rings um die Pyramide erhoben haben muß. Der Grundriß war rechteckig im Verhältnis 1 : 2, die Maße betrugen 16 mal 32 Meter, und die Längsachse verlief in Ost-West-richtung. Nahe dem Westrand dieses Bauwerks stießen wir auf einen weiten Schacht von drei Meter im Quadrat. Seine obere Partie bestand aus unregelmäßigen Bruchsteinlagen, doch einige Meter tiefer war er in den Naturfels getrieben. Er war noch zugeschüttet und zeigte keine Einbruchsspur, aber nachdem wir seine Füllung ausgeräumt und den Boden erreicht hatten, fanden wir gegenüber der Grabkammer die Öffnung einer sehr steil in die Tiefe führenden Zugangspassage aus westlicher Richtung. Uns wurde klar: Schon im Altertum hatten Grabräuber auf diesem Wege den Schachtgrund erreicht, sich den Weg durch die Füllung erzwungen und Zugang zur Grabkammer verschafft[115]. Bei dieser handelte es sich um einen schlichten, geraden, gangähnlichen Raum, völlig kunstlos in Felsen gehauen. Er war 2,10 Meter breit, 2,30 Meter hoch und 17,50 Meter lang. Der Gang erweiterte sich vor seinem Ende ein wenig. Ohne Zweifel bildete erst die Erweiterung die eigentliche Grabkammer. Doch der Raum war leer, allerdings lag etwa fünf Meter vom Schacht entfernt quer über den Gang ein plattgedrückter Holzsarkophag eines Typs, wie er in den ersten, frühesten Dynastien allgemein Verwendung fand. Wir ließen ihn trocknen. Und als wir dann seinen Inhalt untersuchten, waren wir sehr erstaunt, das aus seiner Lage gebrachte Skelett eines zweijährigen Knaben mit total zerschmettertem Schädel zu finden. Gewiß war dieses Kind kein König, sonst hätte es einen luxuriöseren Sarg aus Alabaster oder Hartgestein erhalten. Allenfalls könnte es sich um einen sehr jungen Prinzen gehandelt haben, der kurz nach seines Vaters Tod starb – vielleicht hatte sein Vater auf einem fernen Kriegsschauplatz sein Leben gelassen: Dies könnte auch erklären, warum der Leichnam des Königs nicht unter der für den Herrscher bestimmten Pyramide bestattet wurde und man den Bau seines Grabmonuments so abrupt abbrach[116].

Dennoch blockierte man die Zugangspassage, wo auch einige Opfergaben deponiert wurden, mit aller Sorgfalt. Wie das unfertige Südgrab, so hatte auch hier der schon benutzbare Teil der Anlage bei der Bestattung dieses königlichen Kindes aus der II. Dynastie seinen Zweck erfüllt. Darauf jedenfalls scheint das Vorhandensein einigen Grabmobiliars hinzudeuten: Steinvasen, typisch für die damalige Zeit, Fragmente von Blattgold mit Mattengeflecht-Muster noch auf dem Holz, das einst damit überzogen war (ein sehr verbreiteter Schmuck zur Zeit der frühesten Dynastien), und Überzüge aus Karneolschmelze, ganz zu schweigen von dem ebenfalls für diese Periode typischen kurzen Sarkophag – dies alles spricht dafür, daß wir es nicht mit den Zeugnissen einer späteren Usurpation des Grabes zu tun haben.

*

Die neuesten Untersuchungen, die hier mit Genehmigung von Dr. Gamal Mokhtar, dem Präsidenten der *General Organization for the Antiquities of Egypt* durchgeführt werden, ermöglichen zwei wesentliche Folgerungen: Erstens wurde das Südgrab schon kurz nach der Bestattung des königlichen Kindes von jemandem erbrochen, der den Bauplan und die Einstiegsmöglichkeiten genau kannte; weiterhin bot der Abstieg – wenn auch von der Gegenseite – Zutritt zu einem unterirdischen Eingang von Westen her, den es noch freizulegen gilt. Er muß mit den Gängen in Verbindung stehen, aus denen die ungeheuren Massen von Mergel stammen, die man für die Anlage der hohen, weitläufigen Plattform rings um das Grab benötigte. Es ist gut möglich, daß uns die Erforschung dieser Gänge weitere Überraschungen beschert!

7 DIE GRABKOMPLEXE DER KÖNIGE USERKÂF UND UNAS AUS DER V. DYNASTIE

Es war Cecil M. Firth, der 1928 die bedeutendsten Überreste des Totentempels Userkâfs entdeckte[117], der gegen alle Gewohnheit südlich einer damals noch unidentifizierten Pyramide erbaut war, die manche Gelehrte mit Isesy (Asosi [Djedkarê]), dem Vorläufer des Unas, in Zusammenhang brachten. Von diesem Tempel liegt praktisch kein Stein mehr auf dem anderen – bis auf einige Partien eines herrlichen Pflasters aus Basalt, auf dem sich noch die Standorte der granitnen Pfeiler und der Mauer abzeichneten; Schwellen aus Granit zeigen an, wo sich einst die Türen befanden. Außerdem trugen einige außerordentlich bedeutende Fragmente hervorragender Reliefs Kartuschen Userkâfs, so daß der Tempel und die zugehörige Hauptpyramide mit Sicherheit diesem König zugewiesen werden konnten.

Noch zwei andere, wesentlich kleinere Pyramiden wurden von Trümmern befreit: eine im Westen, die andere im Süden des Tempels. Die erste – sie war die kleinere von beiden – enthielt am Ende ihres absteigenden Stollens (der gerade so weit ausgeräumt wurde, daß eine Person durch ihn hindurchgehen konnte) nichts außer einem kleinen, leeren Raum mit flacher Decke. Es wäre unmöglich gewesen, aus diesem Raum einen Sarkophag zu entfernen. Ganz sicher handelte es sich hier um eine jener Nebenpyramiden, wie man sie später in sämtlichen Grabkomplexen der V. und VI. Dynastie an den Südostecken der königlichen Pyramiden fand. Die zweite kleine Pyramide, an deren Ostfassade noch Spuren eines Grabtempels zum Vorschein kamen, gehörte einer Königin, wohl der Gemahlin des Userkâf. Diese Pyramide hatte später als Steinbruch gedient; ihre Grabkammer lag offen. Ihr umgekehrt V-förmiges Gewölbe aus riesigen Blöcken war teilweise aufgebrochen und weitgehend zerstört.

Eine hervorragende Entdeckung glückte in dem einst säulenumstandenen Hof des Tempels der königlichen Pyramide beim Ausräumen der Vertiefungen, in denen die granitnen Säulen gestanden hatten. In einer solchen Höhlung fand sich ein wundervoll gearbeiteter Kolossalkopf des Userkâf aus Rosengranit (Abb. 48). Er befindet sich heute im Museum zu Kairo. Der Rest der Statue fehlt, doch von der Sphinx in Gise abgesehen, ist dieser Kopf das einzige Exemplar einer erhaltenen Kolossalskulptur aus dem Alten Reich.

Weitere Schäden erlitt Userkâfs Tempel durch den Bau bedeutender Mastaben in saïtischer Zeit (6. Jahrhundert v. Chr.), deren enorme Schächte – in manchen Fällen mehr als 100 m² – die Ursache waren, daß hier sämtliche Spuren des Tempelgrundplanes verschwanden. Einer dieser Schächte – seine Mündung besaß eine Seitenlänge von mehr als elf Metern – enthielt in 20 Meter Tiefe die Doppelgräber von Neferib-rê-sa-neith und Wahib-rê-men. Das intakte Grab des Letztgenannten[118] enthielt noch immer kleinere Mengen von Goldschmuck und Amuletten, meist aus Karneol, Lapislazuli oder Hämatit (›Blutstein‹), darunter auch einen großen Herzskarabäus aus dunkelgrünem Jaspis[119]. All diese Funde erblickt man heute im Museum von Kairo.

Firth, der eine hastige und unvollständige Zeichnung des Tempelgrundrisses publiziert hatte, vermochte die Untersuchung nicht zu vollenden. Dies führte dazu, daß Zaki Saad 1941–1942 einige zusätzliche Arbeiten im Bereich dieses Tempels vornahm. Doch es galt, sich hierbei auf die Freilegung eines anderen großen Schachtes von acht Meter im Quadrat zu konzentrieren, der Hor, einem Aristokraten der Saïtenzeit, gehörte[120]. Nachdem diese Arbeit durchgeführt war, blieb die Grabungsstätte verlassen.

Erst nach dem Zweiten Weltkrieg – und zwar von 1949 bis 1953 – waren wir wieder in der Lage (wenn auch durch ungewöhnliche Geldknappheit behindert, so daß wir aus Mangel an Mitteln immer wieder die Arbeiten einstellen mußten), unserem alten Plan einer Wiederherstellung der Grundelemente des Tempels näherzutreten. Dieser Tempel erregte unser besonderes Interesse, da er an einem so ungewöhnlichen Platz im Süden der Pyramide stand[121]. Ich konnte mich vergewissern, daß zwar der größere Teil dieses Tempels im Süden erbaut worden war, wohl weil es an der Ostseite an Raum mangelte, daß aber gleichwohl sich dort eine kleine Kultstätte zur Darbringung von Opfergaben befand. Dieses Heiligtum enthielt einen mit Basaltblöcken gepflasterten Zentralraum und beiderseits je einen Nebenraum. Im Zentrum, dessen Eingang auf seiner Mittelachse lag, trugen zwei Granitpfeiler das Dach. Es bot wohl einer Stele Schutz, deren einzige Überbleibsel zwei Quarzitfragmente waren, die sich dort fanden.

Schließlich lag der Tempeleingang in der Ostmauer, und zwar an deren Südostecke; hier fand ich noch Reste von Vorhöfen, die zum Säulenhof Zugang gewährten. Damals entdeckte ich auf der Suche nach Steinen für den Wiederaufbau der Djoser'schen Umfassungsmauer mitten in einer Gruppe von Gräbern des Alten Reiches auch den *serdab* des Isheti[122], eines Kanzlers, der unter der VI. Dynastie amtierte. Der Raum enthielt noch immer eine Anzahl interessanter Holzstatuen.

7.1 Der Grabkomplex des Unas

Mehr als ein halbes Jahrhundert früher hatte Maspero beschlossen, die Grabkammer mit den berühmten ›Pyramidentexten‹, die er in der Pyramide des Unas entdeckt hatte, Besuchern zugänglich zu machen (Abb. 25). Er vertraute die Freilegung Barsanti an, den er außerdem ab Winter 1899–1900 mit den Arbeiten auf dem Pyramidengelände beauftragte, deren Ziel es war, die Lage der Umfassungsmauer und der Ruinen des in unmittelbarer Nähe vermuteten Totentempels zu bestimmen.

Im Zug dieser Arbeiten kam die reizende kleine Mastaba des Samnefer, wohl eines Zeitgenossen des Unas, nordwestlich der Pyramide ans Licht[123], und an der Südseite kamen weite Schächte aus der Saïten- und Perserzeit zum Vorschein, die teilweise von Räubern verschont geblieben waren: der des Leibarztes Psamtik und seiner Gemahlin Setaribu[124], des Admirals Djenhebu, dessen Mumie reichlich mit Juwelen und Amuletten geschmückt war[125], und des Pede-ese[126]. In der Grabkammer des Letztgenannten, deren Gewölbe mit Sternen geschmückt war, fanden sich schlecht gemeißelte und kräftig kolorierte Inschriften, und obwohl jede einzelne Hieroglyphe in ihrer Ausführung von großer Detailfreude zeugte, vermerkt Maspero[127], der Stil habe nicht mehr die Reinheit bester Arbeiten der Saïtenzeit. Pede-ese, der Sohn des im Nachbargrab bestatteten Psamtik, lebte unter Dareios I.; sein Grab stammt somit aus dem An-

fang der Perserzeit (Ende des 6. und Anfang des 5. Jahrhunderts
v. Chr.). Diese drei als ›Persische Gräber‹ bekannten Grabstätten verband Barsanti unterirdisch miteinander. Er installierte eine gußei-
serne Wendeltreppe in Psamtiks engem Grabschacht, über die man
mit Leichtigkeit aus dessen Kammer nach Osten hin zur Kammer
Pede-eses und nach Westen zur Kammer Djenhebus gelangen
konnte.

*

In Unas' Grabkomplex selbst fand man an der Ostseite seiner Pyramide die Mauerüberreste seines Grabtempels, wo auch die Basis seiner Stele noch sichtbar ist. Aber erst im Lauf des folgenden Winters
(1900–1901) wurden die Reste des großen Säulenhofes freigelegt.
Noch befanden sich ein paar Türschwellen aus Granit an Ort und
Stelle, desgleichen Teile des Alabasterbodens, und auf dem Grund
lagen zerborstene Palmensäulen aus Rosengranit. Außerdem fand
sich ein mächtiger Architrav mit Unas' Königstiteln in großen, ge-
meißelten Hieroglyphen. Er liegt noch an Ort und Stelle. Auch kostbare Relieffragmente waren hier verstreut. Barsanti gab an, er habe
sie gesammelt und an einen sicheren Ort gebracht, verriet aber
nicht, wohin[128].

Weiterhin stieß man im Hof unmittelbar vor der Nordfassade des
Tempels auf einen in die Tiefe führenden Gang. Er leitete zu einem
langen, acht Meter tiefen unterirdischen Raum, einer ›Galerie‹, die
als offener Graben begann und sich als unterirdischer Stollen im
Felsen fortsetzte. Sie lief in Nordsüdrichtung und unterquerte den
Tempel in seiner gesamten Breite. Östlich und westlich dieses unterirdischen Ganges liefen zwei weitere Gänge senkrecht dazu. Beiderseits von ihnen zweigten rechtwinklig zur Hauptachse 14 Parallel-
räume ab. Auf seiner horizontalen Strecke wurde der Hauptgang
durch vier Falltüren abgesperrt, zwischen denen jeweils ein Dutzend Meter lagen. Langgestreckte unterirdische Räume öffneten
sich beiderseits, vom Hauptgang rechtwinklig abzweigend, auf die
Gangstrecken zwischen den Falltüren zu, und hinter der vierten
Falltür befanden sich der eigentliche Raum für das Begräbniszere-
moniell und die Kammer für die Beisetzung. Dieser unterirdische
Teil der Grabanlage ist außerordentlich weitläufig und kompliziert
angelegt[129]. Nach Osten und Westen hin enthielt er außerdem eine
große Anzahl von Magazinen, wie Zähne eines Kamms angeordnet.

Die systematische Erforschung dieser Räume und Magazine, die
sich über den ganzen Winter 1901–1902 hinzog, brachte Unmengen
von unversehrten oder zerbrochenen Gefäßen und Geschirr aus Alabaster, Diorit und Schiefer ans Licht, desgleichen Überreste von Ton-
krügen und Krugverschlüssen – entweder mit Siegelabdrücken des
Horus Hetep-Sechemui oder des Horus Neb-Rê (Raneb), der ersten
beiden Herrscher der II. Dynastie[130].

Diese Entdeckung überraschte Maspero sehr. Ahnte man doch
damals noch nicht, daß sich in Saqqara große Gräber der Thinitenzeit befinden könnten! Heute dagegen betrachtet man es als nicht
mehr unwahrscheinlich, daß dieses erstaunliche Gewirr unterirdischer Gänge, die sich unter dem Tempel des Unas hinziehen,
die Grabanlage des Hetep-Sechemui bildete, dessen Grabausstat-
tung von Neb-Rê, seinem Nachfolger, vervollständigt und dann ver-
siegelt wurde, als er starb.

Der oberirdisch über diesen Gängen errichtete Schlammziegel-
bau lag wohl schon vor Unas' Zeit in Trümmern und wurde schließlich von Unas geschleift und abgetragen.[131]

Nach den Arbeiten Masperos und Barsantis lag dieser Teil des
Unas-Pyramidengeländes ein Vierteljahrhundert lang verlassen, bis
Cecil M. Firth im Dezember 1929 daranging, die Freilegung des Tempels zu vollenden und nach den von Barsanti versteckten Relieffrag-
menten zu suchen. Diese zusätzlichen Forschungen ermöglichten es
uns, den Grundriß des größten Teils der Tempelanlage festzustellen
– mit Ausnahme der Magazine, die sich nördlich und südlich der
Eingangsvorhalle erstreckten[132]. Erst im Winter 1936–1937, einige
Jahre nach Firths Tod, war ich in der Lage, auch diese freizulegen.
Und nun erst fanden wir die Reliefs, die Barsanti so sorgsam ver-
steckt hatte: Er hatte sie tatsächlich mit der Bildseite nach unten
zwischen die Bodenplatten des Tempels gelegt[133]!

Während der folgenden Kampagne (1937–1938) beauftragte Selim Hassan, der damalige Stellvertretende Generaldirektor des *Antiquities Department*, Zakaria Goneim mit der Ausgrabung des tief-
versandeten Geländes, das sich östlich des Unas-Tempels hinzog[134].
Hier stieß man auf mehrere Mastaben. Die bedeutendste war die
des königlichen Prinzen und Wesirs Neb-kau-hor[135]. Ein anderer
Wesir namens Achet-hetep hatte sie usurpiert, und sie enthielt in
einer außerordentlich geräumigen Halle mit neun Pfeilern Reste sehr

interessanter Reliefs. An allen vier Seiten jedes Pfeilers befanden sich Reliefporträts des Verstorbenen, der stehend abgebildet war, über ihm seine Namen und Titel. Erwähnenswert sind auch die Ruinen einer kleinen Mastaba mit einigen sehr schönen Reliefs. Hier war Chenu der Grabherr, ein Priester der Unas-Pyramide.

Die bedeutendste Entdeckung jedoch war die des Aufwegs vom Tal herauf zum oberen Tempel der Unas-Pyramide[136]. Mehr als 700 Meter lang, bestand dieser Aufweg aus einer gepflasterten Straße von 2,60 Meter Breite, beiderseits flankiert von den Resten einer Mauer aus Tura-Kalksteinblöcken. Nur sehr wenige befanden sich noch an Ort und Stelle, viele andere dagegen fand man im Sand längs des gesamten Aufwegs. Die Kalksteinblöcke (einige davon wurden bei der Kampagne des Jahres 1940 geborgen), weisen zahlreiche Reliefszene auf – darunter: Transport fertiger Granitsäulen für den Totentempel – auf Schlitten festgebunden und paarweise auf Flußschiffe verladen – aus den Steinbrüchen bei Assuan[137], zwei Schiffe voll Kriegsgefangene, die sich dem Pharao unterwerfen, Kampf zwischen Bogenschützen[138], Goldschmiede beim Hämmern von Edelmetallfolien, während andere, die Elektron (Electrum: eine Legierung aus Gold und Silber) herstellen, Blasrohre benutzen, um das Feuer unter dem Schmelztiegel stärker anzufachen[139], eine Hungersnotdarstellung (Abb. 46), die 15 Hungernde in hoffnungslosem Zustand zeigt[140], Prozessionen von Höflingen und dergleichen mehr. Außerdem gibt es Marktszenen: Auf der einen sieht man Männer Fische feilbieten, ein anderer versucht, einen Kuchen gegen Frischfisch einzutauschen. In einer erheiternden Fortsetzung dieser Szene zeigt ein junger Mann Händlern und Kunden sein Schoßtier: einen Affen, während ein Möbelstück für einen Korb voll Fische seinen Besitzer wechselt. Der Fischhändler streckt dabei seine Hand mit außergewöhnlich ausdrucksstarker Gebärde aus.

In einer Jagdszene tauchen zwischen Sanddünen, in denen kaktusähnliche Gewächse gedeihen, zwei Böcke auf. Sie sind einer *Oryx* zugewandt, die ihr Junges leckt. Hinter ihr beißt ein großer Jagdhund mit Halsband eine Gazelle in den rechten Hinterlauf. Dahinter erblickt man zwei weibliche Tiere an der Spitze einer Antilopenherde. Beim Anblick des Hundes packt sie Entsetzen, und sie werfen vor Schreck Junge. Über dieser Gruppe sieht man andere Tiere erwachen oder sich erheben. Es sind (von links nach rechts): eine

Gazelle, ein *Jerboa* und ein Hase. In der oberen Reihe – von ihr ist nur der untere Teil erhalten – erkennt man hinter Gazellenläufen die Beine eines Jägers, dem wohl ein Hund folgt, hinter dem wiederum ein Fuchs mit buschigem Schwanz sichtbar ist. Hinter diesem bemerken wir die relativ starken Läufe eines Steinbocks oder einer *Oryx*-Antilope, dem – oder der – abermals ein großer Hund folgt. Außerdem kam südlich des Aufwegs ein großes ›Schiff‹ zum Vorschein (Abb. 61). In den Felsen gehauen, war es vollständig mit Kalksteinblöcken verkleidet, die sich über das Bodenniveau erhoben. Und schließlich hatte man die mächtige Mauer des Taltempels erreicht, von dem der Aufweg ausgeht.

In einem anderen Abschnitt unmittelbar südlich der Mastaba des Neb-kau-hor gewährte ein Schacht vor einer erbrochenen Falltür Zugang zu einem ganzen Irrgarten von Gängen voller Alabaster- und Hartsteinvasen der Thinitenzeit. Desgleichen fand man hier auch Keramik und tönerne Krugsiegel mit dem Namen des Horus Neterimu (Neteren) aus der II. Dynastie, um dessen Grab es sich hier wahrscheinlich handelte[141]. Sein Plan scheint dem des vermutlichen Grabes des Horus Hetep-Sechemui ähnlich zu sein, das etwa 150 Meter westlich unter dem Tempel des Unas entdeckt wurde.

Im Sommer 1938 wurde die Arbeit in diesem Sektor des Unas-Aufweges unterbrochen, doch ab Oktober 1939 betraute Étienne Drioton, der damalige Generaldirektor der Altertümerverwaltung, Zaki Saad mit der Freilegung des Geländes zwischen dem Tempel und dem Aufweg des Unas sowie der südlichen Einfassungsmauer des Djoser-Komplexes.

Im Lauf dieser Arbeiten wurde das riesige saïtenzeitliche Schachtgrab des Generals Amen Tefnacht, das man im Tempel des Unas in die Erde getrieben hatte, vom Sand befreit. Im Innern der unversehrten Grabkammer lag die Mumie ohne irgendwelche Juwelen oder Amulette[142]; dennoch erwies sich das Grab wegen seines perfekten Verschlußsystems und der hervorragenden Qualität des aus grünlichem Schiefer bestehenden anthropoiden Sarkophags als außerordentlich interessant.

Noch bedeutendere Erfolge waren an anderen Punkten zu verzeichnen. An erster Stelle ist hier die Entdeckung der Mastaben zweier Königinnen zu nennen, der der königlichen Gemahlin Nebet und der Chenut – wohl die Königinmutter[143]. Über etwa 50 Meter liefen diese beiden aneinanderstoßenden Mastaben parallel zur Nordfassade des Unas-Tempels, von dem sie nur wenige Schritte trennten (Plan 1). Obwohl der letzterwähnte Bau in Trümmern liegt, erkennt man vom anderen, der der Königin Nebet gehörte[144], noch den nahezu vollständigen Grundplan. Unter anderem gab es eine Reihe doppelstöckiger Magazine sowie einen weitläufigen Vorraum mit großformatigen Reliefs. Andere interessante Reliefs fanden sich in den Räumen daneben, und auf dem Türsturz zwischen den ersten beiden Kammern erblickt man ein reizvolles Porträt der Königin auf ihrem Thron. Sie atmet den Duft einer Lotosblume ein, ihr Diadem ist ein breites Stirnband, am Hinterkopf gebunden, von dem ein loses Ende lang herabhängt (Abb. 47). Sie trägt ein fast bis zu den Knöcheln reichendes, enganliegendes Gewand mit breiten Trägern, die die Brüste freilassen. An diesem Kleid hat sich die ursprüngliche, grüne Farbe noch weitgehend erhalten.

Näher an der Einfriedungsmauer Djosers kamen noch weitere Mastaben zum Vorschein. Es handelt sich – im Westen beginnend – um die Mastaba des Ha-isch-tef, der die Mastaba seines Vaters Ka-i erweitern ließ[145]. Der Hauptraum liegt inmitten eines mächtigen Kerns von Schlammziegeln, und an der Nordseite erkennt man das schöne Dachgewölbe. Daneben befindet sich die Mastaba der Inefert[146]. Hier sind die Darstellungen an einer der Kammerwände einfach gezeichnet und koloriert (also nicht reliefiert). Schließlich fand man wenige Meter weiter östlich die Überreste der Mastaba des Unas-anch, deren größter Teil 1907 an das Museum des Orientinstitutes in Chicago verkauft wurde.

7.2 Die Mastaba des Mehu

Die wegen ihres hervorragenden Erhaltungszustandes bemerkenswerteste Mastaba in diesem Abschnitt (Plan 10) ist jedoch zweifellos die des Wesirs Mehu aus der Anfangszeit der VI. Dynastie. Diese Mastaba[147], die an die der Prinzessin Idut (siehe Seite 83 ff.) grenzt, deren Sohn Mehu anscheinend war[148], verdankt es wohl ihrer tieferen Lage, daß sie fast vollständig den Raubzügen der Steinsucher entgangen ist. Infolgedessen blieb der größere Teil ihrer Dachkonstruktion unversehrt. Deshalb hielten sich auch die Farben der Malereien überall in dieser Anlage vorzüglich, so daß man noch immer die Frische ihrer Tönung bewundern und sich einen Begriff von der Meisterschaft dieser Farbgebung machen kann.

Im Vorraum am Eingang (Raum 1) an der Südmauer ist die Vogel-jagd mit Netzen dargestellt. Die Darstellung hält den Vergleich mit den bereits geschilderten Szenen in den Mastaben des Kagemni und des Ptah-hotep aus. Auch hier finden wir Jäger oder vielmehr Fallen-steller, die das Netz zusammenziehen und sich dabei nach hinten werfen, bis sie flach auf dem Rücken liegen – dies auf ein Signal des Jagdleiters hin, der die Arme waagerecht ausstreckt und ihnen so das Zeichen gibt, die Netzschnüre anzuziehen. Darunter ziehen an-dere Fallensteller, die bereits etwas gefangen haben, ein mit Wilden-ten gefülltes Netz auf sich zu, während einigen kleinen Reihern und einem Entenpaar die Flucht geglückt ist. Noch weiter unten ziehen drei andere Fallensteller, deren Anführer an einem langen Rohr lehnt und seinen linken Arm hebt, ein Netz mit vier gefangenen Kranichen, zwei davon sind hingestürzt und recken die Stelzen in die Luft. Andere, denen es gelungen ist, dem Netz zu entgehen, streichen im Flug davon oder setzen zum Flug an. In der untersten Reihe sehen

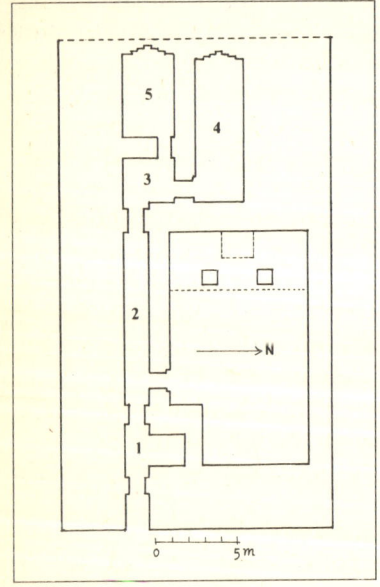

10. Plan
der Mastaba
des Mehu.

wir die Jäger mit der Tagesbeute auf dem Heimweg. Einer trägt einen
bereits gerupften Vogel über der Schulter.

In der Opferkammer (Raum 4) sehen wir hinten Mehus Stele mit
seinen Titeln, darunter dem des Wesirs und Justizministers. Die rot-
braune Bemalung dieser Stele ahmt Quarzit nach. Zu ihren beiden
Seiten erblickt man die üblichen Gabenbringungsszenen; sie bedek-
ken die beiden Längswände im Norden und Süden.

Am westlichen Ende der untersten Reihe auf der Nordwand voll-
ziehen die ersten Gabenträger ein Ritual und bringen Mehu Gänse
und Kraniche dar (Abb. 60). Die Tiere werden an den Hälsen und Flügeln gehalten und reagieren darauf mit vorzüglich beobachteten
Fußbewegungen. Wie es scheint, hat man versucht, den Körpern dieser großen Vögel etwas Tiefe und Modellierung zu geben, und zwar
auf der einen Seite durch aufgetragene Farbe sowie an bestimmten
anderen Stellen durch leichte Farbabstufungen. Zu Füßen dieser
Gabenträger erblickt man Käfige mit kleineren Vögeln: verschiedenen Arten von Enten, Tauben und dergleichen mehr.

Im Raum 5, den später ein Beamter namens Meri-rê-anch für
sich als Opferraum beanspruchte, erblickt man den Letztgenannten. Er trägt einen breiten, blauen Kragen sowie Armbänder, sitzt
vor dem üblichen Opfergabentisch für die Toten auf einem Stuhl
mit Löwenfüßen und trinkt aus einem Becher. Darüber liest man –
von rechts nach links – an der Südwand sieben Reihen mit Hieroglyphen: Eine Aufzählung seiner Titel, aus der wir erfahren, daß
er unter anderem das Amt eines Priesters der Pyramide des Meri-
rê (Pepi I.) bekleidete. Außerdem erkennt man in diesmal von
links nach rechts laufender Schrift über dem Opfertisch die Spei-
sekarte mit einer langen Aufzeichnung von Gerichten. Unter der
Inschrift stehen und knien Gabenbringer in langer Reihe und
bringen ihre Last dar. In der untersten Reihe unter dem Bildnis
des Meri-rê-anch bringen fünf Träger, die sich ehrfürchtig vernei-
gen, die Keulen geopferter Tiere. Ihnen folgen andere, die paarweise vorzügliche Gänse darbringen. Sämtliche Bilder und Hieroglyphen besitzen noch ihre lebhaften Farben und heben sich,
obwohl in sehr flachem Relief ausgeführt, kräftig vom gräulich-
blauen Hintergrund ab.

Im Raum 5 sehen wir an der Südwand – als Fortsetzung der
gerade beschriebenen Szene – rechts den Rand des Opfertisches. In

der Mitte befindet sich eine Auswahl ausgesuchter Lebensmittel, darunter gewickelte Gänse, ein Kalbskopf, zerteiltes Fleisch, Gazellenläufe, Obstkörbe, Salate, garnierte Platten, große Vasen und dergleichen mehr. Auf zwei Bechern aus geädertem Stein erkennt man kunstvoll gewundene und geknotete Bänder. Mit besonderer Sorgfalt und im Detail variiert ist darunter die Reihe der Gabenträger wiedergegeben, die ihre reizvollen Farben noch immer bewahrt haben.

Eine bemerkenswerte Szene befindet sich an der Ostwand: Ein prachtvolles, schwarzgeflecktes Rind mit leierförmigem Gehörn wird von zwei Männern zu Boden gezwungen.

*

Erst 1940 gingen die Freilegungsarbeiten am Aufweg des Unas weiter. Damals legte Étienne Drioton diese Aufgabe in die Hände des Architekten Abdel-Salam Mohammed Hussein, der seit 1938 mein Assistent gewesen war, bis der Krieg ausbrach und ich eingezogen wurde, so daß ich meine Mitarbeit in der Altertümerverwaltung vorübergehend einstellen mußte.

Da der königliche Aufweg auf der abschüssigen Talstrecke unter beträchtlichen Sand- und Schuttmassen verschwand, zog Abdel-Salam es vor, zuerst einmal seinen Streckenverlauf zu bestimmen. Er führte also Sondierungen auf dem Boden des Wadi durch, das der Aufweg normalerweise durchlaufen mußte. Nachdem er festgestellt hatte, daß dieser Aufweg etwa 320 Meter oberhalb der großen Westmauer des Taltempels seine Richtung änderte, konnte er so auch seinen weiteren Verlauf präzise bestimmen[149]. Dann begann Abdel-Salam sich methodisch nach Osten durchzugraben – sein Ansatzpunkt war genau die Stelle, wo Selim Hassan und Zakaria Goneim aufgehört hatten. Noch immer befanden sich Stücke vom Bodenbelag des Aufweges an Ort und Stelle, und auch einige Überreste der ersten Mauersteinlage der Aufweg-Seitenwände sowie eine Anzahl zerschmotterter Blöcke mit Reliefs wurden entdeckt (darunter die so eindrucksvoll realistische Hungersnotszene (vgl. Seite 119).

Die Entfernung der Sandmassen auf dem Gelände zwischen dem Aufweg und dem Felsplateau, das er säumt, brachte mehrere weitere Gräber ans Licht. Das interessanteste ist das des Ptah-iru-ka, des ›Chefs der Straßen des Schlachthauses‹, der nicht weniger als zehnmal in seinem Grab dargestellt ist: in Hochrelief aus dem Felsen gear-

beitet, aus Stuck geformt und bemalt. Noch immer sind die Farben
auf diesen Darstellungen ebenso wie auf den dazugehörigen Hieroglyphen außerordentlich lebendig; außerdem kam in einem benachbarten Grab eines gewissen Achti-hetep[150] eine Reihe sehr schöner
Statuen zum Vorschein (Abb. 52).

7.3 DIE MASTABA DES NEFER HER PTAH

Etwa zehn Meter von diesem Grab entfernt erhebt sich rechtwinklig
zum Aufweg eine Mastaba, die seine Nordfassade völlig verdeckt und
fast den Eingang versperrt. Kurz vor Unas' Regierungsantritt für
einen gewissen Nefer her Ptah erbaut, war sie unfertig geblieben. Die
Arbeit an den Reliefszenen war unterbrochen worden, denn Ent-
eignung und Beschlagnahme drohten, weil der königliche Aufweg zu
nah an diesem Grab entstand. Aber die Zeichnungen waren mit
ungewöhnlicher Sorgfalt ausgeführt und in einigen Fällen bereits
koloriert.

Die Szenen an der Westwand zeigen eine Schar Vögel, in Zeichnung und Malerei ein beredter Beweis der Sorgfalt und Kunstfertig-
keit ihres Schöpfers. Einige der Tiere – im Mittelteil der Komposition
– sind in einem sechseckigen Netz gefangen worden. Anderen gelang
die Flucht, und sie suchen in eiligem Flug das Weite. Eine weitere
Darstellung zeigt einen Jäger beim Einbringen seiner Beute. Er über-
gibt sie seinen beiden Assistenten, und diese stecken die gefangenen
Vögel in Käfige. Mehrere andere Vögel stehen mit zusammengebun-
denen Flügeln oben auf den Käfigen. Auch Gärtner erkennt man, die
Gemüsepflanzen umsetzen oder ernten und einen großen Korb voll
mit den verschiedensten Früchten (Melonen, Weinbeeren, Granat-
äpfeln) sowie mit Gemüse und Lotosblumen.

Die Reliefdarstellungen im Nordteil dieser Reihe zeigen gleichzeitig, wie an Spalieren gezogener Wein geerntet wird (Abb. 58). Die
Winzer halten die Trauben vorsichtig mit Daumen und Zeigefinger,
und sechs andere treten sie in einem Faß. Sie halten sich dabei an
einem waagerechten Balken über ihren Köpfen fest, mit der anderen
Hand fassen sie sich an den Hüften. So bilden sie zwei Gruppen – einander zugewandt, wie um einen Rhythmus zu halten, den zwei Männer mit kleinen Stöckchen oder einer Art Kastagnetten angeben.

An der Nordwand sehen wir dann mitten unter Darstellungen von Handwerkern und Viehzüchtern bei der Arbeit, wie einen Diener, der sich einer Verfehlung schuldig gemacht hat, die Strafe trifft. Man schlägt ihn. Auf den Knauf seines Rohrstocks gestützt, überwacht ein Aufseher die Bestrafung. Der Mann, der sie auszuführen hat, benutzt dazu eine Gerte, von der man allerdings infolge der Verwitterung an den Rändern des Steines nur noch das eine Ende in seiner Hand sehen kann.

*

Im Winter 1943 – 1944 machte Abdel-Salam, als er die Freilegung des Unas-Taltempels in Angriff genommen hatte, eine unverhoffte Entdeckung. Er hatte die Ecke einer Terrasse mit einer Brüstung gefunden, zu der eine Rampe hinaufführte, und daneben die Basis einer granitnen Palmensäule. Doch nicht genug damit: Zu seiner größten Überraschung stieß er dort auch auf einen herrlichen Sarkophag aus weißgeädertem grauem Schiefer. Er lag auf dem Pflaster bei der Basis einer zerstörten Mauer, neben der er einst gestanden haben muß[151]. Geschmückt war er mit kleinen, gebänderten Eckrundstäbchen an den vier senkrechten Kanten sowie an den horizontalen Außenrändern – ganz ähnlich wie der Sarg des Mykerinos aus Gise, der beim Transport nach London auf See verlorenging[152]. Wie einst dieser, so hatte auch das hier neuentdeckte Exemplar einen Deckel mit karniesförmigen Kanten. An einer Ecke zeigte er – er war ganz leicht verschoben – noch Spuren der Werkzeuge, mit denen man ihn gewaltsam zu öffnen versucht hatte. Im Innern lag eine schwer beschädigte Mumie in einer rötlich-bernsteinfarbenen Flüssigkeit, die den Sarkophag fast bis zum Rand füllte. Offensichtlich hatte man diese Mumie ihrer wichtigsten Schmuckstücke und teilweise auch ihrer Hüllen beraubt. Dennoch befanden sich links von dem abgerissenen und verkehrt liegenden Schädel noch immer einige Stückchen von zerknittertem Blattgold und an der Hüfte ein goldener Gürtel mit farbigen ›Perlen‹ – inmitten von all diesem fauligen Unrat praktisch das einzig Intakte. Schließlich kam noch ein großer, eiförmiger Karneol zum Vorschein, in Golddraht gefaßt, der viermal um das rechte Handgelenk gewickelt war, und unter der Schulter war um denselben Arm ein Goldband gewunden. Daß man einst diese kostbaren Überreste des Mumienschmuckes übriggelassen hatte, bewies: Die Räuber mußten sich beeilen,

wahrscheinlich sogar fliehen, bevor sie ihr Werk vollenden konnten. Gewiß waren nicht sie es, die den Deckel wieder einfugten
und schlossen. Sicherlich gehörte dies zu den Versuchen, das
Grab nach seiner Schändung wieder in Ordnung zu bringen.

Bei dem unter so seltsamen Umständen ans Licht gekommenen
Gürtel handelt es sich um ein bemerkenswertes Schmuckstück – sowohl wegen seiner Schönheit und der meisterlichen Verarbeitung als
auch wegen seines archäologischen Wertes. Es ist ein perlenbesetz-
tes goldenes Band:»Perlen aus goldenen, blauen und schwarzen
Steinen bilden ein geometrisches Muster aus vielfarbigen, an ihren
Kanten aneinanderbefestigten Quadraten. Eine eingekerbte Gold-
platte unterbricht dieses Muster in der Rückenmitte. Ihr Zweck war
es, als Aufhänger für den nachgeahmten Stierschweif zu dienen, der
zu den Gürteln von Königen und Göttern gehörte ...« – so lautete
Driotons Beschreibung[153]. Außerdem wies Drioton darauf hin, daß
auch König Narmer auf seiner berühmte Palette einen ähnlichen
Gürtel trägt.

Der Gürtel hatte eine mit farbigen Steinen ausgelegte goldene
Schließe, deren symmetrisches Muster aus zwei einander ins Gesicht
blickenden Darstellungen des Besitzers bestand, der auf einem
Thron sitzt und einen langen Stab sowie ein auf dem Gold der
Schließe fein ziseliertes Lendentuch trägt. An seiner Stirn prangt die
königliche Uräusschlange. Ein Falke mit rechtwinklig abgespreizten,
ausgebreiteten Flügeln fliegt auf ihn zu, in seinen Krallen ein Siegel.
Darunter erkennen wir die eingravierten Hieroglyphen mit den Namen und Titeln des Verstorbenen:»Der Prinz, der Königssohn, Ptah-
schepses«[154]. Wer war dieser Prinz? Wohl ein Sohn des Unas. Vermutlich wurde seine benachbarte Mastaba entweiht, und deshalb
stellten Priester, denen der Totenkult des Königs oblag, den Sarkophag aus Sicherheitsgründen in einer der Kammern des unteren
Tempels auf, bis die Mastaba restauriert werden konnte.

*

Die Ausgrabungen in diesem Taltempel mußten nun unterbrochen
werden, denn man war bis zur heutigen Zugangsstraße der Nekropole vorgedrungen. Während man noch auf die Reaktion der Be-
hörde wartete, um diese Straße wieder ihrer Bestimmung zuführen
zu können, setzte Abdel-Salam seine Ausgrabungen fort, und zwar
zunächst im Südteil von Saqqara bei der als ›Haram esch-Schawaf‹

(›Wächterpyramide‹) bekannten Pyramide, die das Dorf Saqqara überragt und deren Besitzer noch nicht identifiziert worden war, und dann 1946 an der sogenannten ›Knickpyramide‹ von Dahschur. Im ›Haram esch-Schawaf‹ ging Abdel-Salam gleichzeitig daran, die Pyramide zu öffnen und den zugehörigen Totentempel freizulegen. Sein Ziel, den Besitzer dieses Begräbniskomplexes zu ermitteln, erreichte er sehr rasch. Relieffragmente im Tempel verrieten ihm sehr bald den Namen des Königs Isesy (Asosi) Djedkarê, eines Pharao der v. Dynastie, Unas' unmittelbaren Vorgängers. Die Grabkammer wies keinerlei Wandinschrift auf. Unas muß daher der erste König gewesen sein, der in die Haupträume seines Grabes die berühmten ›Pyramidentexte‹ hauen ließ (Abb. 25).

Nachdem Abdel-Salam 1949 während eines Besuchs in den Vereinigten Staaten viel zu früh sein Leben einbüßte, hörten die Arbeiten im Unas-Komplex zunächst auf, von einigen sporadischen Grabungen abgesehen. Dennoch legte der Architekt Hilmy Basha bei einer dieser Kampagnen neben dem ersten ein zweites steinernes ›Schiff‹ (Sonnenboot) frei (Abb. 61). Wie bei seinem Nachbar-›Schiff‹ markierte auch hier das gleiche feine Mauerwerk seinen Umriß.

Versuche, den Aufweg zwischen 1954 und 1960 wiederherzustellen, mußten aufgegeben werden, weil keine Zwischenuntersuchung vorgenommen worden war. Dennoch gelang es in der fraglichen Zeit Awad Raslan, an der südlichen Pyramidenfassade wieder die Inschriftenfragmente des Prinzen Cha-em-wese anzubringen, die ich 1937 entdeckt hatte; er richtete auch am Eingang des Taltempels die granitne Palmensäule wieder auf.

Erst 1965–1967 konnten wieder bedeutendere Arbeiten am Unas-Aufweg durchgeführt werden. Dabei gelang es den beiden Inspektoren der Altertümerverwaltung, Mounir Basta und Ahmed Musa, die abwechselnd die Verantwortung trugen, unmittelbar südlich des Aufweges zahlreiche Hypogäen freizulegen. Insbesondere zwei dieser Gräber verdienen Beachtung und sollen nachstehend beschrieben werden. Auf das erste stieß Mounir Basta, als er den Schacht eines Grabes der Spätzeit ausräumen ließ. Dieser Schacht führte durch die in den Felsen gehauene Opferkammer eines Grabes der v. Dynastie, dessen ursprünglicher Zugang seit dem Bau des Unas-Aufweges blockiert war – es mußte daher älter sein als dieser.

35 Lebensgroße bemalte Kalksteinstatue
König Djosers aus dem *serdab* zu Füßen der Stufenpyramide. Kairo, Ägyptisches Museum.

→ 38 Die Eingangsha
zum Grabkomp
Djosers nach ihrer Fr
legung 1926. An d
Mauerenden Lot
bündelsäulen. Die abç
schrägte Ecke an c
Einmündung der ›Kole
nade‹ in den Hof (vor
links) ahmt ein
halbgeöffnet
Torflügel na

← 36 Grabkomplex
König Djosers: Überreste
der Nordbau-Fassade
mit kannelierten Halb-
säulen, die an dorische
Säulen erinnern.

↓ 37 Rekonstruktions-
modell des Djoserschen
Grabkomplexes nach
Lauer.

↘ 39 Grabkomp
König Djosers: Rahm
der Scheintür auf e
Stele Djosers. Die Rel
hieroglyphen nennen
Titel des Königs, ur
dem Türsturz die Im
tion einer eingeroll
Matte aus bla
Ziegeln und skulptier
›Schnür‹

← 40 Grabkomplex D[jo]sers: Modell der Säule[n]hallen mit kannelierte[n] Halbsäulen an den Inn[en]höfen des Totentempe[ls] nördlich der Pyramide[.]

↓ 41 Grabkomplex König Djosers: vier Gr[up]pen durch Mauerwerk verbundener Lotos- bündelsäulen nach ih[rer] Neuerrichtung.

→ 42 Grabkomp[lex] Djosers: Pavillon [mit] Torus-Ecken im gro[ßen] Südhof nach der Wied[er-] errichtung der kan[nel-] lierten Halbsäul[en.]

← 43 Schale aus bläulichem Schiefer mit eingeritztem Korbgeflechtmuster.

↓ 44 Mastaba der Prinzessin Idut, Raum 2, Westmauer: ein Krokodil und (links) ein gerade gebärendes Nilpferd.

↓↓ 45 Mastaba der Prinzessin Idut, Raum 2 Ostmauer: Gabenträger schreiten auf die Prinzessin zu.

→ 46 Relief vom Aufweg der Pyramide des Unas: Darstellung einer Hungersnot.

↓ 47 Mastaba der Königin Nebet: die Königin – Unas' Gemahlin – thronend über der Türöffnung zwischen den beiden ersten Räumen der Mastaba.

← 48 Kopf einer
Kolossalstatue Userkâfs
(5. Dynastie) aus Rosen-
granit. Höhe: 67 cm.
Kairo, Ägyptisches
Museum.

↓ 49 Grabkomplex
des Horus Sechemchet,
Nordabschnitt der
ersten Umwallung:
größtenteils ist das
Mauerwerk noch bis zu
3,10m Höhe erhalten.

→ 50 Bronzestatuet
des Imhotep. Kair
Ägyptisches Museu

⇉ 51 Seltsamer Fraue
kopf aus Holz, überzog
mit bemaltem Stuc
gefunden am Fuß der S
fenpyramide (18. Dyn
stie?). Höhe: 28cm. Kai
Ägyptisches Museu

↘ 52 Vier gro
bemalte Holzstatuen d
Achti-hetep und einer s
ner Frauen (5. Dynast
unmittelbar nach ihr
Freilegung (1940)
serdab seines Grab

← 53 Mastaba des Chnumhotpe und des Nianchchnum, erste Felsenkammer: die beiden Grabeigner, entweder verwandt oder eng befreundet, stehen Nase an Nase und umfassen einander an Schultern und Armen.

↓ 54 Mastaba des Chnumhotpe und des Nianchchnum, erste gemauerte Kammer (von unten nach oben): Bootsleute schlagen sich mit Bootshaken, Rinder durchwaten eine Furt, vor ihnen mit Vorräten beladene Boote, Umgang mit Haustieren, Brotbacken.

→ 55 Grabkompl Pepis I.: Statue ein knienden Gefangene Verkörperung eines u terworfenen Stamm

⇉ 56 Kopf von c Statue eines kniend Gefangenen, wohl Darstellung ein Häuptlings eines fei lichen (afrikanische Stamm

→ 57 Grabkomp des Teti: Alabasterstu führten zum eige lichen Tempeleinga Vorn der Block einer T wange mit Namen u Titel des Kön

← 58 Mastaba des
Nefer her Ptah: im We
berg, Spaliere stützen
die Weinreben.

↓ 59 Mastaba des
Mereruka, Pfeilerraur
Nordmauer: Tiere
werden gemästet, in d
unteren Reihe nudelt
man Hyänen.

→ 60 Mastaba
Wesirs Mehu, Raum
Opferkammer, Nc
mauer: Gabenträ
bringen Mehu Gä
und Kraniche c

↘ 61 Grabkomp
des Unas: die aus St
gemauerten Sonn
boote des Unas, hin
die Stufenpyramide u
die Einfriedungsma
Djosers, links die Mas
ba der Königin Neb

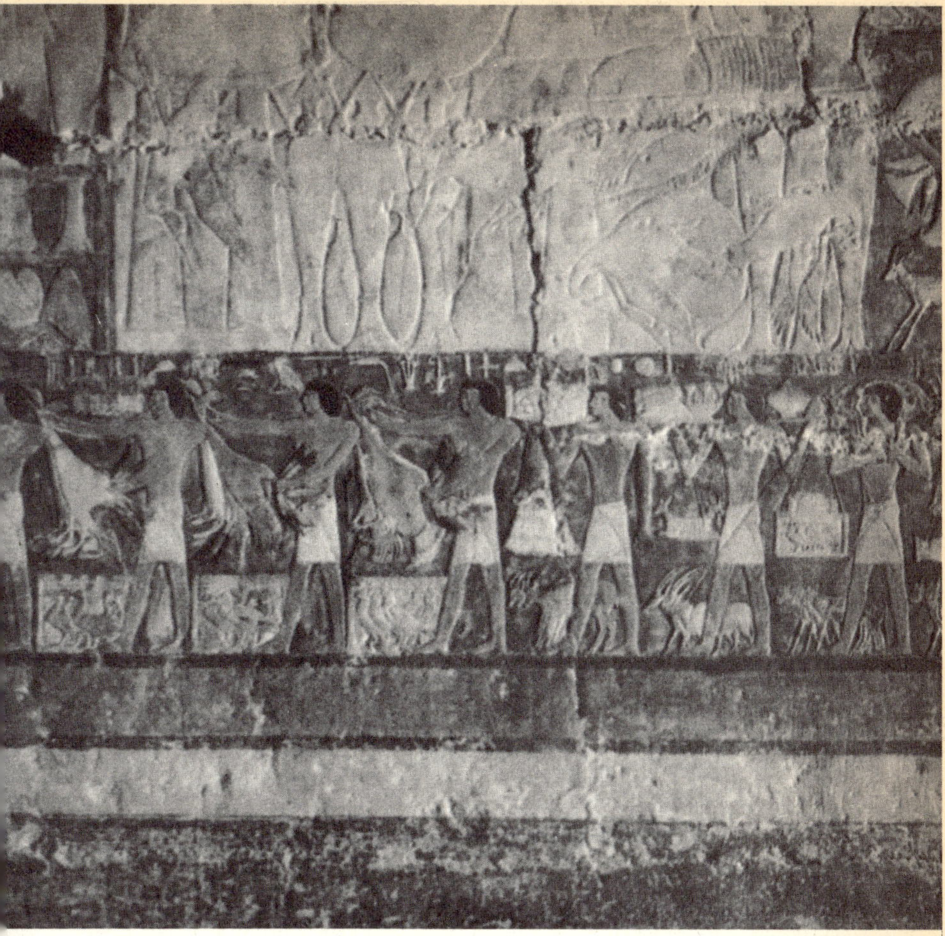

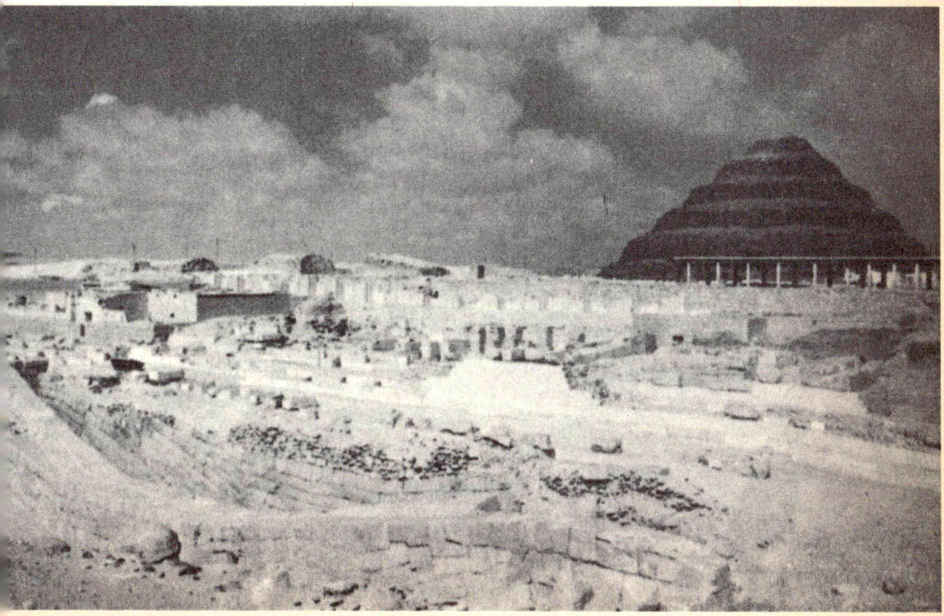

→ 63 Grabkomplex
Djosers: glockenförmige
Kapitelle auf Papyrus-
säulen am Nordgebäude.

↓ 64 Grabkomplex
Djosers: der restaurierte
Eingang von der Haupt-
umfassungsmauer in die
Eingangshalle, hinten
die Stufenpyramide.

2 Grabkomplex
sers: eine der
pellen mit gewölbtem
ch und kannelierten
len nach der Rekon-
ktion.

65 Bronzestatuette der Göttin Isis,
die den Horusknaben stillt. Höhe: 27 cm.
London, University College.

7.4 Hypogaion und Mastaba des Chnumhotpe und des Nianchchnum

Bei seiner Freilegung voll von Gebeinen und Mumien aus römischer Zeit, zeichnet sich dieses Grab insofern durch eine Besonderheit aus, als es zwei Grabherren gehörte, die vermutlich Zwillingsbrüder waren: Chnumhotpe und Nianchchnum, beide rechts und links vom Eingang der ersten, aus dem Felsen gehauenen Kammer auf bemalten Reliefs dargestellt. Im Innern sieht man die beiden Brüder Seite an Seite in zärtlicher Umarmung, manchmal Nase an Nase (Abb. 53). Unter den auf ihren Stelen angeführten Titeln, desgleichen auf den Darstellungen an den Wänden liest man:»Oberster der Handpfleger des Hofes« und »Priester des Sonnentempels des Ni-user-rê« (des 5. oder 6. Königs der v. Dynastie).

Am Südteil der Westmauer (Abb. 54) sehen wir (links und in der untersten Reihe) Schiffer bei einer Art Turnier mit ihren Bootshaken. Und rechts erblicken wir ein mit Geflügel und Lotosblumen beladenes Boot, das vorangestakt wird. In der zweiten Reihe durchquert eine Viehherde ein seichtes Gewässer, voran zwei mit Lebensmitteln beladene Papyrusboote. Mit großer künstlerischer Ausdruckskraft hat der Meister, der diese Darstellungen schuf, die Bewegungen der Tierköpfe mit ihren weitausladenden, leierförmigen Gehörnen wiedergegeben.

In der dritten Reihe sehen wir (von links nach rechts) einen Hirten, der eine an ihren Hinterläufen hängende Gazelle zerlegt, dann, vor einem alten Mann mit Spitzbart und Hohlbauch, der sich auf ein langes Rohr stützt, eine Kuh, die gemolken wird. Vor dieser ihr Kalb und ein Knecht, der ein junges Rind aus einem großen Gefäß mit Wasser begießt. Ganz rechts schließlich kalbt eine Kuh, und während der eine Stallknecht sie fest bei den Hörnern hält, packt ein anderer das neugeborene Kalb an Kopf und Beinen (vgl. die ganz ähnlichen Szenen in der Mastaba des Ti, Abb. 7).

In der oberen Reihe bereiten Männer Brotlaibe zum Backen vor und übergeben sie dem Bäcker, der vor seinem Ofen steht. Rechts bewacht ein Aufseher zwei Männer, die einander zugewandt sitzen und mit Bürsten Papyrusfasern reinigen, während ein dritter, der es sich auf einer niedrigen Sitzgelegenheit bequem gemacht hat, derartige Fasern flicht[155].

7.5 HYPOGAION DES NEFER

Das ein Jahr später von Ahmed Musa entdeckte zweite Grab ist in einem bemerkenswert guten Erhaltungszustand. Dies gilt auch für die Farben seiner Wandreliefs. Es besteht aus einer einzigen, länglichen Kammer, die allein zugänglich ist und sich an ihrem Südende nach Osten hin ausweitet. In ihrem Boden befinden sich Grabschächte von fünf Männern und Frauen. Der bedeutendste dieser Toten hieß Nefer[156]. Die Westmauer daneben wird nach Süden hin fast zur Hälfte von zwei Stelen Nefers und seiner Gemahlin Chonsu bedeckt. Hinzu kommen Stelen anderer Familienmitglieder, außerdem eine Stele des mit einem Pantherfell bekleideten Urbau und seiner Gattin Chentkaus; die beiden sitzen, einander zugewandt, an einer Tafel, nach der sie ihre Hände ausstrecken.

Am Ende des Raumes, an der Südmauer, sehen wir Nefer stehen, seine Frau sitzend zu seinen Füßen. Vor ihnen in der unteren Reihe spielen zwei Musiker die Harfe.

Im Nordabschnitt der Ostmauer zeigt die untere Reihe einen Bauern, der mit zwei Ochsen pflügt. Ein Mann mit einem Stock treibt die Tiere an. Davor sät ein Landmann Korn. Eine von zwei Hirten flankierte Schafherde tritt das Saatgut in den Boden.

Abgesehen von zwei Zwerggruppen ganz rechts, die Halsbänder herstellen, geht es in der zweiten Reihe um die Traubenernte: Vier Winzer, die sich gegenseitig mit einer Hand um die Hüften fassen und mit der anderen an einem Balken festhalten, keltern in einem Faß Trauben. Zwei Männer mit kleinen Stöckchen schlagen den Rhythmus dazu (Abb. 31). Hinter diesen Keltertretern liegen große Krüge und Amphoren zur Lagerung des Weines, und ganz links erblickt man eine Darstellung des Weinpressens wie in der Mastaba des Ptah-hotep (Abb. 31), doch hier mit einer erheiternden Abweichung: Der Mann, der sich in Ptah-hoteps Mastaba bis in die Horizontale ausstrecken mußte, um die beiden Pfähle weit auseinander zu halten, damit auch noch die letzten Safttropfen aus dem Beutel mit den Trauben herausgequetscht wurden, wird hier durch einen abgerichteten Pavian ersetzt, der seiner Obliegenheit spielend nachzukommen scheint.

Ein wenig weiter südlich davon erblickt man in der unteren Reihe derselben Mauer eine besonders lebhafte Szene: Männer liefern sich auf dem Wasser eine Schlacht. Zwischen den beiden ersten Booten von links an ist einer der Schiffer ins Wasser geworfen worden. Ein anderer balanciert noch auf dem Bug des vierten Bootes, ist aber seinerseits im Begriff, ins Wasser zu stürzen. In der nächsten Reihe sitzt Nefers Gattin unter einer Pergola mit kleinen Lotosblüten, von deren Decke Vorräte herabhängen. Sie scheint einen Säugling an die Brust zu legen. Ein anderes, nur wenig älteres Kind hält sie an der Hand. Vor dieser Gruppe vollführen vier Tänzerinnen einen lebhaften Tanz. Drei Begleiterinnen klatschen den Takt dazu. Dahinter nähert sich eine Prozession von Gabenträgern. In der dritten Reihe wird Brot hergestellt und über einem offenen Feuer gebacken. An diese Szene schließt sich ein Jäger an, der mit seinem Netz eine Gruppe von Enten auf einem Teich gefangen hat. Die erbeuteten Vögel steckt er in zwei Käfige, die sein Gehilfe an einem Querjoch über der Schulter trägt. Ein zweiter Jäger trägt, an eine Stange über seiner Schulter gebunden, sein Jagdmesser und sein Lasso, desgleichen mehrere an den Füßen festgebundene Vögel.

In der oberen Reihe kommt, geführt von einem Hirten mit einem Wasserkrug und einer Decke über der Schulter, eine kleine Herde aus einem Papyrussumpf. Dann versucht, von einem Aufseher überwacht, der sich auf einen langen Stock lehnt, ein zweiter Hirt ein junges Rind dazu zu bringen, aus einer großen Schüssel zu saufen, die er ihm vorhält und in die er das Tier mit dem Kopf hineinstößt. Darüber wartet ein anderes Jungrind, an einem im Boden befestigten Ring angepflockt, darauf, daß es selbst an die Reihe kommt. Hinter dem Aufseher schließlich scheint sich ein Diener, der sich an ein Papyrusbündel lehnt, seinerseits in einer Schüssel zu waschen.

Der vertrocknete Leichnam eines der Grabinsassen war nach der fast während des gesamten Alten Reiches angewandten Technik fest in Leinen gewickelt, so daß eine Art Puppe entstand, wobei man sämtliche Details des Gesichts, des Rumpfes und der Glieder aus den Leinwandbinden modellierte bzw. auf sie aufmalte. Der Tote lag in seinem Sarg, in der einen Hand das *cherep*-Szepter, in der anderen einen langen Stab, beide aus Holz und gut erhalten.

*

Bei den nun in diesem Bereich durchgeführten Arbeiten kamen unter den Fundamenten des Unas-Aufweges alle unteren Mauerschichten einer Mastaba für Chnumhotpe und Nianchchnum zum Vorschein. Das zuvor entdeckte Hypogaion war nur ihr Südrand. Außerdem war es einem ganz ungewöhnlichen Glücksfall zu verdanken, daß praktisch jeder einzelne der Reliefblöcke, die dieser Mastaba entnommen waren, in die Fundamente des Aufweges verbaut worden war. Diese Blöcke wurden sorgfältig aussortiert und von Ahmed Musa sowie Dr. H. Altenmüller vom Deutschen Archäologischen Institut in Kairo untersucht, ehe man sie wieder in die Mastaba einmauerte, deren Rekonstruktion nun durchgeführt werden konnte. Inzwischen wurde dieses Vorhaben mit außerordentlichem Erfolg unter Leitung des Chefarchitekten des Antikendienstes Yakob Memdou beendet, und die sehr schöne Mastaba ist nun als komplettes Bauwerk Touristen zugänglich.

7.6 DAS MEMPHITISCHE GRAB DES HOREMHEB

Eine gemeinsame archäologische Expedition unter der Leitung von Dr. Geoffrey T. Martin, die von der *Egypt Exploration Society* (London) sowie vom Nationalen Antikenmuseum in Leiden gefördert wurde, entdeckte im Januar 1975 auf einem Geländestück südlich des Unas-Aufweges in Saqqara das memphitische Grab des Horemheb. Horemheb, ein hoher Beamter unter Tut-anch-Amun und Eje, bestieg 1335 v. Chr. selbst den Thron. An der Dekoration seines Grabes, das er sich noch als Privatmann hatte errichten lassen, arbeitete man noch, als er die Königswürde erlangte. Ein weiteres Grab war für ihn im Tal der Könige bei Theben vorgesehen. Es blieb gleichfalls unvollendet.

Das Grab in Saqqara, das man von Osten betritt, besteht aus einem großen, offenen Hof mit Papyrussäulen und einer von gewölbten Kammern flankierten Hauptkapelle an deren Westseite. Viele der schönen Wandreliefs wurden im Altertum, aber auch in der Neuzeit – während der ersten Jahrzehnte des 19. Jahrhunderts – entfernt. Andere fand die jüngste Expedition allerdings *in situ,* noch mehr aber lagen einfach in den Grabtrümmern umher.

8 DIE ›MASTABAT FARA'ÛN‹ AUS DER IV. DYNASTIE, DER GRABKOMPLEX PEPIS II. AUS DER VI. DYNASTIE UND ZWEI PYRAMIDEN AUS DER XIII. DYNASTIE

Während Cecil M. Firth, J.E. Quibell und mir im Nordabschnitt von Saqqara die geschilderten Entdeckungen der Jahre 1924 bis 1936 glückten, war in Saqqara-Süd der berühmte Schweizer Archäologe Gustave Jéquier tätig. Ihm hatte 1924 der damalige Generaldirektor des Antikendienstes die Ausgrabung eines bedeutenden Teiles des Südabschnittes übertragen. Jéquier konzentrierte sich zunächst auf jenes seltsame Monument, das die Einheimischen als Mastabat Fara'ûn, als ›Pharaonensitz‹ bezeichnen. Schon Mariette hatte den in die Tiefe führenden Zugang zu diesem Bauwerk geöffnet, doch inzwischen hatte er sich wieder vollständig mit Sand gefüllt. Jéquier legte ihn frei, um zu den hervorragend gebauten, mit Granit überwölbten Kammern im Innern zu gelangen, und räumte auch das Gelände rings um die sichtbaren Teile des Bauwerks, das aus enormen Lagen fossilienreichen örtlichen Kalksteins errichtet ist. Schon bald entdeckte Jéquier einige der schönen Verkleidungsblöcke aus feinem Tura-Kalkstein, die über den unteren Granitblockschichten des Bauwerks gelegen haben müssen. Dieser Fund ermöglichte ihm die Folgerung, das Bauwerk müsse ursprünglich die Gestalt eines riesigen Sarkophages mit leicht gewölbtem Dach besessen haben (Rekonstruktion 11)[157]. Dann legte er den gesamten Komplex frei, zu dem das Monument gehörte, unter anderem auch die Überreste eines Totentempels, dessen Mauern bis auf drei an ihrem Platz verbliebene Blöcke verschwunden waren. Er hatte einst an der Ostfassade der *Mastabat Fara'ûn* gestanden. Im gepflasterten Hof dieses Tempels fanden sich Überreste der Doleritstatue eines Königs, und auf einem der Bruchstücke war noch der untere Teil einer Kartusche zu erkennen, der sich entnehmen ließ: Der letzte Buchstabe des Königsnamens war ein *f*, und davor erblickte man noch eine Ecke eines anderen Zeichens, bei dem es sich um *ka* gehandelt haben muß. Außerdem fand Jéquier unmittelbar daneben ein Relief aus dem Mittleren Reich, auf dem sich ein gewisser Ptah-hotep rühmt, den Kult des Königs Schepseskaf erneuert zu haben. Es war also nur logisch, die Mastabat Fara'ûn diesem König der IV. Dynastie, einem Sohn des Mykerinos, zuzuweisen[158].

Ein von einer in Wandfelder unterteilten Schlammziegelmauer umgebener Hof lag vor dem Tempel, und zwei Schlammziegelumfriedungen umgaben den Komplex, den eine mindestens 760 Meter lange Schlammziegelrampe mit einem noch verschütteten Taltempel verband. Dieser nur 1,70 Meter breite Aufweg war gewölbt und gepflastert, aber ohne jede Dekoration. Alles Luxuriöse fehlte diesem Aufweg, der Jéquiers Ansicht zufolge in größter Eile angelegt wurde, als der König gestorben war.

8.1 DER GRABKOMPLEX PEPIS II.

Das wichtigste Arbeitsvorhaben in diesem Abschnitt war die Freilegung des weiten Grabkomplexes Pepis II. mit seiner kleinen Nebenpyramide[159] sowie den drei Pyramiden seiner Gemahlinnen Udjepten[160], Neith und Ipuit[161]. Nach dem Grundplan ist der Komplex Pepis II. das vollständigste Königsmonument der VI. Dynastie, das in Saqqara entdeckt wurde (Plan 12). Es ermöglicht uns, erhebliche Lücken in den Überresten der Tempel des Unas und des Teti zu interpretieren. Zahlreiche Fragmente der Reliefdarstellungen fügte

11. Rekonstruktion der *Mastabat Fara'ûn*. Nach Jéquier und Lauer

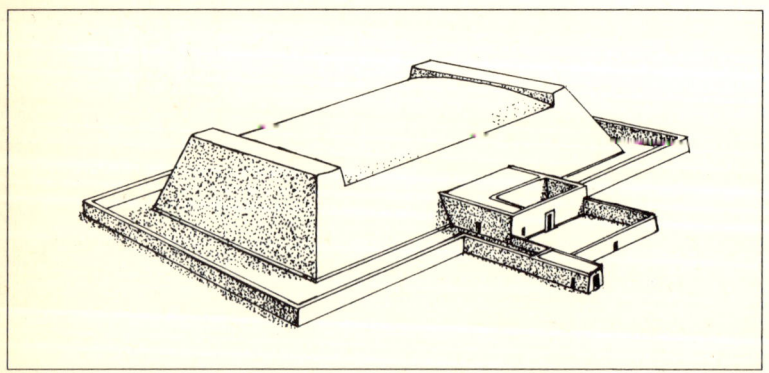

Jéquier wieder in die Tempelwände, sofern das Beweismaterial für eine Wiederherstellung ausreichte. Bei anderen Szenen unternahm er wenigstens Rekonstruktionsversuche anhand der Anhaltspunkte, die ihm das fragmentarische Material bot. Diese Werke sind eine wertvolle Bereicherung der künstlerischen Hinterlassenschaft ihrer Epoche, kannte man doch die Kunst der fraglichen Zeit bisher hauptsächlich nur durch Borchardts Forschungen in den Pyramiden der v. Dynastie zu Abusir[162]. Sämtliche Reliefs sind mit hervorragendem Stilempfinden ausgeführt.

Aber es war die Pyramide Pepis II. selbst, der Jéquier seine wertvollsten Forschungsergebnisse verdankt. Nachdem er die Freilegung der Grabkammern beendet hatte, die während des Mittelalters schwer unter Steinräubern zu leiden hatten – auf der Suche nach guten Kalksteinblöcken hatten diese Räuber die mit Hieroglyphentexten bedeckten Zentralkammerwände als Steinbruch benutzt –,

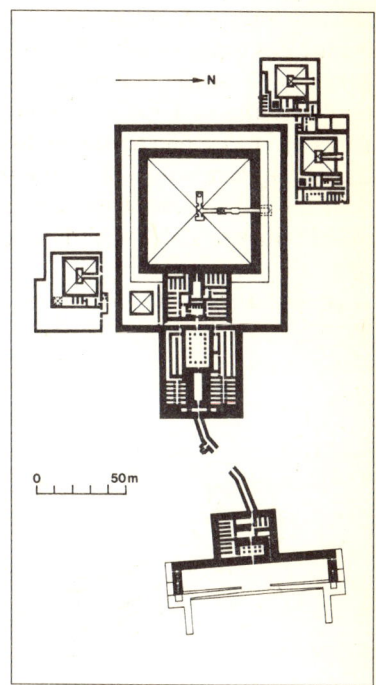

12. Plan des
Pyramidenkomplexes
Pepis II. und
seiner Königinnen.
Nach Jéquier und Lauer

barg Jéquier aus der Trümmermasse eine große Anzahl von Schrift-
fragmenten. Er kopierte und untersuchte sie sorgfältig, um zu ermitteln, zu welchen Kapiteln der ›Pyramidentexte‹ sie gehörten. Aufgrund
dieser Arbeiten war er später imstande, die Mehrzahl wieder an ihrem
richtigen Platz an den von ihm eigens dafür rekonstruierten Mauern
unterzubringen.

Teilweise erhaltene ›Pyramidentexte‹ bedeckten auch die Wände
der Grabkammern in den drei Pyramiden der Gemahlinnen Pepis II.,
und das gesamte ›Pyramidentext‹-Corpus erfuhr durch diese Funde
eine wertvolle Bereicherung[163]. Später entdeckte Jéquier nicht weit
vom Tempel Pepis II. und nur ein paar Schritte vom Aufweg entfernt
die kleine, stark zerstörte Pyramide des Königs Haka-rê Aba (oder
Ibi), wahrscheinlich eines Herrschers der VIII. Dynastie; und auch
dieser Bau enthielt Texte[164].

Mithin verdanken wir diesen Grabungen in Saqqara-Süd eine bedeutende Ausbeute an Fragmenten, die eine Ergänzung der zuerst
von Maspero und später von K. Sethe veröffentlichten Texte ermöglichen. Zusammen mit denen, die, wie wir noch sehen werden, auch
bei den derzeitigen Grabungen noch immer ans Licht kommen, bilden sie eine solche Masse neuer, zusätzlicher Dokumente, daß eine
vervollständigte Gesamtausgabe der ›Pyramidentexte‹ erforderlich
sein wird, und zwar in einer Form, die den Anforderungen der Ägyp-
tologie besser entspricht.

Als Jéquier noch mit den Arbeiten am Grabkomplex Pepis II.
beschäftigt war, untersuchte er gleichzeitig mehrere Gräber könig-
licher Hofbeamter sowie andere von Beamten niedrigeren Ranges[165].
Diese Gräber bestanden durchweg aus einer von Norden nach Süden
orientierten Grabkammer und einem Zugangsschacht, durch den
man den Raum von Norden her betrat.

Die Tiefe schwankt zwischen zwei und zwölf Metern, dabei waren
die weniger tiefen Gräbern zugleich die ärmer ausgestatteten. In den
bedeutenderen Gräbern waren die Kammern mit Kalkstein ausgekleidet, Platten aus gleichem Material bilden die Decke. Entlastet
werden diese Deckenplatten teilweise von Abfanggewölben aus
Schlammziegeln, die, sofern es sich um ein tiefes Grab handelte, bo-
genartig angeordnet waren. In solchen Fällen gab es nicht selten sogar ein zwei- bis dreifaches Gewölbe. Oft waren die Kammerwände
mit Dekorationen geschmückt, die das darstellten, was man für das

Leben im Jenseits als notwendig betrachtete. Gewöhnlich sind die Darstellungen in sehr flachem Relief ausgeführt, ja bisweilen hat man es sogar nur mit Malereien zu tun. Oberhalb von zwei gelben und roten Bändern, die den Abschluß des schwarzgemalten Wandsockels bilden, bedecken szenische Darstellungen die Wände. Darüber erkennt man Hieroglypheninschriften. Ihr Zweck besteht darin, durch den verstorbenen König von der Gottheit im Jenseits materielle Vorteile zu erbitten.

An der Ostwand befindet sich ein Gebet an Osiris als Herrscher von Busiris und Herrn von Abydos, der als Gott der Vegetation und Auferstehung für die Ernährung des Toten zu sorgen hatte. Deshalb besteht auch die erste bildliche Darstellung neben dem Eingang aus einem Stilleben, das sämtliche abgebildeten Opfergaben mit großer Detailfreudigkeit und in lebhaft leuchtenden Farben zeigt[166]. Komplettiert wird diese Szene durch die allgemeine Lebensmittelliste, die gegen Ende der IV. Dynastie ihre endgültige Form erhielt. »Es ist ein unbegreiflicher Text«, schrieb Jéquier[167], »von religiösem und ritualistischem Rang, dem kraft des Glaubens magische Gewalt innewohnt und dessen bloßes Vorhandensein in einem Grabe für ewige Zeiten Gebete und Zeremonien ersetzt, wie man sie abzuhalten pflegte, um den Unterhalt Verstorbener zu gewährleisten.«

Die Votivstele schließt sich an. In leuchtenden Farben ausgemalt, symbolisiert sie das monumentale Portal des königlichen Palastes. Hier haben wir eine Bestätigung, daß der Tote im Königspalast Wohnung nahm und zumindest teilweise aus der Tiefe seines Grabes heraus Anteil an den königlichen Privilegien hatte. Ganz allgemein läßt sich in der Geschichte der altägyptischen Praktiken im Zusammenhang mit Totenkult und Jenseitsglauben beobachten, daß ein ursprünglich für den König bestimmter Ritus mehr und mehr zum Gemeinbesitz wird, sobald sich die Überzeugung durchgesetzt hat, er könne auch für einen gewöhnlichen Sterblichen das gleiche bewirken wie für den König. Außerdem glaubte man, daß durch die Stele, in der eine Scheintür dargestellt ist, das *ka* aus- und eingehen und mit der Außenwelt, der Welt der Lebenden, Kontakt aufnehmen könne.

Das schmalere Südfeld stellt gewöhnlich nur eine Erweiterung der Magazine dar, und man sieht auf ihm oft Vorratsräume und Berge getrockneter Früchte dargestellt.

An der Westmauer befindet sich eine Anrufung an Anubis, den Gott »der da auf dem Berge in der Libyschen Wüste ist, den Herrn der heiligen Erde«. Er wird gebeten zu gewährleisten, daß der Tote in seiner Grabstätte eine gute Bestattung erhält, das heißt, daß man ihn nicht mit verderblichen Eßwaren, sondern mit den dargestellten Gaben bedenkt, wie sie, auf niedrigen Tischen angeordnet und durch Beischriften gekennzeichnet, abgebildet sind[168]. Vom Eingang aus erblickt man: die sieben heiligen Öle oder Essenzen, symbolisiert durch Hartsteingefäße oder kunstvolle Vasen aus anderem Material in verschiedenen Formen, die die betreffenden Flüssigkeiten enthielten, daneben befanden sich zwei verschiedene Sorten von Kosmetika, repräsentiert durch kleine Lederbeutel. Daran schließen sich Garnituren von Schmuckstücken (Halsbändern, Armbändern und Gürteln), die zum offiziellen Schmuck des Verstorbenen gehörten, sowie von Kleidungsstücken an, die sich meist nur durch ihre Namen unterscheiden. Schließlich erblickt man verschiedene Gegenstände: so Weihrauchtäfelchen für rituelle Rauchopfer, Sandalen, eine Kopfstütze; eine Schreibpalette und eine Kanne für Waschungen beschließen das Bild, in dessen Zentrum eine polychrom ausgeführte Scheintür das Gegenstück zu der Stele in der gegenüberliegenden Wand bildet.

Die rechteckigen Särge bestanden aus Holz und hatten flache Deckel. Gewöhnlich läuft oben eine Inschrift aus großen, eingeschnitzten und blau gefärbten Hieroglyphen außen um den Sarg herum, und eine ebensolche Inschrift umgibt die Mitte des Sargdeckels. Sie enthält den Namen des Verstorbenen, dazu die gewöhnliche, rituelle Formel. Manchmal schmückt eine Verzierung aus sehr dünnem Blattgold die Ecken der Truhe. Im Innern der Kanopenschreine, die gleichfalls aus Holz bestanden, fanden sich keinerlei Spuren der Vasen, die man hier zu finden erwartete. Jéquier vermutete daher, man habe es einst aus Ersparnisgründen für hinreichend erachtet, einfach die vier Pakete, die die aus der Mumie des Toten entfernten Eingeweide enthielten, in die Kästen zu legen.

Die Eigentümer dieser Gräber besaßen keine guten Statuen ihres ›Doubles‹ beziehungsweise ihres *ka*. Sie begnügten sich mit höchstens 25 Zentimeter hohen Hartholzstatuetten, oft außerordentlich kleinen Skulpturen, die gewiß keine Kunstwerke waren. Andere Figürchen, gröber gearbeitet und mit roter Farbe bekleckst, stellten Diener bei der Arbeit oder Seeleute dar.

Da alle diese Gräber geplündert worden waren, fanden sich nur sehr wenige Schmuckstücke oder andere Gegenstände. Von den Lebensmitteln selbst blieb nichts übrig, abgesehen von den Töpfen oder Schüsseln, worin man sie aufbewahrt hatte. Aber zum Ausgleich dafür wurden einige Modelle von Fleisch und Geflügel aus behauenem und bemaltem Stein ans Licht gebracht[169].

Einige bedeutendere Gräber gehörten hohen Würdenträgern aus der Zeit Pepis II., waren aber sehr stark von Grabräubern geplündert. Jéquier legte auch sie frei. Sie bestehen aus nahezu quadratischen Mastaben mit bis zu 25 Meter langen Seitenwänden, deren massiver Kern, von Trennmauern unterteilt, durch dickes Mauerwerk aus kleinen Steinen und Tonmörtel gebildet wurde. Die Wände müssen mit feinem Kalkstein verkleidet gewesen sein, der inzwischen vollständig verschwunden ist. Zugang zur Grabkammer, die der oben beschriebenen ähnlich, aber größer war, gewährte kein senkrechter Schacht, sondern ein abschüssiger Stollen. In der Mitte der westlichen Kammermauer stand der monolithische Sarkophag unter den Steinplatten einer großen Nische, und in der Ostwand öffnete sich eine kleine Tür zum *serdab* hin.

Innerhalb dieser Gräber fanden sich an der Ostseite Reste von Kapellen mit mehreren Räumen, von denen einer eine große Scheintür enthielt. Bisweilen scheint es auf der Terrasse der Mastaben selbst einen Kultplatz gegeben zu haben. Ja mehr noch: Die Mastaba des Wesirs und königlichen Prinzen Teti besaß am Anfang ihres schräggeneigten Zugangs eine kleine Kapelle mit Stele und Opfertisch wie eine königliche Pyramide, und zwei kleine Obelisken standen vor der Kapellentür.

Unter den Gegenständen, die die Räuber zurückgelassen hatten, befand sich eine sehr schöne, sehr gut erhaltene, 86 Zentimeter hohe Hartholzstatue, die im Schutt der Mastaba des Ama-merirê zum Vorschein kam. Doch da ihre Basis fehlt, auf der Name und die Titel des betreffenden Beamten hätten stehen müssen, sind wir keineswegs sicher, daß es sich wirklich um sein Porträt handelt[170].

*

Nachdem Jéquier seine Forschungen in den Pyramiden mit Inschriften beendet hatte, setzte er seine Arbeiter einen Kilometer weiter südlich an einer Stelle ein, wo sich Überreste zweier nahezu eingeebneter Pyramiden befanden, die schon de Morgan bemerkt und in seine Karte eingezeichnet hatte[171]. Die nördliche davon läßt noch immer einige Lagen Schlammziegel erkennen. Sie sind regelmäßig verlegt und bilden eine quadratische Masse von 42 Metern Kantenlänge. Die feine Kalksteinverkleidung indessen ist verschwunden – bis auf ein paar Fragmente, die zum Teil noch den Pyramiden-Neigungswinkel erkennen lassen. So konnte Jéquier berechnen, daß diese Pyramide eine Basis von nahezu 50 Metern Kantenlänge und eine Höhe von etwa 35 Metern besessen haben mußte.

Obwohl der Oberbau des Monuments so schrecklich zerstört war, waren im Gegensatz dazu die Grabkammern noch immer in ausgezeichnetem Zustand (Plan 13). Die Zugangsrampe, die ein ganz klein wenig südlich der Westfassadenmitte begann, ist in der Mitte mit Stufen versehen. Diese ermöglichen es einem Leichenzug, ohne jede Mühe hinabzusteigen, während der Sarg auf Rampen beiderseits der Stufen in die Tiefe glitt. Nach ein paar Metern mit etwas stärkerem Gefälle erreicht die Rampe einen Absatz. Hier befindet sich eine 1,30 Meter hohe Mauer. Eine große, etwa 15 Tonnen schwere Quarzit-Falltür sollte hier nach der Beerdigung wie ein Fallgatter quer auf die Passage herabgleiten und den Gang verschließen. Doch diese Falltür wurde nie benutzt.

Dahinter setzt sich der Gang fort, bis er auf ein zweites Hindernis trifft, eine weitere 1,30 Meter hohe Mauer sowie noch ein Fallgatter, das aber – genau wie die anderen – niemals benutzt wurde. Dann führt der Gang mit nur leichtem Gefälle weiter bis zu einer quadratischen Kammer, die das Ende der Begräbnisräume zu bilden scheint. Doch 1,10 Meter unter ihrem Fußbodenbelag gibt es eine enge Passage, einen Stollen unter dem Mauerwerk. Er führt in rechtem Winkel nach Norden und mündet nach sieben Metern in die gleich tiefe Vorkammer, die in Ostwestrichtung orientiert ist. Etwa in der Mitte dieser Vorkammer und etwas niedriger führt ein Gang schließlich zur eigentlichen Grabkammer nach Süden. Sie besteht aus einem riesigen Quarzitmonolithen, den man entsprechend ausgehöhlt hat, damit er Platz für die Mumie, den Kanopenschrein und das Grabmobiliar bietet. Die Zugangspassage öffnet sich auf die beiden riesigen Blöcke zu, die die Decke bilden. Der erste davon mußte aufgestellt sein und gestützt werden, bis der König in der Pyramide beigesetzt war. Zwei Quarzit-›Kolben‹, in teilweise mit Sand gefüllte Schächte eingelassen, trugen das Gewicht des Blockes, der ohne Schwierigkei-

ten gesenkt werden konnte, wenn man unten an der Basis dieser
Schächte den Sand ausfließen ließ. Dieses System, das erstmals in
der Pyramide des Amenemhet III. in Hawara (etwa 65 Kilometer südwestlich von Saqqara) Anwendung gefunden hatte, fand sich, wie wir
noch sehen werden, auch in der zweiten von Jéquier entdeckten
Pyramide, desgleichen in einer Pyramide in Mazghuna südlich von
Dahschur. Hier hatte es tadellos funktioniert, und die Decksteine
über der Grabkammer waren fast nahtlos aneinandergefügt. Wegen
der Härte des Quarzits konnten die Grabräuber nur ein kleines Loch
in die Kammer brechen, kaum groß genug, um ein Kind durchzulas-
sen. Doch da überhaupt nichts im Pyramideninneren gefunden
wurde, fragt man sich, ob der Bau je benutzt worden war. Über der
Grabkammer bildeten gigantische Dachblöcke ein umgekehrtes ›v‹.
Diese Konstruktion hatte den Zweck, die Last der riesigen Masse der
Pyramidenblöcke abzufangen und den Druck auf die Grabkammer-
decke zu verringern.

Etwa acht Meter von dieser letztgenannten Pyramide entfernt,
hatten Steinräuber eine Umfassungsmauer aus Kalkstein abgetragen. Nichts war von ihr geblieben als ein paar Blöcke hier und da, die
allerdings noch erkennen ließen, daß einst Bastionen und Wandfelder diese Mauer zierten[172]. Auch der im Osten gelegene Tempel ist
zerstört worden. Wo er sich befand, erkennt man nur noch an den
Überresten seines aus großen Blöcken bestehenden Fundaments.
Auf einigen Fragmenten schöner Kalkstein-Verkleidungsblöcke sowie auf Stücken palmenförmiger Säulen fand Jéquier Kartuschen
des Userkarê Chendjer, eines Herrschers der XIII. Dynastie, den man
vorher nur aus dem Turiner Königspapyrus sowie von zwei Skara-
bäen kannte. Außerdem entdeckte Jéquier an der Pyramiden-Nord-
front Reste einer kleinen Kapelle, ähnlich den Kapellen, die man zur
Zeit des Alten Reiches und zu Beginn der XII. Dynastie an den Mün-
dungen der Eingangsstollen errichtete. Obwohl der Eingangstunnel
in diesem Fall an einem ganz anderen Punkt als sonst, nämlich an
der Westfassade, beginnt, zeigt sich hier, daß man doch zumindest
an der alten Bautradition der Nordkapelle festhielt.

Die bedeutendste Entdeckung inmitten der Trümmer dieser Kapelle war der Fund des aus feinkörnigem schwarzem Granit bestehenden Schlußsteines einer Pyramide, deren Wiederherstellung teilweise möglich war[173]. Er ist vom gleichen Typ wie der, den de Morgan

vor der Pyramide des Amenemhet in Dahschur fand, und seinen auf-
schlußreichen Inschriften verdanken wir nützliche Informationen
über den Jenseitsglauben und die Totenbräuche des Mittleren Reiches: »Die Einheit des Ganzen«, schrieb Jéquier[174], »wird dadurch
symbolisch betont, daß ganz oben an allen vier Seiten, unmittelbar
unter dem äußersten Gipfelpunkt, eine Sonnenscheibe die Flügel
nach unten breitet, um dem unter der Pyramide bestatteten Herrscher vollkommenen Schutz zu gewährleisten …« An der Ostwange,
der aufgehenden Sonne zugekehrt, stehen die beiden Sonnenbarken
des Tages und der Nacht einander gegenüber, darüber befinden sich
die Götter des Morgens und der Nacht, Rê und Atum, die den Schutz
des durch seinen göttlichen Namen repräsentierten Königs überneh-
men. Hinzu kommt die Inschrift: »Die Öffnung des Antlitzes des Königs Userkarê, damit er den Herrn des Horizontes betrachten und
die Himmel durchqueren kann; möge Chendjer erscheinen als der
Herr der Ewigkeit, unzerstörbar …« An der Nordseite bewillkomm-

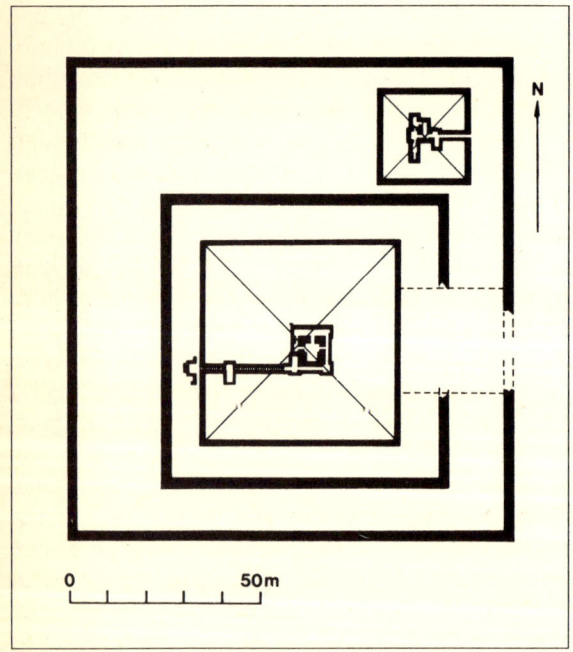

13. Plan der
Pyramide des
Chendjer
(Chanzir). Nach
Jéquier und Lauer

net die Sternenwelt den König, während ihm an der Südseite Ptah, der Gott von Memphis, Bestand und Macht zusichert. Auch eine verstümmelte Büste einer Königsstatuette aus schwarzem Granit, die daneben gefunden wurde, muß Chendjer darstellen[175].

Weiterhin zeigte sich die Kontur einer zweiten Umfassungsmauer von 122 mal 126 Meter Länge, doch aus Schlammziegeln, nicht aus Steinen erbaut. Im Nordabschnitt dieses Geländes führten drei große Schächte in unterirdische Räume mit unsicheren, zerfallenen Mauern hinab. Sie enthielten Quarzitsarkophage von etwas roher Arbeit. Zweifellos waren sie für Mitglieder der königlichen Familie bestimmt, wurden aber anscheinend nie benutzt.

In der Nordostecke dieser zweiten, äußeren Einfassung legte Jéquier die Reste einer kleinen Pyramide mit 25 Metern Grundkantenlänge frei. Ihr Kern aus Schlammziegeln sowie ihre steinerne Verkleidung waren fast ganz und gar verschwunden, doch das Innere der Anlage war praktisch intakt. Die Zugangspassage mit Stufen und Seitenrampen liegt in der Mitte der Ostbasis. Sie setzt sich als horizontaler Gang fort, der – ähnlich wie in der Königspyramide – von zwei nach dem ›Fallgitterprinzip‹ funktionierenden Falltüren blockiert wird, bis sie schließlich in einen Vorraum mündet, von dem aus man in zwei kleine Grabkammern gelangt; je eine im Norden und im Süden, und jede enthält einen Kanopenschrein. Die Räume wurden nie benutzt, obwohl die beiden Fallgatter im Gang verschlossen waren.

Diese – wohl für die Königinnen erbaute – Pyramide hatte, ebenso wie die des Chendjer, nie wirklich als Grabmal gedient. Chendjer war ein Herrscher der XIII. Dynastie, der sechzehnte König nach dem Ende der XII. Graffiti an Steinblöcken zufolge regierte er mindestens vier Jahre. Doch vielleicht wurde er in jenen unruhigen Zeiten entthront und konnte somit nicht in den für ihn und die Mitglieder seiner Familie vorbereiteten Königsgräbern bestattet werden.

Etwa 100 Meter weiter südlich kennzeichnete ein kleiner Hügel, etwas dunkler gefärbt als der Sand ringsum, die Stätte eines zweiten königlichen Monuments der gleichen Art, nur mußte es größer sein. Der Hauptkern, aus Schlammziegelwerk aufgemauert, von dem einige Schichten noch erhalten waren, maß 80 Meter im Quadrat, und die Pyramide mit ihrer Steinverkleidung, die allerdings vielleicht nie angebracht wurde, dürfte eine etwa zehn Meter längere Grundkante besessen haben. Im Zentrum des Pyramidenkerns hatten Räuber einen riesigen Schacht in die Tiefe getrieben, der das aus mächtigen Blöcken gebildete spitze Dach freilegte, das als Druckabfanggewölbe über der Grabkammer diente. Die innere Konstruktion dieser Pyramide entsprach der des Chendjer, ist aber äußerst bemerkenswert (Plan 13). Tatsächlich handelt es sich hier um den raffiniertesten und komplettesten Plan, den ägyptische Architekten je ersannen, um die Unverletzbarkeit einer Pyramide zu gewährleisten. Drei in einigem Abstand angebrachte Fallgatter hatten die Aufgabe, den Weg zur Grabkammer zu versperren und gleichzeitig zu verbergen. Jedesmal setzte sich der Gang über Deckenniveau fort (wie bei der Chendjer-Pyramide), andererseits hatte man eigene Räume und blind endende Gänge geschaffen, um eventuelle Räuber in die Irre zu führen. Hinter dem letzten Fallgatter (Skizze 14) führt der Gang in die Mitte einer rechtwinklig zu ihm liegenden Vorkammer, deren Bodenplatten beiderseits 1,10 Meter höher liegen als der Gang. Links führen ein paar Stufen nach oben. Gegen die Nordostecke des Vorraums hin führen ein paar Schritte in nördlicher Richtung zu einem leicht schräg verlaufenden Gang von 4,30 Meter Länge. An seinem Ende befindet sich, in die Blöcke des Bodens eingetieft, der Sarkophag, an seiner Ostseite von einer weiteren Eintiefung für den Kanopenschrein flankiert. Unmittelbar hinter dem Sarg bewahrte man den Sargdeckel auf. Er ist leicht geneigt, bereit, im rechten Augenblick auf den Sarg gezogen zu werden. Damit hätte man eine seitliche Falltür betätigt, die, an den für sie bestimmten Platz gleitend, den Deckel auf dem Sarkophag fest verschließen sollte. Doch daß der Deckel noch immer in Bereitschaft lag, bewies: Dieses Grab war nie benutzt worden. Jéquier war der Ansicht, hier das Grab einer Königin gefunden zu haben. Doch kann man einwenden, daß, wenn ihr Begräbnis später als das des Königs stattfand, so lange für die königliche Mumie akute Gefahr bestand, bis die Königin starb, denn vor ihrem Tode konnte man ja den Blockademechanismus des Ganges nicht auslösen und die drei Fallgatter nicht schließen. Die Frage ist daher durchaus berechtigt, ob es sich hier nicht auch um eine Schein-Grabkammer handelte, deren Zweck es war, Räuber irrezuführen, vielleicht aber auch um ein symbolisches Grab für den König, das hier nicht wie im Alten Reich oder zu Beginn der XII. Dynastie in einer kleinen Nebenpyramide, sondern unmittelbar in der Hauptpyramide selbst untergebracht wurde.

Die echte Grabkammer des Königs befindet sich auf der Achse der Zugangspassage unmittelbar hinter dem Vorraum (Skizze 14). Der Gang erreicht sie auf der Höhe der aus riesigen, nebeneinandergestellten Quarzitblöcken konstruierten Decke. Der erste der beiden Deckenblöcke steht noch immer in ›Wartestellung‹ und beweist somit, daß diese Pyramide nie benutzt wurde, obwohl eines der Fallgatter ausgelöst worden ist – dies kann aber durch Zufall geschehen sein. Der Raum selbst ist in einen Quarzitmonolithen von kolossalen Proportionen (6,20 mal 4,25 Meter sowie 2,80 Meter Höhe) geschnitten, der, bevor man ihn aushöhlte, mindestens 185 Tonnen gewogen haben muß. Genau wie bei Chendjer sind die Hohlräume für die Bestattung und den Kanopenschrein aus der Masse herausgeschnitten, und es gab auch einen kleinen, bankartigen Sims mit einem noch vorhandenen Deckel wie für einen Sarkophag, desgleichen einen großen Raum für Opfergaben und Grabmobiliar. Man kann nur die vollendete Meisterschaft dieser Architekten und Baumeister bewundern, die es fertigbrachten, diesen riesigen Monolithen, der auch nach seiner Aushöhlung noch immer über 100 Tonnen wog, auf den Grund einer ein Dutzend Meter tiefen Grube zu praktizieren und ihn außerdem mit so unvergleichlicher Präzision zu orientieren und zu nivellieren. Ein zweites, wenn auch nicht zur Ausführung gekommenes Meisterstück dieser Art wäre die beabsichtigte Senkung des 45 Tonnen schweren Grabkammer-Dachblockes gewesen. Zwei Quarzitpfosten stützten ihn, deren untere Enden in sandgefüllten Röhren steckten. Hätte man die Löcher am Fuß dieser Röhren geöffnet und dort den Sand ausströmen lassen, so hätten die Pfosten sich langsam gesenkt, und mit ihnen der Block, der auf ihnen ruhte (Skizze 14).

Nichts blieb vom Tempel dieser Pyramide erhalten, ja vermutlich wurde sein Bau nie begonnen. Doch zeichnet sich der Verlauf einer Umfassungsmauer ab – und zwar in einer Schlammziegelmauer, die man wohl nur zum vorläufigen Schutz gegen den eindringenden Sand errichtete, bis sie durch eine endgültige Einfassung aus steinernem Mauerwerk ersetzt werden konnte.

Jéquier war der Ansicht, dieses Bauwerk sei nicht älter als das des Chendjer. Er schlug vor, es versuchsweise dessen Nachfolger

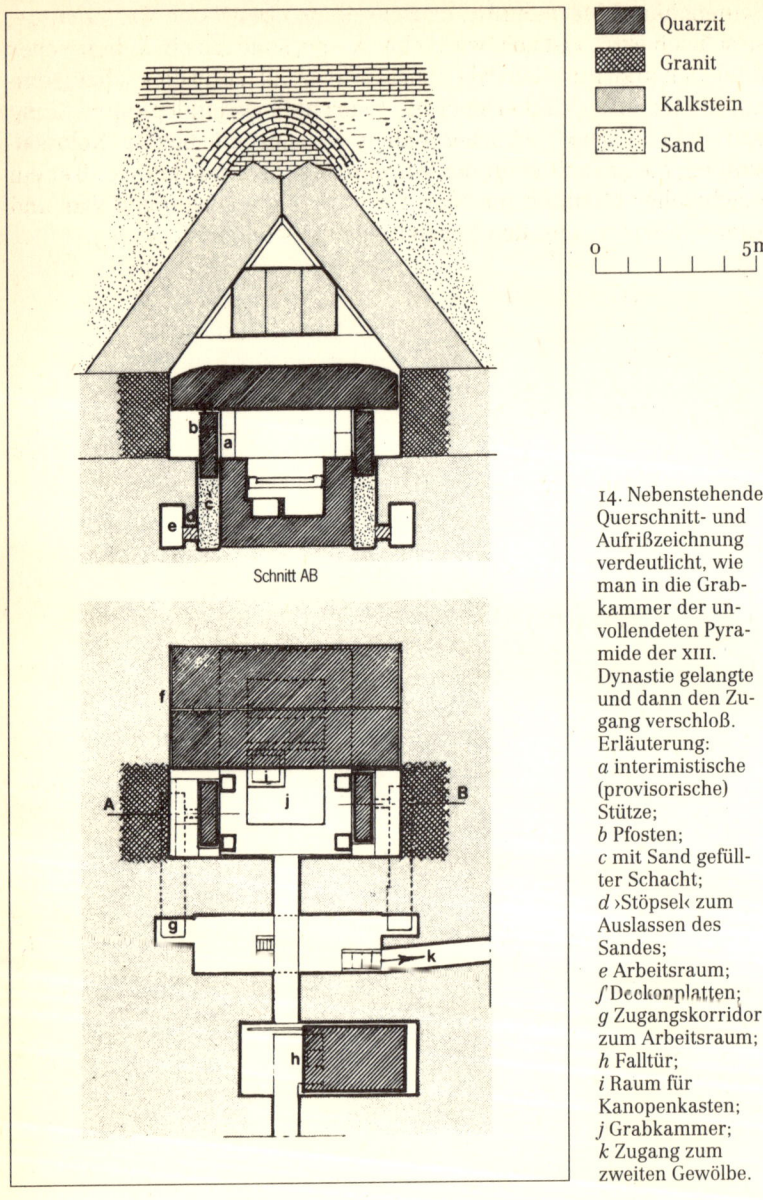

Quarzit

Granit

Kalkstein

Sand

0   5m

Schnitt AB

14. Nebenstehende Querschnitt- und Aufrißzeichnung verdeutlicht, wie man in die Grabkammer der unvollendeten Pyramide der XIII. Dynastie gelangte und dann den Zugang verschloß. Erläuterung: *a* interimistische (provisorische) Stütze; *b* Pfosten; *c* mit Sand gefüllter Schacht; *d* ›Stöpsel‹ zum Auslassen des Sandes; *e* Arbeitsraum; *f* Deckenplatten; *g* Zugangskorridor zum Arbeitsraum; *h* Falltür; *i* Raum für Kanopenkasten; *j* Grabkammer; *k* Zugang zum zweiten Gewölbe.

Semenchkarê-Mermenfitu zuzuschreiben. »Der Name Mermenfitu«, so schrieb er[176], »ist kein wirklicher Name, sondern ein militärischer Titel, den man mit ›General‹ übersetzen könnte, und dies scheint darauf hinzudeuten, daß er eher ein Usurpator als ein legitimer König war; von diesem Herrscher haben wir nur die beiden Kolossalstatuen, die in Tanis gefunden wurden. Sie sprechen dafür, daß er ein machtvoller Monarch mit Sinn für großartige Leistungen war und zum mindesten über den Nordteil Ägyptens regierte ...«

9 FORSCHUNGEN AN DEN PYRAMIDEN DER VI. DYNASTIE
ÜBER DIE ›PYRAMIDENTEXTE‹

Bei den oben bereits besprochenen ›Pyramidentexten‹ handelt es sich um die ältesten bekannten mythologischen, religiösen und literarischen Schrifterzeugnisse aus dem alten Ägypten. Sehr unterschiedlich in Ursprung und Charakter, wurden sie von den Priestern in Heliopolis zusammengestellt, um dem verstorbenen König bei seinen Wanderungen im weiten Rund des Kosmos zu helfen. Es sind rituelle, religiöse Texte, von denen man glaubte, daß sie durch die magische Kraft des geschriebenen Wortes wirkten und es so der Seele des Königs ermöglichten, sämtliche Hindernisse im Jenseits zu überwinden. In gewissem Sinne sind es Beschreibungen der Odyssee des toten Königs, die in einer echten Apotheose an der Seite des Sonnengottes Rê kulminiert, mit dem er von nun an aufs engste verbunden ist. Daher sind diese Texte von größtem Interesse, und zwar nicht im Hinblick auf die Deutung von Glaubensinhalten, die mit dem Fortleben des Pharao im Wohnsitz des Sonnengottes Rê sowie seiner Verbindung mit Osiris und den verschiedenen anderen Göttern zu tun haben, sondern auch für die Erforschung der ägyptischen Schrift, Sprache und Syntax. Tatsächlich verraten diese Texte eine sprachliche Entwicklungsstufe, die durchweg viel älter ist als die Inschriften in den Mastaben der IV. und V. Dynastie.

Aus diesem Grund erkannte Pierre Lacau, damals Generaldirektor des Antikendienstes, sofort, als er sich mit den bemerkenswerten Resultaten Jéquiers konfrontiert sah, zur Vervollständigung und Untersuchung dieser Texte, welche Bedeutung der Freilegung und Erforschung der drei anderen Pyramiden der VI. Dynastie – der Pyramiden Tetis, Pepis I. und Merenês – zukäme, deren Innenräume, genau wie die in der Pyramide Pepis II., Texte aufwiesen und die im Mittelalter ebenso unter Steinräubern zu leiden hatten. Doch erschöpft von der Last der Pflichten, die er zwei Jahrzehnte lang auf sich genommen hatte, sah Lacau sich leider gezwungen, im Februar 1936 nach Frankreich zurückzukehren, ohne seinen Plan in die Tat umsetzen zu können. Fünfzehn Jahre sollten vergehen, bis sein Schüler und Freund, Jean Sainte Fare Garnot, dessen Interesse an dieser Aufgabe erwacht war, eine Expedition aufstellen konnte, für die er die erforderlichen Zuschüsse von der französischen Regierung erhielt. Die Expedition arbeitete mit der ägyptischen Regierung zusammen, die den Verfasser mit der Freilegung und Absicherung der betreffenden Pyramiden beauftragt hatte. Die Kammern sollten zugänglich und sicher gemacht werden, damit man sämtliche inschriftlichen Fragmente bergen konnte. Die Altertümerverwaltung versah uns dazu mit erfahrenen Vorarbeitern und Arbeitskräften sowie mit der erforderlichen Ausrüstung.

Wir begannen mit der Pyramide Tetis, doch nach der ersten Kampagne im Februar und März 1951 führten politische Differenzen zwischen Ägypten und Frankreich zu einer plötzlichen Unterbrechung der Arbeit, die erst 1956 wieder aufgenommen werden konnte[177] – aber nur, um schon wenige Monate darauf abermals eingestellt zu werden: diesmal durch den Ausbruch der Feindseligkeiten im Zusammenhang mit der Suezkanal-Affäre. Nun dauerte die Unterbrechung noch länger, und Jean Sainte Fare Garnot, dessen Gesundheitszustand bedrohlich schlecht war, starb ganz plötzlich im Juli 1963, gerade als der ägyptische Kultusminister Dr. Saroite Okacha im Prinzip einer Wiederaufnahme der Arbeiten an der Teti-Pyramide zugestimmt hatte.

So erhielt im Februar 1965 Professor Jean Leclant, der Nachfolger von Sainte Fare Garnot an der Sorbonne, das Angebot, die Arbeit seines Vorgängers über die ›Pyramidentexte‹ fortzusetzen und zusammen mit dem Antikendienst und mir erneut die Freilegung und Absicherung der Grabkammer Tetis in Angriff zu nehmen. Diese Arbeiten brachten zahlreiche Inschriftenfragmente ans Licht und machten den schönen Königssarkophag aus Basalt zugänglich, der selbst einige eingemeißelte Inschriften trug. Im Kammerboden, 75 Zentimeter westlich vom Sarkophag und fast an die – inzwischen nicht mehr vorhandene – ehemalige Kammer-Südmauer stoßend, gab es eine würfelförmige Eintiefung von 90 Zentimeter Kantenlänge (auch in der Tiefe), die ganz gewiß dafür bestimmt war, den Kanopenkasten aufzunehmen[178]. Insgesamt konnten in dieser Pyramide 700 Inschriftenfragmente jeder Größe geborgen werden, einige trugen nur ein paar einzelne Hieroglyphenzeichen. Das Inventar, das wir anlegten, die Durchzeichnungen, die wir abpausten, und die verkleinerten Kopien, die wir anfertigten – sie sollten uns in die Lage versetzen, diese Texte zu identifizieren und zusammenzusetzen. Einige davon, die in den Publikationen Masperos und Sethes nicht enthalten waren, so stellten wir fest, mußten zu noch unbekannten Kapiteln dieses Schrifttums gehören.

Außerdem konnten wir bei Tetis Pyramide das freigelegte Areal im Bereich des Totentempels erweitern und den Grundriß dieses Tempels ermitteln (Abb. 57)[179]. Zusätzlich deckten wir die Überreste eines sehr schönen Grabes auf, das man während der Zeit des Neuen Reiches hier unmittelbar unter der Südostecke des in Trümmern liegenden Tempels angelegt hatte. Es war das Grab des Achpet, des »ehrsamen Schreibers des Königs, der ihn liebt« und des »Obersten der Einbalsamierer des Herrn der beiden Länder«. Verschiedene Reliefs dieses Beamten, der zu Beginn der XIX. Dynastie lebte, sind in einem besonders schönen, eleganten Stil ausgeführt. Auf einer dieser Darstellungen trägt Achpet eine ondulierte Perücke, die in einer Doppelreihe kleiner Löckchen endet. Vor seinem Gesicht sieht man seine Seele als *ba*-Vogel davonfliegen. Sowohl die Reliefs als auch sein großer, rötlicher, mit eingravierten Bildern und Texten bedeckter menschengestaltiger Sarkophag und dessen zerbrochener Deckel befinden sich in der unterirdischen Kammer noch immer an ihrem Platz[180].

In der Pyramide Pepis I. räumten wir Anfang 1966 den riesigen Krater aus, der die Lage der Grabkammer anzeigte. Steinräuber hatten im Mittelalter die Blöcke ihres riesigen Dreiecksdaches teilweise entfernt und zerstört. Während der Kampagne 1966–1967 konnten wir die Freilegung der in die Tiefe hinabführenden Passage beenden und das ›Vestibül‹ absichern, in das diese mündete und in dem einer der riesigen Deckenblöcke sowie ein großer Teil der Ostwand zerstört waren. Hier in dem nach unten führenden Gang waren die Wände mit in Relief ausgeführten Hieroglyphentexten bedeckt. Vom ›Vestibül‹ an, besonders aber in dem horizontalen Gang, der sich diesem anschließt, hat sich noch immer ihre ursprüngliche, erstaunlich frische, grüne Farbe erhalten. Der Korridor, der – wie üblich – durch drei Granit-Fallgatter versperrt war, die wir aber wieder hoben, befindet sich überhaupt in einem hervorragenden Erhaltungszustand, und vor allem hier bewundern wir insbesondere die sehr feinen Details der Hieroglyphen.

Da Steinräuber die Mauern ausgebrochen hatten, war der Vorraum, in den der Gang mündete, ganz und gar von zu Boden gestürzten Steintrümmern blockiert und befand sich in einem höchst gefährlichen Zustand. Er stellte ein echtes Sicherheitsrisiko dar. Während der Kampagnen 1967–1968 und 1968–1969 sicherten wir ihn ab und fanden dabei 580 Inschriftenfragmente mit ›Pyramidentexten‹[181]. Gleichzeitig legten wir auch die Nord- und Ostseite der Pyramide frei. An der Ostseite zeigten sich die Ruinen mehrerer Magazine des Totentempels. Diese verrieten, was bei anderen, ähnlichen, doch schwerer zerstörten Tempeln nicht mehr erkennbar war: Die Bauten besaßen zwei Stockwerke. Außergewöhnlich gut erhalten, erhoben sie sich noch bis zu einer Höhe von vier oder fünf Metern. In späterer Zeit hatte man sie als Kalkbrennöfen benutzt.

Daneben fanden wir eine Menge zerbrochener, doch schöner Kalksteinstatuen, die Gefangene darstellen. Ein gütiges Geschick hatte diese Statuenfragmente, die offensichtlich schon für die Brennöfen bestimmt waren, vor der endgültigen Vernichtung bewahrt. Die Gefangenen – kniend und auf ihren Fersen hockend dargestellt – haben die Arme an die Hüfte gepreßt und sind mit drei oder vier auf dem Rücken verknoteten Seilschlingen gefesselt. Die unteren Körperpartien dieser Statuen mit ihren kaum noch erkennbaren Lendentüchern zeigen eine eher summarische Behandlung. Dies gilt aber nicht für den Torso oberhalb der Gürtellinie, dessen Muskeln außerordentlich schön modelliert sind (Abb. 55). Während die kniende Haltung der Dargestellten Unterwerfung unter den siegreichen König ausdrückt, dessen Gnade die Gefesselten erflehen, zeugen die Torsi durch eine leichte Vorwärtsbewegung und durch das kraftvolle Spiel der sich mächtig wölbenden Brustmuskeln von ihren vergeblichen Bemühungen, die drückenden Fesseln zu sprengen – eine höchst ungewöhnliche Thematik für einen altägyptischen Bildhauer.

Anhand der Köpfe, die leider alle mehr oder weniger beschädigt sind, konnte man diese Statuen, die von der Macht des Pharao unterworfene Feindvölker verkörperten, identifizieren und verschiedenen Völkerschaften zuordnen. Bei einigen der mit großem Können gearbeiteten Gesichter handelt es sich offenkundig um Porträts von Häuptlingen asiatischer und afrikanischer Volksstämme, und ihre

Untersuchung dürfte möglicherweise dazu beitragen, die ethnischen Verhältnisse zur Zeit des Alten Reiches zu klären[182].

Einem asiatischen Stamm läßt sich möglicherweise einer der Köpfe zuschreiben. Sein langes Haar wird von einem Band gehalten. Er hat eine feine Nase, die wohl gebogen war, desgleichen erkennt man einen Bartansatz. Andere – wie auf der Abb. 56 – verkörpern einen ausgesprochen afrikanischen Typus.

Wir wissen nicht, welchen Platz diese Statuen im königlichen Grabkomplex einnahmen. Wahrscheinlich hatte man sie längs des Aufweges für den Leichenzug aufgestellt, der vom Taltempel zum oberen Tempel führte und dessen Achse fast genau von Osten nach Westen weist. So verkörperten sie, in zwei Gruppen beiderseits dieser Achse placiert, jeweils die unterworfenen Völker des Nordens und des Südens.

Im Zug der Kampagnen von 1969–1970 sowie von 1970–1971 wurde die Grabkammer, der die Steinräuber übel mitgespielt hatten, freigelegt und abgesichert. Dabei kam der schöne, rötliche Kanopenschrein aus Assuan-Granit zum Vorschein, der, komplett und mit Deckel, die Krüge mit den Eingeweiden des Königs enthalten haben muß[183]. Ja wir fanden sogar noch ein fast vollständiges Eingeweidepaket, das man mit schmalen Bändern außerordentlich fest zu einem kompakten Ballen zusammengeschnürt hatte, der noch genau die Form des Hohlraums der großen Alabastervase erkennen ließ, in der er sich befunden haben muß. Das Paket lehnte an dem Granitkasten in einem tiefen Bodenspalt, den die Steinräuber dort aufgebrochen hatten, wohl um den granitnen Kanopenschrein herauszuziehen, was ihnen dann aber glücklicherweise doch nicht gelang.

Bei der Freilegung dieser Kammer bargen wir nahezu 1000 Inschriftenfragmente, darunter zusätzlich zu den bereits bekannten ›Pyramidentexten‹ ganz neue Kapitel dieser Literaturart[184]. Die Untersuchung der Fragmente ermöglichte es bereits Professor Leclant und seiner Assistentin C. Berger, auf dem Papier einige große Abschnitte der Wandfelder zu rekonstruieren. Und noch ein spezielleres Problem galt es zu lösen: An der Ostmauer, die die Grabkammer von ihrem Vorraum trennt, waren zwei große Inschriftenfragmente wieder an ihren Platz zu setzen. Sie waren zu Boden gefallen, zusammen mit anderen, kleineren Fragmenten aus den unteren Reihen; diese Reihen freilich bedeckte ein großer Monolith, der infolge der

von den Steinräubern des Mittelalters angerichteten Schäden etwa 80
Zentimeter in die Tiefe gerutscht war. Man hielt es für das beste, be-
sagten Monolithen auf seine ursprüngliche Höhe zu heben. Um ihn
hierfür zu erleichtern, gedachte man seinen inschriftenfreien Teil, der
tief in die Südwand eingebetten war, kurzerhand abzubrechen. Nachdem das geglückt war, hob man den Rest des Monolithen, der noch
immer an die zehn Tonnen wog, mit Hilfe von vier kräftigen Wagen-
hebern an und brachte ihn so wieder in seine ursprüngliche Lage[185].

In dieser Kammer wurden bedeutende Restaurierungsarbeiten
durchgeführt. Unten an ihrer praktisch vollkommen unversehrten
Westmauer, die mit Texten in wunderschön gearbeiteten, grün aus-
gemalten Hieroglyphen bedeckt ist, liegt der untere Teil des Basalt-
sarkophags zusammen mit einigen seiner Fragmente, die sich nun
zusammensetzen lassen.

Auch der Totentempel wurde freigelegt, und die zweistöckigen, an
der Ostfassade der Pyramide errichteten und durch Zickzackmauern
getrennten Magazine sind nun vollständig ausgegraben. Unter den
Schichten von Sand und Schutt, die diese verschiedenen Vorratsräume deckten, bezeugten Gräber, die teilweise bis zur XIX. Dynastie
zurückgehen, daß der Tempel schon damals als Steinbruch diente.
Zum Vorschein kamen eine schöne Kopfstütze aus geschnitztem Holz
mit dem eingeschnittenen Namen des Eigentümers, Sarkophagmas-
ken aus bemaltem Holz und Uschebtis (mumiengestaltige Statuetten),
dazu zahlreiche mit Korn gefüllte Krüge.

Im Zuge der nach Osten hin vorangetriebenen Freilegungsarbeiten wurde schließlich die Position der quadratischen Vorkammer vor
der Opferkammer erreicht. Ihre Lage wurde an der früheren Ein-
gangstür durch einen Türpfosten aus rötlichem Granit markiert,
desgleichen im Zentrum durch die Basis ihrer Mittelsäule aus dem
gleichen Material. Dieser Säulenrest besteht aus einem großen Monolithen und setzt sich aus einer Bodenplatte, einer kreisrunden Basis
und den ersten 40 Zentimtern des Säulenschaftes zusammen, der
acht ungleiche Seiten, abwechselnd vier breite und vier schmale, aufweist. Ein kleines Stück weiter nördlich wurden die Überreste der Bo-
denblöcke der Opferkammer freigelegt. Östlich davon erreichten wir
die Fragmente des Heiligtums mit den fünf Nischen. Die granitnen
Bodenplatten einer dieser Nischen befanden sich noch immer *in
situ*, und unter den überall verstreuten Blöcken stießen wir auf ein

gleichfalls granitnes Stück von einer der Rahmennischen [186]. Eine bereits am Ostrand der Opferkammer sichtbare Abwasserrinne führt unter der dicken Mauer hindurch, die diese Kammer vom Statuen-Heiligtum trennt, und unter dem aufgerissenen Boden dieses Heiligtums selbst. Hier wurden mehrere Reliefs von guter künstlerischer Qualität aus dem Boden geborgen, einige davon mit Prozessionen von Gabenträgern. Einige wiederverwendete Inschriftenblöcke – einen fanden wir in einer Mauer zwischen den Magazinen bei der Pyramide an Ort und Stelle – erwähnen die Mutter König Tetis, die Großmutter Pepis I. [187]

Im Februar 1971 begannen wir, die Pyramide des Merenrê (des Sohnes und Nachfolgers Pepis I.) freizulegen, die letzte unter den Königspyramiden mit Texten, deren Restaurierung und Untersuchung noch ausstand. Die 1881 von Maspero geöffnete, anschließend aber wieder versandete Zugangsrampe wurde gesäubert. Wir fanden die Überreste des Heiligtums, das über dem Eingang in der Mitte der Pyramidenbasis der Nordfassade gelegen war. Die beiden Eckblöcke der schönen Kalksteinverkleidung waren noch an Ort und Stelle. Nahe dem weiter nordwestlich gelegenen stießen wir auf den Eckblock des Simses und den oberen Teil des Eckrundstabes [188]. Auch ein vorzüglich gearbeiteter Block mit dem Relief eines schreitenden Genius, der in der linken Hand ein langes *Wes*-Szepter, das den Tiergott Seth darstellt, und in der anderen die *anch*-Hieroglyphe (das Lebenszeichen) trägt, kam bei diesen Grabungen ans Licht. Selbstverständlich war dieser Genius Teil einer Prozession auf den König zuschreitender Götter.

In dem nun vom Sand freien Gang, der sich an den in die Tiefe hinabführenden Stollen anschließt, hatten die Grabräuber die drei granitnen Fallgatter umgangen, die man nach der Beerdigung gesenkt hatte, um den Weg zu blockieren. Sie hatten einen Stollen durch die Kalksteinmauer an der Westseite getrieben – dies unmittelbar vor der Granitverkleidung vor dem ersten Fallgatter. So kamen sie auf das Fallgatter hinauf, überquerten es, wobei sie den freien Raum ausnutzten, der über ihm entstanden war, nachdem man es gesenkt hatte, und drangen in den nun zugänglichen Korridor, indem sie sich hinter der dritten Falltür durch die erste Kalkstein-Deckenplatte hindurcharbeiteten. Auf dem gleichen Wege, ein wenig erweitert, durch den auch Maspero eingedrungen war, gelangten Ende Dezember

1971 nun wir in die beiden Haupträume des Grabkammerkomplexes. Sie waren voll von Steintrümmern und zu Boden gefallenem Schutt, der von der Zerstörung der Wände durch die mittelalterlichen Steindiebe herrührte.

Diese Räume vermitteln einen ganz außergewöhnlichen Eindruck. Die gigantischen Blockpaare, die wie auf den Kopf gestellte ›Vs‹ aussehen und mit weißen Sternen auf seltsamerweise sepiagetöntem Grund geschmückt sind, hängen, dadurch gehalten, daß sie aneinanderlehnen, buchstäblich im Raum. Dies gilt auch für den kolossalen, mehr als sechs Meter langen und etwa 30 Tonnen schweren Monolithen, der den größten Teil der hohen und dicken Trennmauer zwischen den beiden Räumen bildet, deren untere Lagen die Steinbrecher aber vollständig entfernt haben. Allerdings waren diese riesigen Blöcke so unerhört gut gefugt, daß trotz allem nichts ins Rutschen kam. Die tollkühnen Steindiebe, die die Zerstörung hier verursachten, wagten sich bis zur äußersten Grenze der Stabilität, erst dann wurde ihnen klar, daß der kleinste weitere Eingriff in das noch verbliebene Mauergefüge die verheerendsten Einsturzkatastrophen heraufbeschwören müßte. Bevor also damit begonnen werden konnte, diese Räume von Trümmern zu befreien, war es geboten, Maßnahmen zu ergreifen, um die am stärksten einsturzgefährdeten Bauteile abzusichern. Dies bedeutete, daß wir mit der regelrechten Wiedereröffnung des Korridors anzufangen hatten, wobei wir die drei Fallgatter in ihren Fallschächten heben und sie so wieder öffnen mußten. Erst danach – im Februar 1972 – war es möglich, unter die beiden Enden des gefährlichen Monolithen, der buchstäblich zwischen den beiden Räumen schwebte, starke Halterungen zu schieben und mit den Freilegungsarbeiten rings um den außerordentlich gut erhaltenen Basaltsarkophag zu beginnen, dessen Deckel praktisch intakt und nur leicht in seinen Gleitkerben zurückgeschoben war.

Etwa 60 Zentimeter südlich vom Sarkophag befand sich – wie in der Pyramide Pepis I. – der aus rötlichem Assuan-Granit angefertigte Kanopenkasten, dessen bläulich-schwarzer Deckel daneben lag. Von den Kanopenkrügen selbst kam bisher noch keinerlei Spur zum Vorschein, doch die zahlreichen Fragmente und Steinsplitter, die noch immer den Kammerboden bedecken, bergen vielleicht manche Überraschung. Im übrigen fühlten wir uns während der

Aufräumungsarbeiten dadurch sehr persönlich angerührt, daß wir am Fuß des Sarkophags sowie im Sarkophag selbst Reste von Zeitungen fanden, die Maspero dort weggeworfen hatte. Es waren Fetzen und Seiten von *Le Temps, Le Figaro* und *Le Parlement*, desgleichen von lokalen Blättern, die in französischer Sprache erschienen, so *Le Moniteur Égyptien* und *L'Union Égyptienne* ... alles Nummern aus dem März 1883.

Was die Hieroglyphentexte angeht, so haben uns die in dieser Pyramide durchgeführten Arbeiten bisher mehr als 300 Fragmente eingebracht, die z. Zt. untersucht werden. Obwohl vorzüglich gezeichnet und ebenso grün ausgemalt wie die Schriftzeichen in der Pyramide Pepis I., sind die Hieroglyphen des Merenrê doch breiter und weniger tief. Sie sind daher auch weniger kraftvoll. Auch die Furcht vor wilden Tieren fand Ausdruck in einer bestimmten magischen Praxis: Doch anstatt daß man – wie in der Pyramide Pepis I. – das Hinterteil eines gefährlichen Tieres, nachdem man es gezeichnet und reliefiert hatte, einfach wieder zugipste, gab man sich damit zufrieden, wilde Tiere dadurch zu ›entschärfen‹ und harmlos zu machen, daß man sie durch ein gemaltes dünnes Band symbolisch ›in zwei Stücke schnitt‹. Entsprechend gab man hier auch Menschen nur teilweise – gewöhnlich nur durch Kopf und Arme – wieder, um jede schädliche magische Auswirkung, die eine Menschendarstellung haben könnte, zu vermeiden, während man aus den gleichen Gründen in der Pyramide Pepis I. menschengestaltige Zeichen sogar ganz und gar wegließ.

Während diese Absicherungs-, Freilegungs- und Bergungsarbeiten innerhalb der Pyramide im Gange waren, unternahmen wir auch östlich der Pyramide einiges, um uns darüber Klarheit zu verschaffen, was vom Allerheiligsten ihres Tempels übriggeblieben war. Wie bei Teti und Pepi I. war auch hier leider die Stele verschwunden, und nur ein großes rosafarbenes Stück Granit lag noch ziemlich genau dort, wo sie sich einst befunden haben muß.

Unmittelbar östlich dieses Punktes ist ein beträchtlicher Teil vom Bodenbelag dieses Heiligtums übriggeblieben. Er besteht nicht, wie in den anderen königlichen Totentempeln der damaligen Epoche, aus Alabaster, sondern einfach aus Tura-Kalkstein. Noch immer erblickt man deutliche Spuren der Nordmauer dieses weiten, zehn Ellen (5,25 Meter) breiten, einst überwölbten Raumes. Ein Stein des Bodenbelages, der isoliert ist, sich aber noch *in situ* befindet, läßt

auch erkennen, wo einst der Ostrand verlief. Ein zusätzlicher Opfertisch aus Kalkstein, an den drei sichtbaren vertikalen Seiten mit
einem kleinen Eckrundstab verziert, steht an der Westseite des
Raumes noch immer dort, wo sich einst die Nordmauer erhob, und
unmittelbar südlich von ihm nimmt man die Spuren des Haupt-
Opfertisches wahr, der einst vor der Stele gestanden haben muß. Es
ist schwer zu sagen, ob ein kleiner, rechteckiger Trog, der an der
rechten Seite dieses Opfertisches lag, und ein seltsames Becken von
nahezu elliptischer Form, das ist in den letzten Stein des Boden-
belags unmittelbar südlich der Raumachse eingetieft ist, irgend
etwas mit dem Totenkult des Königs zu tun hatten.

Nahe der Südostecke der Halle liegt noch die große Quarzit-
schwelle einer Tür, durch die man einst von Süden her die quadratische Vorkammer betrat, an Ort und Stelle. Gleiches gilt für den
Bodenbelag dieser Vorkammer, dessen Zentrum eine Granitplatte
bildete. Auf dieser muß die – heute fehlende – Mittelsäule geruht
haben, die folglich hier den gleichen Platz einnahm wie im Tempel
Pepis I. Erhalten ist auch die Schwelle der Tür, durch die man in die
Ostvorkammer gelangte, desgleichen ein Teil des zugehörigen granitnen Türsturzes mit dem Namen des Königs in Reliefschrift.

Zahllose Relieffragmente aus der Opferkammer wurden gefunden. Sie sind nur vorgezeichnet und nicht modelliert. Der offenkundig unfertige Zustand dieser Darstellungen erklärt sich vielleicht
durch den frühen Tod des Königs, der, dem Turiner Königspapyrus
zufolge, nur vier Jahre regierte.

10 ENTDECKUNGEN AUF DER SUCHE
NACH DEM GRAB IMHOTEPS

Eine Fülle von Scherben ptolemäischer und römischer Keramik, die den äußersten Westteil der archaischen Nekropole in Saqqara-Nord bedeckten, insbesondere aber ein weites, flaches Geländestück unmittelbar nördlich einer Gruppe von großen Gräbern der III. Dynastie, die noch Firth freigelegt hatte, ermutigten unseren verstorbenen Kollegen und Freund, Walter B. Emery, hier archäologische Untersuchungen vorzunehmen. Er war der Ansicht, das Nebeneinander von Resten der genannten beiden Perioden, etwa 700 Meter von der Umfassungsmauer des Stufenpyramiden-Komplexes entfernt, deute vielleicht darauf hin, daß sich hier das Asklepieion und das Grab Imhoteps befanden, der in der Spätzeit als Heilgott verehrt wurde. Waren eben hier ja doch auch die Gräber der anderen Großen aus der Zeit der III. Dynastie – wie Hesirê, Meten und Cha-bau-Sokar – ans Licht gekommen!

Leider wurde Emery nach sechs außerordentlich ergebnisreichen Kampagnen (1965–1970)[189] plötzlich und unerwartet mitten aus seiner Arbeit gerissen, ohne daß er die Richtigkeit seiner Hypothese beweisen konnte, die hier und da durch den einen oder anderen neuen Anhaltspunkt eine gewisse, allerdings nur schwache Bestätigung erfuhr. So wurde seine Suche beispielsweise durch den Fund mehrerer Mastaben aus der III. Dynastie belohnt, die entweder durch ihre bloßen Abmessungen oder durch irgendwelche Besonderheiten Beachtung verdienten. Zuerst kam Mastaba Nr. 3508 zum Vorschein, ein Bau aus rohem Steinmauerwerk, von Schlammziegeln verkleidet. Ringsherum hatte man in ptolemäischer Zeit die Gerippe geopferter Rinder bestattet. Die Köpfe dem Grabmal zugewandt, waren die Tierleichen hier in 1,30 Meter Tiefe begraben worden. Auch in der Hauptgrube des Grabes selbst lag in 1,25 Meter Tiefe ein sorgfältig in Leichentücher gewickeltes totes Rind auf sauberem Sand, und nach weiteren sechs Metern kam zu Emerys großem Erstaunen Schicht um Schicht irdener Krüge mit konischen Deckeln zum Vorschein: Mehr als 500 Gefäße waren es, die Emery hier barg, und jedes enthielt eine Ibismumie. Einige hatte man mit dem Bildnis einer Gottheit geschmückt: mit der Abbildung Thots, des Mondgottes – der als Pavian in einem mit Rädern versehenen *naos* saß oder als Ibis auf einer Lotosblume – sowie mit Darstellungen Isis', Hathors, Ma'ats, Nefertums und – in einem Fall – Imhoteps.

In unmittelbarer Nachbarschaft – an der Nordostecke dieses Grabes – wurde eine Mastaba (Nr. 3509) aus der v. Dynastie freigelegt. Sie war aus Steinen gebaut und gehörte einem Adligen namens Hetep-ka, der den Titel ›Bewahrer des Diadems und Aufseher der königlichen Perückenmacher‹ führte. Noch immer befinden sich dort einige schöne Reliefüberreste an Ort und Stelle; in der Hauptgrube wurden Massen von Ibismumien gefunden.

Ein paar Meter östlich des Grabes Nr. 3508 aus der III. Dynastie wurde ein zweites Grab aus derselben Periode (Nr. 3510) aufgedeckt, durch dessen Südschacht Emery in einer Tiefe von zehn Metern ein riesiges Labyrinth unterirdischer Gewölbe erreichte, die von einem gekrümmten Hauptgang abzweigten. Einige dieser 4,50 Meter hohen und 2,50 Meter breiten Gewölbe waren ganz und gar mit Ibismumien angefüllt, die in ihren Gefäßen noch gut erhalten waren.

Erst später – während der folgenden Saison – fand man auch den Eingang zu diesen Gewölben. Man betrat sie über eine Treppe bei einem kleinen ptolemäischen Tempel, der nach Ausweis von Ostraka dem Gott Thoth geweiht war. Ostraka sind Kalksteinplättchen oder Tonscherben, die man anstelle von Papyrus als Schreibmaterial verwendete (zum Vorschein kamen hier 19 in demotischer, zwei in griechischer Sprache sowie zwei zweisprachige). Bei den demotischen Texten handelt es sich meist um Klagen und flehentliche Bitten an Thoth oder um Bescheide seines Orakels. Als einzige andere Gottheit wird auf sieben dieser Schriftstücke Isis erwähnt.

Waren dies die unterirdischen Galerien, von denen der Reisende Paul Lucas berichtete, er sei 1716 auf sie gestoßen und habe in ihnen vier Kilometer zurückgelegt? Später wurden sie auch von Pococke und Vivant Denon besichtigt; unter der Überschrift ›Die Gräber der Vogelmumien‹ waren sie in der *Description de l'Égypte* abgebildet, und so waren sie seinerzeit eines der Hauptmonumente von Saqqara. Logischerweise war der Eingang, den man gefunden hatte, wohl nicht der einzige, ja nicht einmal die Hauptpforte dieser außergewöhnlich weitläufigen unterirdischen Gewölbe, in denen Zehntausende von Ibismumien aufgehäuft lagen. Als Schmuck trugen die meisten, soweit sie bisher untersucht wurden, Abbildungen der Gottheiten Thoth, Isis und Nefertum zusammen mit den zugehörigen Emblemen, insbesondere denen des letztgenannten Gottes[190], doch auch Hathor, Ma'at, der hundsköpfige Pavian, ja sogar Imhotep sind vertreten.

Sechzig Meter östlich vom äußersten Punkt dieser Tunnel wurde ein großes Grab (Nr. 3517) aus der III. Dynastie gefunden. Mit seinen Abmessungen (56 mal 25 Meter) ist es das größte der bisher im Nordfriedhof entdeckten Gräber. Es war zerstört und bis zu einer Höhe von einem Meter über seiner Basis geschleift worden – dies zweifellos in ptolemäischer Zeit, als man auch geopferte Rinder östlich seiner beiden Schächte begrub. Doch bis auf ein paar Fragmente von Steingefäßen guter Qualität, so wie sie für die III. Dynastie typisch sind, fehlt jeder Anhaltspunkt dafür, wer der Tote war, den man einst hier bestattet hatte.

Weitere Grabungen führte Emery 250 Meter weiter im Norden an einem Platz durch, der den Weg vom Dorf Abusir zum Serapeum beherrschte und wo sich, wie Luftbilder gezeigt hatten, eine rechteckige Einfriedung befand. Innerhalb dieser Einfriedung wurde die Plattform eines systematisch zerstörten Tempels aufgedeckt, und zahlreiche kleine Statuen sowie andere Bronzeobjekte kamen zum Vorschein. Sorgfältig behauene oder mit Stuck überzogene Kalksteinblöcke, die offensichtlich zu diesem Tempel gehörten und auf denen demotische Tinten-Graffiti »Isis, die Mutter des Apis« anriefen, führten zu der Vermutung, daß der Tempel Isis geweiht war, zumal darüber hinaus in der Nähe auch noch kleine Votivstelen, Opfertische und etwa 200 (meist demotisch beschriftete) Ostraka mit Gebeten an Isis auftauchten. Doch nicht genug damit: Bei der Ausgrabung wurden auch zahlreiche Papyri geborgen, deren Daten den Zeitraum zwischen dem 7. und dem 3. Jahrhundert v. Chr. umspannen. Ihre Untersuchung ist z. Zt. im Gange und verspricht zweifellos wertvolle Aufschlüsse. Von diesen Dokumenten sind 306 in demotischer, 51 in aramäischer, vier in späthieratischer Schrift und zwei in griechischen Unzialen des 4. Jahrhunderts v. Chr. geschrieben (eines dieser beiden Schriftstücke ist aber anscheinend nicht in griechischer Sprache abgefaßt).

Da die dort ausgegrabenen Baureste stark zerstört waren, erweiterte Emery seine Grabung nach Süden hin, wo Sand- und Trümmerhügel auf das Vorhandensein eines riesigen Bauwerkes hindeuteten (Sektoren 3, 4 und 5 auf Emerys Karten). Hier kam eine weitere Plattform ans Licht, zu der an der Westseite eine Rampe hinaufführte. Diese Plattform war mit den Überresten eingestürzter Häuser aus christlicher Zeit bedeckt, und in einer der Mauern wurde ein kleiner Münzenhort gefunden: elf römische Goldsolidi aus dem 4. Jahrhundert n. Chr. gab es hier. Sie stammten aus den Regierungszeiten der Kaiser Constantius II., Julian II., Valentinian I., Valens, Theodosius I. und Arcadius.

Im Schutt des Sektors 4 fand man Fackelhandgriffe aus keramischem Material. Also konnte ein Eingang zu unterirdischen Gängen nicht weit sein, und die oben erwähnten Inschriften, die von Isis als Mutter des Apis sprachen, ließen vermuten, die betreffenden unterirdischen Räumlichkeiten würden Kühen geweiht sein, die Apisstiere geboren hatten. Tatsächlich fanden sich gleichzeitig auch gewisse Mengen von Rinderknochen – teilweise noch umwickelt – hier und da in den Trümmern. Es handelt sich ganz klar um Knochen aus geplünderten Gräbern. Doch deren Eingang zeigte sich nicht, statt dessen kam abermals ein Grab der III. Dynastie zum Vorschein. Es lag etwa 20 Meter tief verschüttet westlich des Winkels, den die Rampe und die Plattformmauer im Sektor 3 bildeten, an deren Fuß weitere Depots von Statuetten und hervorragend gearbeiteten Kultobjekten aus Bronze gefunden wurden. Vermutlich handelte es sich um Weihgaben, die der Tempel im Überfluß besaß, und die daher von Priestern innerhalb des heiligen Bezirks vergraben wurden, weil man sie wegen ihres sakralen Charakters nicht zerstören durfte. Ähnliche Verstecke an der Ostseite derselben Mauer erbrachten andere bemerkenswerte Objekte[191].

Außerdem wurde bei dieser riesigen Grabung ein kleines, mit Schlammziegeln überwölbtes Bauwerk freigelegt, das drei Räume mit einem einzigen, gemeinsamen Eingang an der Ostseite aufwies. In seinem Hauptraum befanden sich Rinderknochen und -schädel, einige davon mit einer Art von bemaltem Gips bzw. bemalter Kreide überzogen. Nachdem mehrere Schichten derartiger Tierüberreste abgetragen worden waren, zeigte sich eine seltsame, unversehrte Nachbildung einer Stier- oder Kuhmumie: Der für den Kopf zu kleine

Körper bestand aus sorgfältig geformten Holzbrettern, die mit der gleichen Gips- bzw. Kreidemasse wie die Tierknochen überzogen und mit den typischen Apisstier-Merkmalen bemalt waren[192]. Es muß noch andere ›falsche Mumien‹ dieser Art gegeben haben, von denen wohl die bemalten Rinderschädel stammten, die sich zwischen den Tierknochen fanden. Doch offensichtlich hatten Plünderer sie zerstört.

Da Emery immer noch nicht im Sektor 4 den Eingang zu den unterirdischen Gängen gefunden hatte, beschloß er, systematisch Schicht für Schicht die Plattform im angrenzenden Sektor 3 abzutragen. In der obersten Schicht kam dabei eine christliche Anlage zum Vorschein, wahrscheinlich ein Kloster mit einer Kirche, in deren Fundamente aus Schlammziegelmauerwerk palmenförmige Kapitelle eingefügt waren, die entsprechende Kapitelle aus der v. Dynastie nachahmten. Desgleichen hatte man die verschiedensten anderen Bauelemente hier wiederverwendet, darunter solche mit den Kartuschen Nektanebos II. Auf einem der betreffenden Stücke, einem großen Türsturz, opfert der König dem Apis, der als Mensch mit einem Stierkopf dargestellt ist[193]. Also haben wir Nektanebo, dem letzten einheimischen Herrscher Ägyptens, diesen Tempel zu verdanken, der wohl Isis, der Mutter des Apis, geweiht war. Was die Zerstörung dieses Kultbaus angeht, so lassen die zutage gekommenen Überreste aus christlicher Zeit sowie der kleine Depotfund von elf römischen Goldsolidi vermuten, daß sie gegen Ende des 4. Jahrhunderts n. Chr. anzusetzen und auf das Edikt des Kaisers Theodosius zurückzuführen ist, das alle ›heidnischen‹ Kulte verbot.

Erst nachdem diese Bauwerke abgetragen waren, zeigten sich Ruinen aus der Zeit Nektanebos II. Beiderseits vom Hauptheiligtum, das die Christen unverändert übernommen hatten, gab es noch drei andere: eines im Norden und zwei im Süden. Sie alle standen in rechtem Winkel zur Böschung und hatten eine Rampe mit Stufen vor sich. Mehrere Verstecke von Votivgegenständen zeigten sich hier. Das bedeutendste befand sich in einer Grube unter dem Gang des Nordheiligtums und enthielt zahlreiche Bronzestatuetten – meist von Osiris, Isis und Harpokrates, daneben einige, die Apis und Ptah darstellten, und außerdem eine des Imhotep. Viele dieser Statuen waren sorgfältig eingewickelt worden, bevor man sie in drei hölzernen *naoi* hier verbarg, ja einige trugen noch immer ihre Leinenverpackung (Abb. 50).

Nachdem diese Grube ausgeräumt war, ergab die Untersuchung ihrer Auskleidung, daß diese aus zehn Stelen bestand, die hier als Mauerwerk zweckentfremdet worden waren. Fünf besaßen Hieroglyphentexte, vier karische Texte und eine war ohne Inschrift. Auf der besseren der karischen Stelen erblickt man die einander gegenüberstehend angeordneten Gestalten eines Mannes und einer Frau. Beide tragen karische Kleidung[194]. Vermutlich nahm man, als Nektanebo seinen Tempel erbaute, diese Stelen aus Gräbern in der nächsten Umgebung.

An der Böschungsseite hinter dem südlichsten dieser Heiligtümer zeigte sich, nachdem eine Füllung aus Steinsplittern zwischen zwei rechteckig zur Böschung gezogenen mörtellosen Mauern beseitigt war, ein Gebäudeeingang aus behauenen Steinen, von einem Hohlkehlenkarnies gekrönt. Plünderer hatten dieses Bauwerk niedergerissen. Es öffnete sich auf einen Vorraum, der zu unterirdischen Gewölben Zugang gewährte, und diese enthielten die Bestattungen von Pavianen. Feines Kalksteinmauerwerk umkleidete die weichen Kalksteinwände dieser Gewölbe. An vielen Stellen ist es noch ausgezeichnet erhalten. Beiderseits öffnen sich etwa einen Meter über dem Niveau des Gewölbebodens Nischen mit den Pavianmumien.

Die Hauptgänge befinden sich in verschiedener Tiefe und sind durch eine Treppe miteinander verbunden. Da sie recht gefährliche Stellen aufwiesen, konnte ihre völlige Freilegung erst in Angriff genommen werden, nachdem man für die nötige Absicherung gesorgt hatte.

Im Boden der Südostecke des Vorraums gewährt ein Schacht Zugang zu einem weiteren unterirdischen Komplex mit Pavianbestattungen, und hier fand man die beiden einzigen Mumien, die zur Zeit der Besiedlung dieser Stätte durch Christen unberührt geblieben waren. »Das Tier«, schrieb Emery über die eine dieser Mumien, »war in der üblichen Weise mumifiziert und eingewickelt. Es war dann aufrecht in einen Holzkasten gestellt worden, den man anschließend füllte, in einigen Fällen mit Gips, in anderen mit Zement. Die Kästen mit ihrem erstarrten Inhalt wurden dann in die Nischen gestellt, die man mit einem steinernen Verschluß versperrte, auf dem man mit Tinte eine demotische Inschrift anbrachte ...«[195] Diese Texte enthalten das Datum der Bestattung des Pavians, in der Regel seinen Namen sowie ein kurzes Gebet für seine ewige Glückseligkeit. Bisweilen wurde auch angegeben, woher das Tier stammte und wann es in den Tempel des Ptah gekommen war.

Am Ende der Treppe, die zur unteren Galerie hinabführte, fanden sich zwei lebensgroße Pavian-Statuen[196]. Doch die bedeutendsten Funde glückten in einem der unteren Gewölbe, das Emery ›Galerie C‹ taufte. Hier entdeckte Emery unter dem Schutt weitere Scheintür-Stelen aus Kalkstein mit kurzen karischen Inschriften[197]. Genau wie bei der Grubenauskleidung, von der bereits die Rede war, hatte man auch diese Stelen aus einem benachbarten Friedhof entwendet, um sie hier als Baumaterial zweckzuentfremden. Den Beweis dafür lieferte eine weitere karische Stele, die im Auskleidungsmauerwerk der oberen Galerie wiederverwendet worden war.

Man beachte auch, daß unter den im allgemeinen von Besuchern hinterlassenen Graffiti an den Gewölbewänden nur ein einziger karisch ist, während es etwa 100 demotische und auch ein paar in Hieroglyphenschrift gibt.

Außerdem kamen im Schutt der oberen Galerie auch einige Gegenstände recht ungewöhnlicher Art zum Vorschein: Es handelt sich um Gipsabgüsse verschiedener menschlicher Körperteile: um komplette Köpfe, untere Gesichtshälften, Haarpartien, Torsi, Hände, Beine, Füße und dergleichen mehr. Ohne Zweifel hat man es hier mit ›medizinischen Votivgaben‹ zu tun, die von kranken, heilungsuchenden Pilgern zurückgelassen wurden[198], sei es, um dem Gott so die Art ihrer Krankheit und den betroffenen Körperteil mitzuteilen, sei es als Zeichen des Dankes für die bereits erfolgte Heilung.

Die völlige Freilegung dieser Pavian-Gewölbe ermöglichte zwei wichtige Feststellungen. Erstens gewährte im unteren Gewölbe gar nicht weit von der Treppe ein großer Durchbruch zwischen zwei Nischen Zugang zu einem anderen unterirdischen Gang, der von unten bis obon mit Ibismumien in unzerstörten Keramikkrügen gefüllt war. Tausende dieser Mumien blockierten den Durchgang, und es war unmöglich, hier weiter vorzudringen, doch sah man immerhin, daß eine Verbindung zwischen den Ibis-Galerien und denen der Paviane bestand, obwohl die jeweiligen Eingänge mehr als 200 Meter auseinanderlagen. Der zweite wichtige Punkt war, daß die obere Hauptgalerie nach Westen hin direkt zum Grab des Cha-bau-Sokar (Nr. 3073) – sehr nahe dem Zentrum des Friedhofs der III. Dynastie – läuft. Doch lange bevor sie dieses erreicht, etwa 32 Meter vom Eingang entfernt, durchschneidet sie einen älteren Grabschacht, der weiter in der Tiefe zu einer Grabkammer führt, wo noch immer ein leerer archaischer Sarkophag steht. Oben an der Erdoberfläche stellte es sich heraus, daß dieser Grabschacht zu einer 52 mal 19 Meter großen Mastaba (Nr. 3518) mit einer Doppelkapelle gehörte, deren weiter nördlich liegender zweiter Schacht nicht mit den Paviangalerien in Verbindung steht. Dieser zweite Schacht war geplündert worden, enthält aber eine bedeutende Menge zerbrochener Steingefäße von hervorragender Verarbeitung, und in den Magazinen des Mastaba-Oberbaus hinter der Nordkapelle finden sich noch Lager von Vorratsgefäßen der damaligen Zeit, darunter ein großer, tönerner Krugdeckel mit dem Siegelabdruck des Horus Neterichet (Djoser)[199]. Außerdem fiel Emery auf, daß diese Mastaba genau wie die Stufenpyramide orientiert ist, während alle anderen Gräber der damaligen Zeit ganz unterschiedlich ausgerichtet sind. Weiterhin brachte die Freilegung des Geländes vor dem Haupteingang im Süden des Bauwerks ein ganzes Depot anatomischer Gipsrepliken menschlicher Körperteile ans Licht, die ebenso wie jene, die man unter dem Schutt der Paviangewölbe entdeckt hatte, als Votivgaben zu verstehen sind.

Die Weiterführung der Grabungen im Sektor 3, die zur Lagebestimmung des Eingangs der Paviangalerien geführt hatten, erbrachte noch eine wichtige Gruppe schriftlicher Dokumente: Hieroglypheninschriften auf Architekturfragmenten aus Mastaben des Alten Reiches, Grabstelen von der Ramessiden- bis zur Römerzeit sowie insbesondere siebenundzwanzig demotische Ostraka, ebenso zwei in griechischer Sprache und Schrift und eines in koptischer, die von außerordentlichem Wert für die Interpretation dieser Fundstätte sind. Zu den demotisch geschriebenen Dokumenten gehören ein Vertrag aus dem Jahr 9 des Perserkönigs Dareios I. (513 v. Chr.), »anscheinend eine Selbstweihung, eine Klage an Isis und ein Traumtext«, wie Professor H. S. Smith in seinem Bericht schreibt. Unter einigen Papyri gab es einen nahezu kompletten, demotisch geschriebenen Ehevertrag aus dem Jahr 11 des Dareios (höchstwahrscheinlich Dareios' I.), desgleichen zwei kurze Fragmente mit griechischem sowie eines mit aramäischem Text.

Die Ausgrabungen gingen während des Winters 1970–1971 weiter, obwohl umfangreiche und sorgfältige Abstützungen in den riesigen unterirdischen Gewölben des (wohl für die Mutterkühe der

Apisstiere bestimmten) neuen Serapeums nötig gewesen wären, dessen Eingang Emery schließlich etwa 50 Meter nördlich der Paviangalerien entdeckte. Sie führten zur Entdeckung weiterer Gänge. Einige südlich der Paviangalerie gelegene waren den Mumien von Falken und anderen – bisweilen recht großen – Raubvögeln vorbehalten, die sich hier zu Tausenden fanden. Andere unterirdische Galerien erreicht man über eine lange und breite Treppe. Sie liegen mehr als 200 Meter weiter im Norden auf der anderen Seite des Sporns, den die Felsen hier bilden. Auch sie enthalten eine beträchtliche Menge von Ibismumien und scheinen größer, ja sogar ausgedehnter zu sein als die fünf Jahre zuvor entdeckten Galerien der ersten Gruppe.

Die riesigen Mengen dieser mumifizierten Vögel verschiedenster Art, deren Zahl leicht die Million überschreiten dürfte, und die Ausdehnung dieses ungeheuren Netzes unterirdischer Gewölbe, das für die Bestattung dieser Tiere angelegt wurde und bis zu dessen Grenzpunkten wir auch heute noch nicht vorgedrungen sind, nehmen einem förmlich den Atem. Es empfiehlt sich daher, diese Gänge in all ihren Verzweigungen systematisch zu erforschen, um ihren vollständigen Plan aufzuzeichnen und ihre Verbindungen zu den oberirdischen Baudenkmälern sowohl der Spätzeit als auch der III. Dynastie klären zu können. Bei dieser Arbeit, die ihn ganz gefangennahm, traf Emery an der Grabungsstätte der Schlag. Und wir können nur wünschen, daß seine Kollegen und Fachgenossen sein Werk fortsetzen, das bereits zu so hervorragenden Ergebnissen geführt hat.

Steht erst einmal der Plan der unterirdischen Galerien sowie der Baureste an der Oberfläche fest, sind erst einmal sämtliche Kultobjekte geborgen und insbesondere die zahlreichen schriftlichen Dokumente, von denen ich sprach, untersucht, dann dürfte neues Licht auf diese seltsamen Tierkulte fallen, die in der Spätphase der altägyptischen Hochkultur dermaßen verbreitet waren und erst mehrere Jahrhunderte nach der Eroberung Ägyptens durch die Römer aufgegeben wurden, als das Christentum über die alte Religion den Sieg davontrug.

Sind diese Ergebnisse nicht – schon allein unter diesem Gesichtspunkt – ebenso bedeutend, wie es der Fund des Imhotep-Grabes selbst wäre?

NACHWORT

Die zahlreichen und außerordentlich bedeutenden Entdeckungen, die dieses Buch schildert, umspannen etwa 4000 Jahre Menschheitsgeschichte von der Vereinigung Ober- und Unterägyptens durch Menes um 3000 v. Chr. bis zur Zerstörung des koptischen Klosters des heiligen Jeremias durch die Araber um 960 n. Chr. Wie viele archäologische Stätten in Ägypten oder anderswo auf der Welt gibt es, denen wir eine solche Fülle von Baudenkmälern, Kunstwerken, Texten, Schrift- und anderen Dokumenten, Vasen und überhaupt Objekten jeder Art verdanken, die einen so langen Zeitraum belegen wie die Funde in der Nekropole von Saqqara? Ja mehr noch: Seit Mariette sich aufmachte, um das Serapeum zu suchen, sind etwa 125 Jahre vergangen, 125 Jahre archäologischer Forschung und Ausgrabung.

Und doch sind wir auch heute noch weit davon entfernt, alles ans Licht gebracht zu haben, was der ewige Sand der Wüste deckt – vielleicht als bergender, bewahrender Mantel.

Jedenfalls erwies sich die Fundstätte Saqqara als bedeutendster Kristallisationspunkt altägyptischer Kultur, dies ein Jahrtausend, bevor Theben diese Rolle übernahm. Zweifellos verdient Saqqara mehr Beachtung durch die Öffentlichkeit, als die mit der Zeit knausernden Veranstalter touristischer Ägyptenreisen ihm bisher widmeten. Ob es sich nicht doch lohnen würde, Ägyptenbesuchern mindestens einen vollen Tag zu gönnen, um Saqqara »für sich zu entdecken«? – Einen Tag statt der schäbigen ein bis zwei Stunden, die bisher nicht selten für Saqqara genügen mußten!

In Oberägypten ist es vor allem die Kunst des Neuen Reiches, die dort blühte und ganz gewiß ihrerseits höchstes Interesse verdient. Aber sie ist anders und besitzt ihren eigenen Charakter. Nichts von ihr läßt sich mit den Überresten aus dem Alten Reich vergleichen – etwa mit den von Imhotep, dem Meister, errichteten großartigen

Denkmälern der III. Dynastie, den kostbaren Pyramidentexten der V. und VI. Dynastie sowie den wohlbekannten Mastaben von Mitgliedern der königlichen Familie, Würdenträgern und hohen Beamten jener Zeit – Denkmäler, die samt und sonders der Stolz Saqqaras sind.

Wenn dieser Band dazu beiträgt, daß – und dies ist mein dringendster Wunsch – Besuchsreisen nach Saqqara besser als bisher organisiert werden, Besuchsreisen zu einer Stätte, die vor allen anderen ehrwürdig ist (und überdies doch auch so dicht vor den Toren Kairos liegt!), dann wurde dieses Buch nicht vergeblich geschrieben.

ANMERKUNGEN ZUM TEXT

Verzeichnis der Abkürzungen

AÖAW   Anzeiger der philosophisch-historischen Klasse, Österreichische Akademie der Wissenschaften, Wien.

ASAE   Annales du Service des Antiquités de l'Egypte, Kairo.

Beiträge Bf.   Beiträge zur ägyptischen Bauforschung und Altertumskunde, Kairo.

BIE   Bulletin de l'Institut d'Egypte, Kairo.

BIFAO   Bulletin d l'Institut français d'archéologie orientale du Caire, Kairo.

BSFE   Bulletin de la Société française d'égyptologie, Paris.

CDE   Chronique d'Egypte, Brüssel.

CRAIB   Comptes rendus de l'Académie des Inscriptions et Belles-Lettres, Paris.

IFAO   Institut français d'archéologie orientale du Caire, Kairo.

JAOS   Journal of the American Oriental Society, Chicago.

JEA   The Journal of Egyptian Archaeology, London.

JNES   Journal of Near Eastern Studies, Chicago.

MDAIK   Mitteilungen des Deutschen Instituts für ägyptische Altertumskunde in Kairo, Wiesbaden.

OLZ   Orientalische Literaturzeitung, Berlin.

OR   Orientalia, Rom.

RA   Revue archéologique, Paris.

RE   Revue d'égyptologie, Paris.

Rec. de Trav.   Recueil de travaux relatifs à la philologie et à l'archéologie égyptienne et assyrienne, 3–14, Paris 1882–93.

Suppl. ASAE   Supplément aux Annales du Service des Antiquités de l'Egypte (numerierte Bände), Kairo.

ZÄS   Zeitschrift für ägyptische Sprache und Altertumskunde, Leipzig.

Einführung

1. Um die Nekropole Saqqaras von Memphis aus zu erreichen, muß die Anlage von Kanälen erforderlich gewesen sein.
2. Von Mänaden (Bakchantinnen) getragene Häute heiliger Tiere, die Wiedergeburt symbolisierten.
3. An der Spitze mit Pinienzapfen verzierte und mit Efeu umwundene Stäbe, von Dionysos und den Bakchantinnen getragen.
4. Stibadeia waren kleine Heiligtümer des Dionysos-Kults. Eine solche Kultstätte wurde in Theben entdeckt. Sie ist annähernd gleich alt wie der Halbkreis der Dichter und Philosophen in Saqquara, zu dem sie klare Parallelen aufweist. In Thasos führte jedoch Dionysos selbst ›den Vorsitz‹, nicht – wie in Saqqara – Homer, doch Dionysos hatte im griechischen Raum die Rolle des Patrons der Schriftstellerei übernommen bzw. teilte sich in diese Rolle mit Apoll, dem ›Musenführer‹ (Apollon Musagetes).
5. Der Ingenieur Linant de Bellefonds war damals Generaldirektor des Amtes für öffentliche Bauten in Ägypten, Dr. Clot, der Begründer der Medizinischen Hochschule in Kairo, hatte das Gesundheitswesen unter sich. Tatsächlich hatte Mohammed Ali während seiner außerordentlich erfolgreichen Regierungszeit mehrere Franzosen, die nach Ägypten gekommen waren, mit wichtigen öffentlichen Ämtern betraut, darunter auch Oberst Sève, den Instrukteur und späteren Oberkommandierenden des Heeres, der unter dem Namen Soliman Pascha bekannt wurde, desgleichen den Ingenieur Charles Lambert, der die École Polytechnique de Boulaq leitete und zusammen mit Linant de Bellefonds am Bau des Deltadammes arbeitete.

Kapitel I

6. Auguste Mariette, Le Sérapéum de Memphis (nach seinom Tode veröffentlicht von Gaston Maspero), Seite 4.
7. Ebenda Seiten 5–6.
8. Strabon, Geographie. Buch XVII handelt von Ägypten und Nordafrika.

9. Mariette, a.a.O., Seite 7.
10. S.: J.-P. Lauer und Ch. Picard: Les statues ptolémaïques du Sarapiéion de Memphis (insbesondere Seiten 108–118).
11. Mariette, a.a.O., Seiten 17–18.
12 S.: Lauer und Picard, a.a.O., Seiten 10–19.
13. Nur noch eines der schwarzen Zeichen am Rückgratende des im Louvre ausgestellten Stieres ist sichtbar.
14. S.: Mariette, Notice des principaux monuments exposés au Musée d'Antiquités égyptiennes de S. A. le Vice-roi à Boulaq (1. Aufl. 1864), S. 61, (6. Aufl. 1878), S. 94, Nr. 26; desgl. Arthur Rhoné, L'Egypte à petites journées (Neuausg. 1910) Seite 224.
15. S.: Notice biographique d'Auguste Mariette, in: Bibl. égyptolog. XVIII (1904) Seite LIII.
16. H. Brugsch, Mein Leben und mein Wandern, Seiten 165–166.
17. Diesen Namen gab der Historiker Manetho (3. Jh. v.Chr.) Horemheb, dem letzten König der XVIII. Dynastie.

KAPITEL 2

18. Mariette, Notice sur l'état actuel et sur les résultats, jusqu'à ce jour, des travaux entrepris pour la conservation des antiquités égyptiennes en Egypte, in: CRAIB III (1862), Seiten 153ff.
19. Notice biographique d'Auguste Mariette, a.a.O., Seite LXXXVIII.
20. Mariette, Sur les tombes de l'Ancien Empire que l'on trouve à Saqqarah, in: RA 19 (1869), Seiten 7–8.
21. G. Devéria, Théodule Devéria, Notice biographique, Seiten XIV–XVI, Bibl. égyptolog. IV.
22. Notice des princip. monum. exposés au Musée d'Antiquités égyptiennes de S.A. le Vice-roi à Boulaq, Nr. 492.
23. P. Montet, Scènes de la vie privée dans les tombeaux égyptiens de l'Ancien Empire, Seite 284.
24. Ebenda, Seiten 295–297 und Abb. 40.
25. Ebenda, Seite 304.
26. Ebenda, Seiten 311–312 und Abb. 41.
27. Ebenda, Seite 322.
28. J. Vandier, Manuel d'Archéologie, V, Seite 109.
29. Ebenda, Seite 65.

30. P. Montet, a.a.O. (vgl. Anm. 23), Seiten 220–224.
31. Ebenda, Seiten 334–346.
32. S. z.B.: K. Lange und M. Hirmer, Ägypten, Architektur, Plastik, Malerei, Taf. 61, 64, 65 oder E. Drioton und A. Vigneau, Le Musée du Caire (Encyclopédie photographique de l'Art), Paris 1949, Taf. 23–25.
33. S.: RA II (1860), Seite 23.
34. S. z.B.: Drioton u. Vigneau, a.a.O., Abb. 4.
35. J.E. Quibell, Excavations at Saqqara (1911–1912). The tomb of Hesy.

KAPITEL 3

36. J. de Morgan, Fouilles à Dahchour, mars-juin 1894, desgleichen 1894 bis 1895, 2 Bde., Wien 1895 u. 1903.
37. Montet, Scènes de la vie privée, a.a.O., Seiten 88, 89.
38. Ebenda, Seite 286.
39. Montet, a.a.O., Seite 368–371.
40. Vandier, a.a.O., IV, Seite 514.
41. Ebenda, Seite 522.
42. Ebenda, Seite 518.
43. H. Hickmann, La danse aux miroirs, BIE XXXVII, 1 (1956), Seiten 151–190.
44. S. hierzu: Montet, a.a.O., Seiten 113–114. Auf einer Jagdszene des Ptah-hotep (hier Abb. 31) sieht man tatsächlich zwei Hyänen bereit zum ›Einsatz‹.
45. Über diese Masten und ihre Funktion: s. Vandier, Manuel d'Archéologie V, Seiten 796–797.
46. Über die Rolle dieser Bootsleute: s. Vandier, a.a.O., Seiten 718 bis 721; desgl. Ch. Boreux, Études de nautique égyptienne, Seiten 404–411.
47. Vandier, a.a.O., IV, Seite 493.
48. Montet, a.a.O., Seiten 365–368.
49. L. Keimer, in: Revue de l'Égypte ancienne I (1927), Seiten 182ff.; II (1929), Seiten 210–215 und III (1930), Seiten 36–41.
50. V. Loret, Fouilles dans la nécropole memphite (1897–1899). Communication faite à l'Institut Égyptien dans la séance du

5 mai 1899 (Kairo 1899); desgl. J.Capart, Une rue de tombeaux à Saqqarah, 2 Bde., Brüssel 1907.

51. N. de G. Davies, The Mastaba of Ptahhetep and Akhethetep at Saqqarah, 2 Bde., London 1900 und 1901.

52. Montet, a.a.O., Seite 371; Vandier, a.a.O., Seite 518.

53. Montet, a.a.O., Seiten 78–80, desgl. Vandier, a.a.O., Seiten 473–479.

54. Barsanti und Maspero, Fouilles autour de la pyramide d'Ounas, in: ASAE I–III, V.

55. Quibell, Excavations at Saqqara (1905–1906), Kairo 1907.

56. Quibell, Excavations at Saqqara (1906–1907), Kairo 1908.

57. Quibell, a.a.O., desgl.: Excavations at Saqqara (1907–1908); desgl. Excavations ... (1908–1910) sowie The Monastery of Apa Jeremias, Seite 7 und Taf. VIII, XIII.

58. Quibell, Excavations at Saqqara (1912–1914), Archaic Mastabas.

59. Quibell, Excavations at Saqqara (1911–1912), The tomb of Hesy.

60. S.: C.M. Firth, in: ASAE XXXI, Seiten 45–48 u. Taf.

61. S.: Drioton und Vigneau, a.a.O., Abb. 41.

62. C.M. Firth und B. Gunn, Excavations at Saqqara. Teti Pyramid Cemeteries, 2 Bde., Kairo 1926.

63. Firth, Preliminary report on the excavations at Saqqara (1925 bis 1926), ASAE XXVI, Seite 101 und Taf. IV (A), V.

64. R. Macramallah, Fouilles à Saqqarah. Le mastaba de Idout. Kairo 1935.

65. Z.Y. Saad, Preliminary report on the Excavations of the Dept. of Antiquities at Saqqara (1942–43), ASAE XLIII, Seiten 449 bis 457 u. Taf. XXXIII–XLVI; desgl. Drioton, Description sommaire des chapelles funéraires de la VIème dynastie récemment découvertes derrière le mastaba de Mérérouka à Sakkarah, Seiten 487–513 u. Taf. XLVII.

KAPITEL 4

66. W.B. Emery, The Tomb of Hemaka, Kairo 1938; Excavations at Saqqara, 1937–1938 sowie Hor Aha, Kairo 1939.

67. Emery, Great Tombs of the First Dynasty, I, Kairo 1949.

68. Emery, Great Tombs of the First Dynasty, II u. III, London 1954, 1958.
69. Emery, Hor Aha, Seiten 1–7.
70. Emery, Great Tombs, II, Seiten 1–4; desgl. Lauer, Histoire monumentale des pyramides d'Égypte, I, Seiten 33–35.
71. Lauer, Evolution de la tombe royale égyptienne jusqu'à la Pyramide à degrés, MDAIK 15, Seiten 148–165.
72. Emery, Great Tombs, II, Seiten 1–4; 5–127 und Tafel I–XXXVII.
73. Ebenda, Seite 142.
74. Ebenda, Taf. XXVI–XXXVII.
75. Emery, Great Tombs, I, Seiten 20–57 u. Taf. 4–10.
76. Emery, The Tomb of Hemaka, Taf. 11–23.
77. Emery, Great Tombs, III, Taf. 2, 24, 25, 27.

KAPITEL 5

78. Firth und Quibell, The Step Pyramid, I, Seiten 77–85.
79. S.: Firth, Two mastaba chapels of the IIIrd Dynasty at Sakkara, in: ASAE XXIV, Seiten 122–127 u. 3 Taf.
80. Firth, ebenda, Taf. 1, 2, desgl. Excavations of the Dept. of Antiquities at the Step Pyramid, Saqqara (1924–1925), in: ASAE XXV, Seiten 149–159 u. 5 Taf.; s. auch: Lauer, La Pyramide à degrés. L'architecture, II, Taf. LVI, LIX, LXIII.
81. Firth, Preliminary report on the excavations at Sakkara (1925 bis 1926), ASAE XXVI, Seiten 97–101 u. 5 Taf.; desgl. Lauer, a.a.O., Taf. XXXVIII–XLVIII.
82. B. Gunn, Inscriptions from the Step Pyramid site, ASAE XXVI, Seiten 177–196 u. Taf.
83. Lauer, Étude sur quelques monuments de la IIIème dynastie, ASAE XXVII, Seiten 112–121 sowie Taf. I, II.
84. Lauer, La Pyramide à degrés. L'architecture, I, Seiten 154–177, desgl. II, Taf. LXXIII, LXXXI.
85. Firth, in: ASAE XXVII, Seiten 105–111 u. 3 Taf.
86. Lauer, La Pyramide à degrés. L'architecture, I, Seiten 101 ff. u. II, Taf. XXXI.
87. S.: Lauer u. Derry, Découverte à Saqqarah d'une partie de la momie du roi Zoser, in: ASAE XXXV, Seiten 25–27 u. Taf.

88. Firth, in: ASAE XXVIII, Seiten 81–88 u. 3 Taf.

89. Lauer, in: ASAE XXXVIII, Seiten 551–565 u. Taf. C, C1.

90. Lauer, Histoire monumentale des pyramides d'Égypte, I, Les pyramides à degrés (IIIème dynastie), Seiten 131–142.

91. Lauer, V. Laurent Täckholm u. E. Åberg: Les plantes découvertes dans les souterrains de l'enceinte du roi Zoser, in: BIE XXXII, Seiten 121–157 u. Taf.

92. Firth in ASAE XXVII, Seiten 82–83.

93. Lauer in ASAE XXX, Seiten 137–140 u. Taf. I.

94. Lauer in ASAE XXXIX, Seite 450 u. Taf. LXX; desgl. Drioton u. Vigneau, a.a.O., Seite 24 u. Taf. 89.

95. Lauer in: ASAE XXX, Seiten 129–136 u. Taf. I; ASAE XXXI, Seiten 65–69 u. Taf. I, II.

96. ASAE XXXIII, Seiten 146–152 u. Taf.

97. Lauer, Fouilles du Service des Antiquités à Saqqarah (Secteur Nord), nov. 1932 – mai 1933, ASAE XXXIII, Seiten 155–166 u. Taf. I, II.

98. Lauer, Fouilles ... à Saqqarah, nov. 1933 – mai 1934, ASAE XXXIV, Seiten 54–62 u. Taf. I, II; desgl. in: ASAE XXXV, Seiten 66 bis 75 u. Taf. I, II; ASAE XXXVI, Seiten 20–28 u. Taf. I, II.

99. Lauer, La Pyramide à degrés, III, Compléments. Kairo 1939.

100. P. Lacau u. J.-P. Lauer, La Pyramide à degrés, IV, Inscriptions gravées sur les vases, 2 Bde., Kairo 1959 u. 1961.

101. Lacau u. Lauer, La Pyramide à degrés, V, Inscriptions à l'encre sur les vases, Kairo 1965.

102. Lauer in: ASAE XXXVII, Seiten 96 bis 100 u. Taf. I, II.

103. Lauer in: ASAE XXXIX, Seiten 469 bis 472 u. Taf. LXXII, LXXIII.

104. Lauer, Restauration et ›anastylose‹ dans les Monuments du roi Zoser à Saqqarah (1927–1947), in: ASAE XLVIII, Seiten 351 bis 366 u. Taf. I–III.

105. Lauer, in: ASAE LIV, Seiten 101–110 u. Taf. I–III.

106. Lauer, Travaux de restitution et d'anastylose en cours dans les Monuments du roi Zoser à Saqqarah, in: CRAIB (1963), Seiten 301–312; desgl. in: CRAIB (1966), Seiten 453–456.

107. CRAIB (1967), Seiten 494–496 sowie CRAIB (1969), Seiten 460 bis 463.

108. CRAIB (1970), Seiten 484–488.

109. CRAIB (1973), Seite 325 u. Taf. II (b).

KAPITEL 6

110. Zakaria Goneim, Horus Sekhemkhet. The unfinished step pyramid at Saqqara, I, Kairo 1957.
111. Z. Goneim, a.a.O., Seiten 13–14 u. Taf. XXXI–XXXIV.
112. Lauer, L'apport historique des récentes découvertes du Service des Antiquités de l'Égypte dans la nécropole memphite, in: CRAIB, Seiten 372–373.
113. Z. Goneim, a.a.O., Taf. LX.
114. Lauer, Travaux d'anastylose et nouvelles recherches sur les pyramides et leurs complexes à Saqqarah, de 1964 à 1966, CRAIB (1966), Seiten 456–458.
115. Lauer, Recherche et découverte du tombeau Sud de l'Horus Sekhemkhet dans son complexe funéraire à Saqqarah, RE 20, Seiten 97–107 u. Taf. 5, 6; desgl. in: CRAIB (1967), Seiten 496 bis 508.
116. Lauer, in: CRAIB (1969), Seite 463.

KAPITEL 7

117. Firth, in: ASAE XXIX, Seiten 64–70 u. Taf. I, II.
118. Drioton u. Lauer, Les tombes jumelées de Neferibrê-sa-Neith et de Ouahibrê-men, in: ASAE LI, Seiten 469, 478–479 u. Taf. I.
119. Ebenda, Seiten 469–490 u. Taf. I–XVI.
120. Zaki Y. Saad, in: ASAE XLI, Seiten 391–393 u. Taf. XXVIII–XXX; desgl. Drioton, in: ASAE LII, Seiten 105–128, u. Lauer, ebenda, Seiten 133–136 sowie Taf. I, II.
121. Lauer, Le temple haut de la pyramide du roi Ouserkaf à Saqqarah, in: ASAE LIII, Seiten 119–133 u. Taf. I–IV.
122. Lauer, Découverte de serdab du chancelier Icheti à Saqqarah, in: RE VII, Seiten 15–18 u. Taf. I, II; desgl. Drioton u. Lauer, Un groupe de tombes à Saqqarah: Icheti, Nefer-khouou-Ptah, Sebek-em-khent et Ankhi, ASAE LV, Seiten 207–251 u. Taf. I bis XXV.
123. A. Barsanti, Le mastaba de Samnofir, ASAE I, Seiten 150–160. Diese heute mit Sand bedeckte Mastaba ist nicht mehr zugänglich.

124. Barsanti u. Maspero, Les tombeaux de Psammétique et de Setaribau, in: ASAE I, Seiten 161–188.

125. Ebenda, Seiten 262–281.

126. Ebenda, Seiten 230–261.

127. Ebenda, Seiten 234–235.

128. ASAE II, Seite 235.

129. Ein Plan dieses außerordentlich eindrucksvollen unterirdischen Grabes wurde von Lauer veröffentlicht, s.: Lauer, La Pyramide à degrés. L'architecture, I, Seite 4, Abb. 2, u. Hist. monum. des pyr. d'Égypte, I, Taf. 6a.

130. Maspero, Note sur les objects recueillis sous la pyramide d'Ounas, in: ASAE III, Seiten 185–190.

131. Lauer, Hist. monum. I, Seiten 56–59.

132. Firth in: ASAE XXX, Seiten 185–189 u. Taf.

133. Lauer in: ASAE XXXVII, Seiten 111 bis 113 u. Taf.

134. Selim Hassan, in: ASAE XXXVIII, Seiten 503–521 u. Taf. XCIV bis XCVII.

135. Ebenda, Seiten 512–519 u. Taf. XCVII (B).

136. Ebenda, Seiten 519–521 u. Taf. XCIV–XCVII (A).

137. S. hierzu den interessanten Aufsatz von G. Goyon, Les navires de transport de la chausée monumentale d'Ounas, in: BIFAO LXIX (1970), Seiten 11–41 u. Taf. I–VII.

138. Selim Hassan, a.a.O., Taf. XCV.

139. Montet, Scènes de la vie privée, Seiten 275–288.

140. Drioton, in: BIE (1943), Seiten 45 bis 54 sowie Abb. 3; desgl. S. Schott, Aufnahmen vom Hungersnotrelief aus dem Aufweg der Unaspyramide, in: RE 17 (1965).

141. Selim Hassan, a.a.O., Seite 521.

142. ASAE XLI, Seiten 382–391 u. Taf. XXVI, XXVII.

143. Zaki Y. Saad, A preliminary report on the excavations at Saqqara, 1939 bis 1940, ASAE XL, Seiten 683–685.

144. Ebenda, Seiten 683–684 u. Taf. LXXVIII, LXXIX.

145. Ebenda, Seiten 685–686.

146. Ebenda, Seiten 686–687.

147. Ebenda, Seiten 687–692 u. Taf. LXXX, LXXXI.

148. Ebenda, Seiten 690–692.

149. Abdel-Salam M. Hussein, Fouilles sur la chausée d'Ounas (1941 bis 1943), ASAE XLIII, Seiten 439–442 u. Taf. XXVIII–XXXII.

150. Abd El-Hamid Zayed, Le Tombeau d'Akhti-hotep à Saqqara, ASAE LV, I, Seiten 127–137 u. Taf. I–XVII.
151. Drioton, in: BIE XXVII, Seiten 77–90; desgl. G. Brunton, in: ASAE XLVII, Seiten 125–133 u. Taf. XV–XVI.
152. S.: Prisse d'Avennes, Histoire de l'Art Égyptien; diese Zeichnung des Sarkophags ist auch wiedergegeben bei: J. Capart, L'Art Égyptien, I, L'Archtitecture (1922), Taf. 23. Die Fragmente des in der Mastabat Fara'un entdeckten Sarkophags weisen die gleichen Eckrundstäbe auf (vgl. S. 133).
153. BIE XXVI, Seite 88 u. Abb. 6.
154. Ebenda, Seite 88, Abb. 7.
155. Montet, Scènes de la vie privée, Seite 75–77 u. Taf. VII (I), wo ähnliche Szenen aus der Mastaba des Ti beschrieben und erörtert werden.
156. Dies Grab wurde veröffentlicht von Ahmed Moussa und H. Altenmüller, The Tomb of Nefer at Sakkara, in: Archäologische Veröffentlichungen des Deutschen Archäologischen Instituts, Abteilung Kairo, Bd. 5 (1971).

KAPITEL 8

157. G. Jéquier, Le Mastabat Faraoun, Seiten 9–11.
158. Ebenda, Seiten 21, 31–32.
159. Jéquier, Le Monument funéraire de Pepi II, I–III.
160. Jéquier, La pyramide d'Oudjebten.
161. Jéquier, Les pyramides des reines Neit et Apouit.
162. L. Borchardt, Das Grabdenkmal des Königs Ne-user-Rê, Leipzig 1907; Das Grabdenkmal des Königs Nefer-ir-ka-Rô, Leipzig 1909; Das Grabdenkmal des Königs Sahu-Rê, 2 Bde., Leipzig 1910–1913.
163. Jéquier, La pyramide d'Oudjebten, Taf. III, VI–XII; desgl. Les pyramides des reines Neit et Apouit, Taf. VII bis XXXII, XXXVIII, XXXIX.
164. Jéquier, La pyramide d'Aba, Taf. III–XVI.
165. Jéquier, Tombeaux de particuliers contemporains de Pépi II.
166. Jéquier, Douze ans de fouilles dans la nécropole memphite, 1924–1936, Seite 109, Abb. 30.

167. Ebenda, Seite 110.
168. Ebenda, Seite 112, Abb. 31.
169. Ebenda, Seite 118, Abb. 32.
170. Jéquier, ebenda, Seite 130, Abb. 37; desgl. A propos d'une statue de la vième dynastie, Mémoires de l'IFAO LXVI (Mélanges Maspero, Bd. I), Seiten 105–112.
171. J. de Morgan, Carte de la nécropole memphite, Taf. VI.
172. Jéquier, Deux pyramides du Moyen Empire, Seite 8, Abb. 7.
173. Jéquier, ebenda, Seite 19–26 u. Taf. VI; desgl. Douze ans de fouilles, Seiten 144–146.
174. Jéquier, Douze ans de fouilles, Seite 145.
175. Ebenda, Seite 146; desgl. Deux pyramides du Moyen Empire, Taf. V (b, c).
176. Jéquier, Douze ans de fouilles, Seite 155.

KAPITEL 9

177. Lauer u. Sainte Fare Garnot, Rapport préliminaire sur les recherches entreprises dans le sous-sol de la pyramide de Téti à Saqqarah en 1951 et 1955/1956, ASAE LV, Seiten 253–261 u. 2 Taf.
178. BSFE 43, Seiten 18–19 u. Taf. B gegenüber Seite 13.
179. Lauer, in: CRAIB (1966) Seiten 461–469 u. Abb. 2; desgl. in BSFE 47, Seiten 26–32 u. Taf. III.
180. CRAIB (1966), Seiten 467–468 u. Taf. III (B); desgl. Leclant, in: BSFE 46, Taf. III; sowie in OR 36, 2, Taf. XXVI–XXVIII.
181. CRAIB (1969), Seiten 466–467 u. Taf. II; BSFE 52, Seiten 23–27 u. Taf. IV; desgl. Leclant, in: OR 37, 1, Taf. XXIV bis XXVI; 38, 2, Taf. XXII–XXV, u. 39, 2, Taf. XXXIV–XXXVII.
182. Lauer u. Leclant, Découverte de statues de prisonniers au temple de la pyramide de Pépi Ier, in: RE 21, Seiten 56–62; desgl. Lauer, in: CRAIB (1969), Seiten 468–479 u. Taf. III–VI; BSFE 56, Seiten 17–24 u. Taf. II, III; außerdem Leclant, in: OR 39, 2 Taf. XXVII–XXXII.
183. Lauer, in: CRAIB (1970), Seite 491 u. Taf. V (a, b); desgl. Leclant, in: OR 40, 2, Seiten 232–233 u. Taf. XXVI, Abb. 15.
184. Leclant, in: BSFE 58, Seiten 5–18 u. Abb.

185. Lauer, in: BSFE 62.
186. Lauer, in: CRAIB (1970), Seite 498 u. Plan, Abb. 3.
187. Ebenda, Seite 498–502 u. Taf. IX (c).
188. BSFE 62.

KAPITEL 10

189. W. B. Emerys jährliche Berichte in: JEA 51 (1965) bis 56 (1970).
190. Emery, JEA 52, Seite 8, vermerkt, daß Nefertum als Sohn des Ptah während der Ptolemäerzeit mit Imhotep gleichgesetzt wurde.
191. Emery, in: JEA 55, Taf. VI, VII u. VIII (5, 6).
192. Ebenda Taf. VIII (1–4). Emery hebt (Seiten 33–34) hervor, daß Belzoni bei seinen Forschungen in Theben derartige falsche »Mumien« entdeckt habe; vgl. G. Belzoni, Narrative of Operations (London 1820), I, Seite 261 f. u. Taf. 44.
193. Ebenda, Taf. IX (2).
194. Emery, in: JEA 56, Taf. X (1).
195. Ebenda, Seite 7.
196. Ebenda, Taf. XIV (2, 3).
197. Ebenda, Taf. XV.
198. Ebenda, Taf. XVI (1). Emery verglich Seite 84 diese Gipsabgüsse mit ähnlichen Terrakottaobjekten aus dem Tempel des Aesculapius in Rom (heute im Wellcome Institute of the History of Medicine, London). Drei Masken aus diesem Fund gibt seine Taf. XVI (2) wieder.
199. Ebenda, Taf. XVII (1).

BIBLIOGRAPHIE

ALLGEMEINE DARSTELLUNGEN

ALDRED, C.: The Development of Egyptian Art, 3 Bde., London 1949–51.

BADAWY, AL: Le dessin architectural chez les anciens Egyptiens, Kairo 1948. A History of Egyptian Architecture, I, Giza 1954; II, III, University of California Press 1966, 1968.

BREASTED, J. H.: Ancient Records of Egypt, I–IV, Chicago 1906–7. The Development of Religion and Thought in Ancient Egypt, New York 1912.

CAPART, J.: Memphis, à l'ombre des Pyramides, Brüssel 1930. L'Art Egyptien, 2 Bde., Brüssel 1909–11. Außerdem Deuxième Partie, I, L'Architecture, 1922; II, La Statuaire, 1948; III, Les Arts graphiques, 1942; IV, Les Arts mineurs, 1947.

DAUMAS, F.: La civilisation de l'Egypte pharaonique, Paris 1965.

DRIOTON, ET. und DU BOURGUET, P.: Les Pharaons á la conquête de l'art, 1965.

DRIOTON, ET. und VANDIER, J.: Les Peuples de l'Orient méditerranéen, II, L'Egypte, 3. Aufl., Paris 1952.

EDWARDS, I. E. S.: ›The early dynastic period in Egypt‹, in The Cambridge Ancient History, Bd. I, K. XI. The Pyramids of Egypt, Harmondsworth, durchges. Aufl., 1972.

EMERY, W. B.: Archaic Egypt, Harmondsworth 1961.

FAKHRY, A.: The Pyramids, Chicago 1961.

FRANKFORT, H.: Kingship and the Gods, Chicago 1948.

GARDINER, A. H.: The attitude of the ancient Egyptians to death and the dead, Cambridge 1935.

GIEDION, S.: The Eternal Present: The Beginning of Architecture, London und New York 1964.

GRINSELL, L. V.: Egyptian Pyramids, Gloucester 1947.

HAYES, W. C.: The Scepter of Egypt, 2 Bde., New York und Cambridge, 1953–1959.

HELK, W.: ›Pyramiden‹, in: Pauly-Kroll-Ziegler, Real-Encyclopädie der klassischen Altertums-Wissenschaft, XXIII, 2, Sp. 2167–2282.

JÉQUIER, G.: Manuel d'archéologie égyptienne, Paris 1924.

JUNKER, H.: Pyramidenzeit. Das Wesen der Altägyptischen Religion, Zürich 1949.

KEES, H.: Der Götterglaube im alten Ägypten, Leipzig 1941. Totenglauben und Jenseits-Vorstellungen der alten Ägypter, 2. Aufl., Berlin 1956.

LANGE, K. und HIRMER, M.: Ägypten. Architektur, Plastik, Malerei in drei Jahrtausenden, München 1955.

LAUER, J.-PH.: Le problème des pyramides d'Egypte, Paris 1948 und 1952. Histoire monumentale des pyramides d'Egypte, I, Les pyramides à degrés (IIIe. dynastie), in Bibliothèque d'Etude de l'IFAO, XXXIX (1962). Pyramide (Paris 1972 = Encyclopaedia Universalis 13). Le mystère des pyramides, Paris 1974.

LUCAS, A.: Ancient Egyptian Materials and Industries, 3. Aufl., London 1948.

MICHALOWSKI, K.: L'art de l'Ancienne Egypte, Paris 1968 (deutsche Ausgabe: Ägypten, Kunst und Kultur, a. d. Französ. v. Wilfried Seipel, 5. Aufl. 1976, Freiburg/Brsg.).

Montet, P.: Eternal Egypt, New York
1964.

Porter, B. und Moss, R.: Topographical
Bibliography of Ancient Egyptian
Hieroglyphic Texts, Reliefs and Pain-
tings, iii, Memphis, Oxford 1931.

Petrie, W. M. F.: A History of Egypt, i,
From the earliest kings to the xviith
Dynasty, 10. Aufl., London 1923.

Posener, G.: A Dictionary of Egyptian
Civilization, London 1962.

Prisse d'Avennes: Histoire de l'art
égyptien d'après les monuments,
Paris 1878.

Ranke, H.: The Art of Ancient Egypt,
Wien 1936.

Reisner, G. A.: The Development of the
Egyptian Tomb down to the Acces-
sion of Cheops, Cambridge, Mass.
1936.

Schäfer, H. und Andreae, W.: Die
Kunst des alten Orients, 3. Aufl.,
Berlin 1932.

Smith, E. B.: Egyptian Architecture
as a Cultural Expression, New York
1938.

Smith, W. S.: A History of Egyptian
Sculpture and Painting in the Old
Kingdom, Oxford 1946.
The Art and Architecture of Ancient
Egypt, London and Baltimore 1958.
The Old Kingdom in Egypt‹, in The
Cambridge Ancient History,
Bd. i, K. xiv.

Steindorff, G.: Die Kunst der Ägypter,
Leipzig 1928.

Vandier, J.: Manuel d'archéologie
égyptienne, 5 Bde., Paris 1952–70.

Wilson, J.: The Burden of Egypt,
Chicago 1951

Werke und Artikel über Saqqara

Alfred, C.: Egypt to the End of the Old
Kingdom, London und New York
1965.
Jewels of the Pharaohs: Egyptian
Jewellery of the Dynastic Period,
London und New York 1972.

Badawi, Ahmed M.: ›Denkmäler aus
Sakkarah‹, asae, xl–xlii.

›Das Gräberfeld in der Nähe der
Mastaba des Ptahhetep‹, asae, xl.

Badawy, Al: ›Architectural Devices
against the Violation of Egyptian
Tombs‹, Bull. Fac. of Arts, Cairo
University, xvi, 1 (1954)
›La stèle funéraire sous L'Ancien Em-
pire, son origine et son fonctionne-
ment‹, asae, xlviii.
›Les bijoux de Ankhm'ahor‹ in: La
Gazette des Beaux-Arts (Nov. 1975).

Barsanti, A. und Maspero, G.: ›Fouilles
autour de la pyramide d'Ounas‹,
asae, i, iii und v.

Bellew, P. und Schutz, A.:
Egypte, peinture des tombeaux et des
temples, mit einer Einführung von J.
Vandier, Paris 1954.

Bieger, Ch., Munro, P. und Brinks, J.:
›Das Doppelgrab der Königinnen nbt
und ḥnwt in Saqqara‹, in: Studien
zur altägypt. Kultur 1 (Hamburg
1974), 34–54.

Bissing, F. W. von und Weigall,
A. E. P.: Die Mastaba des Gem-ni-kai,
2 Bde., Berlin 1905, Leipzig 1911.

Borchardt, L.: ›Zur Geschichte der
Pyramiden, viii. Weiteres zur Bau-
geschichte der Stufenmastaba bei
Saqqara‹, zäs, 73, 2.
›Aufnahmen der Inschriften in der
Mastaba el-Faraun‹, olz, xxxiv.
Die Entstehung der Pyramide an der
Baugeschichte der Pyramide bei
Mejdum nachgewiesen, Berlin 1928.

Boreux, Ch.: ›Etudes de nautique
égyptienne. L'art de la navigation en
Egypte jusqu'à la fin de l'Ancien
Empire‹, Mémoires ifao, 50,
Kairo 1925.

Brunton, G.: ›The burial of Prince Ptah-
Shepses at Saqqara‹, asae, xlvii.

Capart, J.: Une rue de Tombeaux à
Saqqarah, 2 Bde., Brüssel 1907. ›À
Saqqarah‹, cde, 4 (1927).
›Fouilles de Saqqarah. La pyramide
de Djéser et l'œuvre d'Imhotep‹, cde,
8 (1929).
Documents pour servir à l'étude de
l'art égyptien, 2 Bde., Paris 1927–1931.
Memphis à l'ombre des pyramides,
Brüssel 1930.

Propos sur l'art égyptien, Brüssel
1931.
CLARKE, S. und ENGELBACH, R.: Ancient
Egyptian Masonry, London 1930.
DAVIES, N. DE G.: The mastaba of Ptah-
hetep and Akhethetep at Saqqarah,
2 Bde., London 1900–01.
DAVIES, N.M. und GARDINER, A.H.: An-
cient Egyptian Paintings, 3 Bde., Chi-
cago 1936.
DERRY, D.E.: ›The bones of Prince Ptah-
Shepses‹, ASAE, XLVII.
DRIOTON, E.: Artikel über Saqqara in
ASAE, XLIII–XLV, LI, LII; BIE, XXV, XXVI;
CRAIB, 1947; ASAE, XXXVI, LI, LV.
DRIOTON, E. und LAUER, J.-PH.: The Py-
ramids of Sakkarah, Kairo 1939, 1951.
DRIOTON, E. und VIGNEAU, A.: Le Musée
du Caire, Paris 1949.
DUELL, P.: The Mastaba of Mereruka.
Teil 1 und 2 (Oriental Institute
Publications, Bde. 31, 39), Chikago
1938.
EMERY, W.B.: The Tomb of Hemaka, in
Zusammenarbeit mit Zaki Y. Saad,
Kairo 1938.
Excavations at Saqqara, 1937 bis
1938. Hor-Aha, in Zusammenarbeit
mit Zaki Y. Saad, Kairo 1939.
Great Tombs of the First Dynasty, I,
Kairo 1949; II, London 1954; III,
London 1958.
Artikel über Saqqara in ASAE, XXXVII,
XXXIX, XLV; JEA, Bde. 51–56.
EPERON, L., DAUMAS, F. und GOYON, G.:
Le tombeau de Ti: Dessins et aqua-
relles, I, Kairo 1939.
ERMAN, A.: Reden, Rufe und Lieder auf
Gräberbildern des Alten Reiches,
Berlin 1919.
FAULKNER, R.O.: The Ancient Egyptian
Pyramid Texts, 2 Bde., Oxford 1969.
FIRTH, C.M.: Aufsätze über Saqqara in
ASAE, XXIV–XXXI.
FIRTH, C.M. und GUNN, B.: The Teti
Pyramid Cemeteries, 2 Bde., Kairo
1926.
FIRTH, C.M. und QUIBELL, J.E.: The Step
Pyramid, 2 Bde., Kairo 1935.
FISCHER, H.G.: ›A Scribe of the army in
a Saqqara mastaba of the early Fifth
Dynasty‹, JNES, XVIII/4, 1959.

›The Butcher Ph-r-ntr‹, OR, 29, Fasz.
2, 1960.
›An Egyptian royal stela of the
Second Dynasty‹, Artibus Asiae,
XXIV/1, Ascona 1961.
A Stela of the Heracleopolitan Period
at Saqqara: the Osiris ›Iti‹, ZÄS, 90.
GONEIM, M. ZAKARIA: The Buried Pyra-
mid, London 1964.
Horus Sekhem-khet: The Unfinished
Step Pyramid at Saqqara, I, Kairo
1957.
GOYON, G.: ›Les navires de transport de
la chausée monumentale d'Ounas‹,
BIFAO, LXIX, 1971.
GUNN, B.: ›The inscribed sarcophagi in
the Serapeum‹, ASAE, XXVI.
›Inscriptions from the Step Pyramid
site‹, ASAE, XXVI, XXVIII, XXXV.
HASSAN, S.: ›Excavations at Saqqara
(1937–1938)‹, ASAE, XXXVIII.
›The Causeway of Wnis at Saqqara‹,
ZÄS, 80.
HERMANN, A.: Führer durch die Alter-
tümer von Memphis und Sakkara,
Berlin 1938.
HURRY, J.B.: Imhotep, Oxford 1926.
HUSSEIN, ABDEL-SALAM, M.: ›Fouilles
sur la chaussée d'Ounas (1941 bis
1942)‹, ASAE, XLIII.
›The reparation of the mastaba of
Mehu at Saqqara‹, ASAE, XLII.
JAMES, T.G.H.: The mastaba of khantika
called Ikhekhi (Archaeol. Survey of
Egypt, 30th memoir) London 1953
JÉQUIER, G.: Le Mastabat Faraoun, in
Zusammenarbeit mit Dows Dunham,
Kairo 1928.
La pyramide d'Oudjebten, Kairo
1928.
Tombeaux de particuliers
contemporains de Pépi II, Kairo
1928.
Les pyramides des reines Neit et
Apouit, Kairo 1933.
La pyramide d'Aba, Kairo 1935.
Deux pyramides du Moyen Empire,
Kairo 1938.
Le monument funéraire de Pépi II,
3 Bde., Kairo 1936–40.
Aufsätze über Saqqara in ASAE, XXV
bis XXXVI.

›Les stèles de Djeser‹, CDE, 27.
Douze ans de fouilles dans la nécro-
pole memphite, 1924–1936,
Neuchâtel 1940.
JUNKER, H.: ›Von der ägyptischen Bau-
kunst des Alten Reiches‹, ZÄS, 63.
›Zu dem Idealbild des menschlichen
Körpers in der Kunst des Alten
Reiches‹, AÖAW, 84 (1947).
›Das lebenswahre Bildnis in der
Rundplastik des Alten Reiches‹,
AÖAW, 87 (1950).
KAISER, W.: ›Zu den königlichen Tal-
bezirken der 1. und 2. Dynastie in
Abydos und zur Baugeschichte des
Djoser-Grabmals‹, MDAIK, 25 (1969).
LACAU, P.: ›Suppressions et modifi-
cations de signes dans les textes
funéraires‹, ZÄS, 51 (1914).
›Suppressions des noms divins dans
les textes de la chambre funéraire‹,
ASAE, XXVI (1926).
›Le panier de pêche égyptien‹, BIFAO,
LIV (1954).
LACAU, P. und LAUER, J.-PH.: Fouilles à
Saqqarah (IFAO): La pyramide à
degrés, IV, Inscriptions gravées sur
les vases, Fasz. 2, Kairo 1959, 1961;
V, Inscriptions à l'encre sur les vases,
Kairo 1965.
LAUER, J.-PH.: Fouilles à Saqqarah
(Service des Antiquités de l'Egypte):
La Pyramide à degrés. L'architecture,
I (Text), II (Taf.), Kairo 1936; III,
Compléments, Kairo 1939. ›Recon-
stitution de l'ordre fasciculé de
Saqqarah (IIIème dynastie)‹, Memoi-
res de l'IFAO, XXXV (Mélanges
Maspero). ›Étude sur quelques monu-
ments de la IIIème dynastie‹, ASAE,
XXVII–XXXII.
›Etudes complémentaires sur les mo-
numents du roi Zoser à Saqqarah‹,
Supplément ASAE, Nr. 9, Kairo 1948.
›Fouilles du Service des Antiquités à
Saqqarah‹, ASAE, XXXIII–XXXIX, LIII.
›Rapports sur les restaurations effec-
tuées dans les monuments de Zoser
à Saqqarah‹, ASAE, XXX–XXXIX, LIV,
LVII.
›Le temple haut de la pyramide du roi
Ouserkaf à Saqqarah‹, ASAE, LIII.

›Restaurations et »anastylose« dans
les monuments du roi Zoser à Saqqa-
rah (1927–1947)‹, ASAE, XLVIII.
›Remarques sur les stèles fausses-
portes de l'Horus Neteri-khet sous la
Pyramide à degrés et son enceinte
Sud‹, in Monuments Piot, 49.
›Observations sur les pyramides‹,
Biblioth. d'Etude de l'IFAO, XXX
(1960).
›Mariette à Saqqarah, du Sérapéum
à la Direction des Antiquités,
Biblioth. d'Etude de l'IFAO, XXXII
(Mélanges Mariette).
The pyramids of Sakkarah, Kairo
1961, 1971.
Aufsätze über Saqqara in BIE, XXXIV,
XXXVI, XXXVIII, XLVII–XLIX; BIFAO, XLI,
LIX, LXI, LXIV; BSFE, 9, 12, 18, 22, 33,
37–38, 40, 43, 47, 52, 56, 62; OR, 35,
38; RA, 1957, 1959; RE, 7, 14, 15.
›La résurrection des monuments du
roi Zoser à Saqqarah‹, CRAIB, 1950.
›L'apport historique des récentes
découvertes du Service des Anti-
quités de l'Egypte dans la nécropole
memphite‹, CRAIB, 1954.
›L'œuvre d'Imhotep à Saqqarah‹,
CRAIB, 1956.
›Recherches et travaux dans la nécropole de Saqqarah‹, CRAIB, 1963,
1966, 1967, 1969, 1970, 1972, 1973.
›Evolution de la tombe royale égyptienne jusqu'à la Pyramide à degrés‹,
MDAIK, 15.
›Sondages dans la région Sud du
complexe funéraire de l'Horus
Sekhem-khet à Saqqarah‹, ASAE, LIX.
›Recherche et découverte du
tombeau Sud de l'Horus Sekhem
khet dans son complexe funéraire à
Saqqarah‹, RE, 20.
LAUER, J.-PH. und DEBONO, F.: ›Tech-
nique du façonnage des croissants de
silex utilisés dans l'enceinte de Zoser
à Saqqarah‹, ASAE, 2.
LAUER, J.-PH. und DERRY, D.E.: ›Découverte à Saqqarah d'une partie de la
momie du roi Zoser‹, ASAE, XXXV.
LAUER, J.-PH. und ISKANDAR, Z.: ›Don-
nées nouvelles sur la momification
dans l'Egypte ancienne‹, ASAE, LIII.

LAUER, J.-PH. und LECLANT, J.: Le temple haut du complexe funéraire du roi Téti, Kairo 1972.
>Découverte de statues de prisonniers au temple de Pépi ier.<, RE, 21 (1969).

LAUER, J.-PH. und PICARD, CH.: >Les statues ptolémaïques du Sarapieion de Memphis<, Publications de l'Institut d'Art et d'Archéologie de l'Université de Paris, III (1955).

LAUER, J.-PH. und SAINTE FARE GARNOT, J.: >Rapport préliminaire sur les recherches entreprises dans le sous-sol de la pyramide de Téti à Saqqarah en 1951 et 1955/56<, ASAE, LV.

LAUER, J.-PH., LAURENT-TÄCKHOLM, V. und ÅBERG, E.: Les plantes découvertes dans les souterrains de l'enceinte du roi Zoser à Saqqarah<, BIE, XXXII (1950).

LECLANT, J.: Berichte über Arbeiten in Saqqara, BSFE, 46, 58.
>Fouilles et travaux en Egypte<, OR, 19, 21, 22, 24, 27, 30, 32–40.
>Le rôle du lait et de l'allaitement d'après les Textes des pyramides<, JNES, X, 2 (1951).
>Les textes des pyramides<, in: Textes et langages de l'Egypte pharaonique, cent-cinquant années de recherches 1852–1972 (Bibl. d'Etude de l'IFAO 64, 3).

LHOTE, A.: Les chefs d'œuvre de la peinture égyptienne, Paris 1964.

LORET, V.: >Fouilles dans la nécropole memphite (1897–1899)<, Bull. Inst. Egyptien, III, Nr. 10, Kairo 1899.

MACRAMALLAH, R.: Fouilles à Saqqarah (Service des Antiquités de l'Egypte): Le mastaba de Idout, Kairo 1935; Un cimetière archaïque de la classe moyenne du peuple à Saqqarah, Kairo 1940.

MALININE, M., POSENER, G. und VERCOUTTER J.: Catalogue des stèles du Sérapéum de Memphis, 2 Bde. (Text und Tafeln), Paris 1968.

MARAGIOGLIO, V. und RINALDI, C.: Notizie sulle piramidi di Zedefra, Zedkara Isesi, Teti, Turin 1962.

L'architettura delle Piramidi Menfiti, II, Turin 1963, desgl. VI, Rapallo 1967.

MARIETTE, A.: Le Sérapéum de Memphis, 1857, Text, Paris 1882.
Les mastabas de l'Ancien Empire (fertiggestellt von G. Maspero), Paris 1885.

MARTIN, G.T.: >Excavations in the Sacred Animal Necropolis at North Saqqara, 1971–1972: Preliminary Report<, JEA, 59 (1973), und >Excavations ... at North Saqqara, 1972–1973: Preliminary Report<, JEA, 60 (1974).

MASPERO, G.: >La pyramide du roi Ounas<, Rec. de Trav., III, IV.
>La pyramide du roi Téti<, Rec. de Trav., V.
>La pyramide du roi Pépi ier<, Rec. de Trav., V.
>La pyramide du roi Mirinri ier<, Rec. de Trav., IX, X, XI.
>La pyramide du roi Pépi II<, Rec. de Trav., XII, XIV.
>Trois années de fouilles<, Mém. Miss. fr. Caire, I, Kairo 1884.
Les inscriptions des pyramides de Saqqarah, Paris 1894.

MEKHITARIAN, A.: Egyptian Painting, Genf 1954.

MINUTOLI, GENERAL VON: Reise zum Tempel des Jupiter Ammon, 1821.

MONTET, P.: Scènes de la vie privée dans les tombeaux égyptiens de l'Ancien Empire, Paris und Straßburg 1925.
La fabrication du vin dans les tombeaux antérieurs au Nouvel Empire<, Rec. de Trav., XXXV.

MORGAN, J. DE: Carte de la Nécropole Memphite, Kairo 1897.

MURRAY, M.A.: Saqqara Mastabas, London 1905.
Index of Names and Titles of the Old Kingdom, London 1908.

NIMS, F.: >Some notes on the family of Mereruka<, JAOS, 58/4.

PERRING, J.S.: The Pyramids of Gizeh, III, London 1842.

PICARD, C.: >Le Pindare de l'Exèdre des poètes et des sages au Serapeion de Memphis<, Monuments Piot, 46.

PIANKOFF, AL.: The Pyramid of Unas,
Texts translated with commentary,
in: Bollingen Series 40, 5, Princeton
1968.
QUIBELL, J. E.: Excavations at Saqqara
(1905–1906), Kairo 1907.
Excavations at Saqqarah (1906 bis
1907) (mit einem Abschnitt Religiöse
Texte von P. Lacau), Kairo 1908.
Excavations at Saqqarah (1907 bis
1908), Kairo 1909.
Excavations at Saqqarah (1908 bis
1909, 1909–1910). The Monastery of
Apia Jeremias, Kairo 1912.
Excavations at Saqqarah (1911 bis
1912). The tomb of Hesy, Kairo 1913.
Excavations at Saqqarah (1912 bis
1914). Archaic Mastabas, Kairo 1923.
›Stone vessels from the Step Pyra-
mid‹, ASAE, XXXV.
QUIBELL, J. E. und HAYTER, A. G. K.:
Excavations at Saqqara. Teti Pyra-
mid, North Side, Kairo 1927.
RICKE, H.: ›Bemerkungen zur ägyp-
tischen Baukunst des Alten Reiches‹,
I, Beiträge Bf., 4, Zürich 1944; II,
Beiträge Bf., 5, Kairo 1950.
RHONÉ, A.: L'Egypte à petites journées,
Paris, Neuausg. 1910.
SAINTE FARE GARNOT, J.: ›L'appel aux
vivants dans les textes
funéraires égyptiens des origines
à la fin de l'Ancien Empire‹, Rech.
d'archéol. de Philol. et d'Hist., IX,
Kairo 1938.
›Quelques aspects du parallélisme
dans les Textes des pyramides‹, Rev.
d'hist. des religions, 123 (1941). Les
fonctions, les pouvoirs et la nature du
nom propre dans l'Ancienne Egypte
d'après les Textes des pyramides,
Paris 1948.
L'hommage aux dieux sous l'Ancien
Empire, d'après les Textes des pyramides, Paris 1954.
›Sur quelques noms royaux des IIe. et
IIIe. dynasties égyptiennes‹, BIE,
XXXVII (1956).
SCHÄFER, H.: ›Der Reliefschmuck der
Berliner Tür aus der Stufenpyramide
und der Königstitel Hr-nb‹, MDAIK,
4/I (1933).

SCHARFF, A.: Das Grab als Wohnhaus
in der ägyptischen Frühzeit,
München 1947.
SCHOTT, S.: ›Bemerkungen zum ägyp-
tischen Pyramidenkult‹, Beiträge Bf.,
5, Kairo 1950.
›Aufnahmen vom Hungersnotrelief
aus dem Aufweg der Unaspyramide‹,
RE, 17 (1965).
SEGATO, G. und VALERIANI, D.: Atlante
monumentale del Basso e dell' Alto
Egitto, 2 Bde., Florenz 1837, 1838.
SERVIN, A.: ›Constructions navales égyp-
tiennes. Les barques de papyrus‹,
ASAE, XLVIII.
SETHE, K.: Die altägyptischen Pyra-
midentexte, 3 Bde., Leipzig 1908–22.
Übersetzung und Kommentar zu den
altägyptischen Pyramiden-Texten, 6
Bde., Glückstadt 1935–62.
›Imhotep, der Asklepios der
Aegypter‹, Untersuchungen zur Ge-
schichte und Altertumskunde
Aegyptens, II.
SHOUKRY, M. ANWAR: ›Die Privatgrab-
statue im Alten Reich‹, in Suppl.
ASAE, 15 (1951).
SIMPSON, W. K.: ›A statuette of King
Nyneter‹, JEA, 42 (1956).
SMITH, H. S.: A Visit in Ancient Egypt,
Warminster 1974.
›The Archives of the Sacred Ani-
mal Necropolis at North Saqqâra.
A progress report‹, in: JEA 60 (1974).
SPEELERS, L.: Traduction, index et
vocabulaire des Textes des pyramides
égyptiennes, Brüssel 1935.
SPENCER, A. J.: ›Researches on the Topo-
graphy of North Saqqâra‹, in: OR 43
(1974).
STEINDORF, G.: Das Grab des Ti,
Leipzig 1913.
VANDIER, J.: s. oben unter »Allgemeine
Darstellungen«.
VERCOUTTER, J.: ›Une épitaphe royale
inédite du Sérapéum‹, MDAIK, 16
(1958).
Textes biographiques du Sérapéum
de Memphis, Paris 1962.
VYSE, H.: Anhang zu Operations carried
on at the Pyramids of Gizeh in 1837,
Bd. III, 1842.

WALL, B. VAN DE: ›Remarques sur
l'origine et le sens des défilés de
domaines dans les mastabas de
l'Ancien Empire‹, MDAIK, 15/1.
›L'érection du pilier djed‹, La
Nouvelle Clio, 5–6, Brüssel 1954.

WALLON, M. H.: Notice sur la vie et les
travaux de François-Auguste-Ferdi-
nand Mariette-Pacha, (Institut de
France), Paris 1883.

WEILL, R.: ›Les origines de l'Egypte
pharaonique. Les IIème et IIIème
dynasties égyptiennes‹, Annales du
Musée Guimet, XXV, Paris 1908.
Le roi Neterkhet-Zeser et l'officier
Imhotep à la pyramide à degrés de
Saqqarah‹, Revue de l'Egypte
ancienne, II (1928).

WILD, H.: Le tombeau de Ti, Fasz. II,
La chapelle (première partie),
Kairo 1953.
Le tombeau de Ti, Fasz. III,
La chapelle (deuxième partie),
Kairo 1966.
›La danse dans l'Egypte ancienne.
Les documents figurés‹, Position des
thèses des Elèves de l'Ecole du
Louvre (1911–1944), Paris 1956.

WRESZINSKI, W.: Atlas zur altägyptischen Kulturgeschichte, III, 3 Bde.,
Leipzig 1936–1938.

YOYOTTE, J.: ›A propos de la parenté
féminine du roi Téti (VIe. dyn.)‹,
BIFAO, LVII (1958).

ZÁBA, ZBYNÉK: Les Maximes de
Ptahhotep, Prag 1956.

ABBILDUNGS-NACHWEIS

VERZEICHNIS DER PLÄNE, REKONSTRUKTIONEN, ZEICHNUNGEN UND KARTEN

REGISTER

(ungefähre) Daten:	PERIODE	DYNASTIE	GESCHICHTE
3100–2900 2900–2730	Thinitenzeit	I. II.	Einigung Ober- und Unterägyptens
2730–2650 2650–250 2500–2350 2350–2190 2190–2150	Altes Reich	III. IV. V. VI. VII.–VIII.	Stufenpyramide Djosers Zeit der großen Pyramidenbauer Sonnenglaube wird Staatsreligion Verfall der Königsmacht Lokale Dynastien
2150–2040	I. Zwischenzeit	IX.–X.	Lokale Dynastien
2040–1991 1991–1785	Mittleres Reich	XI. XII.	Wiederherstellung der Reichseinheit Kulturelle Blütezeit
1785–1650 1650–1551	II. Zwischenzeit	XIII.–XIV. XV.–XVII.	Kulturkrise Fremdherrschaft der Hyksos
1551–1306 1306–1186 1186–1070	Neues Reich	XVIII. XIX. XX.	Aufstieg zur Weltmacht Könige Sethos und Ramses Verfallzeit
1070– 945 945– 711	Übergang zur Spätzeit	XI. XXII.–XXIV.	Auflösung der Köngismacht Herrschaft lybischer Söldnerführer
711– 664 664– 525 525– 404 404– 343 343– 332	Spätzeit	XXV. XXVI. XXVII. XXVIII.–XXX.	Äthiopische Könige Blütezeit unter lybischer Herr- schaft Perserherrschaft Befreiung durch nationale Herr- scher Perserherrschaft
332– 30	Griechische Zeit		Alexander der Große (332–323) Ptolemäer (323–30)
30 v.– 395 n. Chr.	Römische Zeit		Tod Kleopatras (30 v. Chr.) Teilung des Römischen Reichs (395 n. Chr.)
395– 640	Byzantinische Zeit		Oströmische Kaiser